《宁夏构建区域城乡协调发展新格局研究》
编委会

宁夏智库丛书

STUDY ON

CONSTRUCTION OF A NEW PATTERN OF

REGIONAL & URBAN -RURAL

COORDINATED DEVELOPMENT IN NINGXIA

宁夏构建区域城乡协调发展新格局研究

宁夏社会科学院 编

黄河出版传媒集团
宁夏人民出版社

图书在版编目(CIP)数据

宁夏构建区域城乡协调发展新格局研究 / 宁夏社会科学院编. — 银川:宁夏人民出版社,2017.12
(宁夏智库丛书)
ISBN 978-7-227-06854-9

Ⅰ.①宁… Ⅱ.①宁… Ⅲ.①城乡建设—区域经济发展—研究—宁夏 Ⅳ.①F299.274.3

中国版本图书馆 CIP 数据核字(2017)第 330367 号

宁夏智库丛书
宁夏构建区域城乡协调发展新格局研究　　宁夏社会科学院 编

责任编辑 管世献
责任校对 杨敏媛
封面设计 张 宁
责任印制 肖 艳

黄河出版传媒集团
宁夏人民出版社 出版发行

地　　址 宁夏银川市北京东路 139 号出版大厦(750001)
网　　址 http://www.yrpubm.com
网上书店 http://www.hh-book.com
电子信箱 nxrmcbs@126.com
邮购电话 0951-5052104 5052106
经　　销 全国新华书店
印刷装订 宁夏精捷彩色印务有限公司
印刷委托书号 (宁)0009097

开本 880 mm × 1230 mm 1/16
印张 16.25 字数 220 千字
版次 2018 年 5 月第 1 版
印次 2018 年 5 月第 1 次印刷
书号 ISBN 978-7-227-06854-9
定价 46.00 元

总论

张 廉

党的十九大作出了中国特色社会主义进入新时代的重大判断。新时代，标明我国发展新的历史方位。新时代，带来发展新要求、新课题，赋予我们更加艰巨的历史使命。同时，新时代要求我们必须焕发新状态，勇于担当作为，不断创造新业绩，交出发展新答卷，开启发展新征程。

习近平总书记视察宁夏时发出“走好新的长征路”和“社会主义是干出来的”号召，自治区第十二次党代会明确提出努力“实现经济繁荣、民族团结、环境优美、人民富裕，与全国同步建成全面小康社会”的奋斗目标，这既是学习贯彻习近平总书记来宁视察重要讲话精神的具体体现，也是宁夏各族人民的共同意愿。实现新的奋斗目标，必须大力实施“三大战略”，提升发展层次和水平；努力做到“五个扎实推进”，推进全面协调发展；始终保持“振奋精神、实干兴宁”的精神状态和责任担当。以等不起的危机感、慢不得的紧迫感、坐不住的责任感，拿出人一之我十之、人十之我百之的干劲和抓铁有痕、踏石留印的劲头，干在实处、干出实效、干出实绩，确保圆满完成自治区第十二次党代会确定的各项目标任务。

*大力实施“三大战略”，提升发展层次和水平。*党代会报告提出的实施创新驱动战略、脱贫富民战略、生态立区战略，是破解宁夏发展难题、

全面建成小康社会的发力点和突破口，对全局工作具有牵一发而动全身的作用，要把“三大战略”作为一个有机统一的整体，系统把握、统筹推进。

党的十九大报告将创新驱动发展战略确定为我国未来发展的七大战略之一，对宁夏具有很强的针对性和指导性。我们要充分认识欠发达地区创新驱动发展的重要性和紧迫性，按照十九大的部署要求，把实施创新驱动战略作为“三大战略”的第一大战略，把宁夏发展的基点放在创新上，紧紧牵住科技创新这个“牛鼻子”，着力形成以创新为引领的经济体系和发展方式。坚持用创新的思维抓创新，推进思路创新、政策创新、机制创新、环境创新，打造风生水起的创新生态，坚定不移走开放创新之路、特色创新之路，通过创新资源、创新成果合作共享、创新成果转化等方式，不断提升宁夏创新发展水平，“让宁夏成为创新发展新路的探索者，让创新成为宁夏发展最鲜明的时代特征”。

“人民对美好生活的向往，就是我们的奋斗目标。”党的十九大报告指出：“为什么人的问题，是检验一个政党、一个政权性质的试金石。”“必须始终把人民利益摆在至高无上的地位，让改革发展成果更多更公平惠及全体人民，朝着实现全体人民共同富裕不断迈进。”我们发展的最终目的是造福人民，全面建成小康社会最直接的体现是人民富裕。全面小康，是惠及全体人民的小康，是要让人民群众过上更加殷实的生活，享受公平充足的公共服务供给、更可靠的社会保障。自治区第十二次党代会报告明确提出，要“大力实施脱贫富民战略，增强人民群众的获得感和幸福感”。这充分体现了自治区党委贯彻以人民为中心的发展思想，把增进人民福祉、实现人民幸福作为发展的出发点和落脚点的决心。实施脱贫富民战略，这是今后五年我们工作的价值取向和工作导向。要坚决打赢脱贫攻坚战，实施富民工程，加快推进公共服务均等化，实实在在提高人民群众的富裕程度和生活质量，让经济发展成果更多转化为富民成果。

党的十九大报告指出：“人与自然是生命共同体，人类必须尊重自然、顺应自然、保护自然。”宁夏生态环境依然脆弱，资源环境约束趋紧，环境保护任务艰巨。实施生态立区战略，必须深入推进绿色发展，牢固树立绿色发展理念，像保护眼睛一样保护生态环境，像对待生命一样对待生态环境，坚决摒弃损害甚至破坏生态环境的发展模式，坚决摒弃以牺牲生态环境换取一时一地经济增长的做法。把山水林田湖草作为一个生命共同体，统筹实施一体化生态保护和修复，全面提升自然生态系统稳定性和生态服务功能。打造沿黄生态经济带，构筑西北生态安全屏障，铁腕整治环境污染，完善生态文明制度体系，承担起维护西北乃至全国生态安全的重要使命，让宁夏的天更蓝、地更绿、水更美、空气更清新。

努力做到“五个扎实推进”，推进全面协调发展。党代会报告提出的“五个扎实推进”，是实现与全国同步建成全面小康社会奋斗目标的重要任务和重要支撑。

要扎实推进民主法治建设，加快依法治区进程，在创新社会治理、加强平安宁夏建设上下功夫，“让法治成为宁夏未来发展核心竞争力的重要标志”。全面推进依法治区，建设法治宁夏是充分发挥法治引领、规范和保障作用，推动宁夏各项事业发展的必然要求。实践证明，法治的完善不仅是一个区域获得稳步发展的有效保障和必要手段，更是区域整体发展必不可少的组成部分和竞争力之来源。法治宁夏的建设必将使法治真正进入千家万户，内化于民众的日常生活，使人们尊崇法治、人人依循规则、个个讲究诚信成为一种行为习惯、一种素质养成、一种文化氛围，让法治思维和法治方式成为宁夏人生活方式的重要内容。

要扎实推进民族宗教工作，始终高举民族团结旗帜，坚定不移走中国特色解决民族问题的正确道路，坚持民族区域自治制度，巩固和发展民族团结的大好局面；深入开展民族团结进步宣传教育，继承和发扬民族团结优秀历史文化传统，唱响“中华民族一家亲、同心共筑中国梦”的时代主旋律，积极培育中华民族共同体意识，使“三个离不开”“五个认同”思想深深扎根于各族群众心中；积极促进各民族交往交流交融，广泛建立相互嵌入式的社会结构和社区环境，创造各族群众共居、共学、共事、共乐的良好氛围；深化民族团结进步创建活动，打造全国民族团结进步示范区，让民族团结之花开遍宁夏大地，推动民族团结及宗教工作走在全国前列，让民族团结、宗教和顺的名片更加亮丽。

要扎实推进文化繁荣发展，构筑共有精神家园。“文化是民族的血脉，是凝聚人心的精神纽带。”要坚定文化自信、增强文化自觉、促进文化繁荣发展。深入开展中国特色社会主义和中国梦宣传教育，大力弘扬民族精神和时代精神，用社会主义核心价值观引领社会思潮、凝聚社会共识。要牢牢把握正确的政治方向、舆论导向和价值取向，弘扬主旋律、传播正能量，及时解疑释惑、疏导情绪、增进共识，讲好宁夏故事、传播宁夏声音、展示宁夏形象。深入推进文化惠民工程，加快基层公共文化服务体系标准化、均等化建设。大力推进文艺创作，激发文化发展活力，创作和生产更多关注国家命运、反映人民心声、书写时代精神、满足人民群众多层次文化需求的文艺精品。

要扎实推进改革开放，推进全面深化改革取得新突破，推进全方位多层次对外开放，增强发展动力、激发发展活力。要紧密结合宁夏实际，以国家赋予的各项改革试点任务为引领，推动重点领域和关键环节各项改革取得更多实质性成效；以经济体制改革为重点，处理好政府与市场的关系，用行政权力的减法换取市场活力的加法；大力推进“放管服”改革，大力推广“互联网＋政务”。要主动融入和服务国家发展战略，积极参与“一带一路”建设，构建对外开放新格局。充分发挥中阿博览会的平台作用，用好内陆开放型经济试验区先行先试的政策优势，走出去和引进来相结合，大胆试验、大胆探索，全面提升开放水平，努力打造更具活力的体制机制，拓展更加广阔的发展空间。

要扎实推进全面从严治党，自觉担当起全面从严治党的政治责任。党的十九大报告指出："中国特色社会主义进入新时代，我们党一定要有新气象新作为。打铁必须自身硬。党要团结带领人民进行伟大斗争、推进伟大事业、实现伟大梦想，必须毫不动摇坚持和完善党的领导，毫不动摇把党建设得更加坚强有力。"全区各级党组织要按照党的十九大和习近平总书记视察宁夏时提出的"着力巩固和发展党的执政基础"的要求，按照自治区党委的部署，在"五个提高水平"上狠下功夫。要提高思想政治建设水平，加强理想信念教育，加强理论武装，加强意识形态工作，加强党内政治文化建设；提高党内政治生活水平，严格执行民主集中制，严格党的组织生活，加强党内法规制度建设，严格党内监督；提高各级领导班子和领导干部的素质及能力，树立正确用人导向，选优配强各级领导班子，强化干部教育管理；提高基层党组织建设水平，加强组织建设、基层保障、党员管理；认真履行"两个责任"，把党风廉政建设和反腐败斗争引向深入。着力营造风清气正的政治生态，为全面建成小康社会提供坚强保证。

始终保持"振奋精神、实干兴宁"的精神状态和责任担当。精神状态是境界、能力、作风、素质和责任的综合体现，只有保持良好的精神状态，才能形成攻坚克难、战胜困难的力量源泉和精神动力，才能在困难和挑战面前，主动进取，奋力拼搏，这也是新时代对我们的基本要求。

振奋精神、实干兴宁，必须坚定信心、持之以恒。在实现新的奋斗目标的进程中，不可能一蹴而就、一帆风顺，必然会碰到各种困难和挑战，这就要求我们必须坚定信心、下定决心、保持恒心，以更大的政治勇气和智慧、更有力的措施和办法，全力攻坚克难，在克服困难中赢得主动，在解决矛盾中实现转机。要紧紧围绕既定目标，一刻也不懈怠、一刻也不停顿、一刻也不放松，脚踏实地、真抓实干，切实把责任记在心头、把担子扛在肩上、把工作抓在手上。在干事创业中始终保持一种咬定青山不放松、不达目的不罢休的劲头。要不断强化自治区党委、政府决策部署的执行力和落实力，切实强化"一盘棋"的大局意识，把本单位、本部门、本系统、本行业的工作放在自治区经济社会发展的大局中来认识、来把握、来部署、来落实。用豪情和毅力促进发展，用行动和实干实现理想。

振奋精神、实干兴宁，必须真抓实干、担当尽责。振奋精神、实干兴宁，始于作风，源于担当，贵在尽责，重在落实。实现新的奋斗目标，必须苦干实干加巧干。“苦干”意味着要“苦”字当头，不畏艰难，也意味着要下更大的决心和付出更多的努力。作为一种精神状态，苦干必须始终保持知难而进、迎难而上、锲而不舍的韧劲，保持顽强拼搏、勇往直前、奋发图强的拼劲，敢于硬碰硬，敢于啃硬骨头，在攻坚克难中不断破解改革中的难题、闯出发展的新路。“实干”是工作态度的反映，实干必须脚踏实地、心无旁骛地把心思集中在想干事上，把责任体现在敢干事上，把才气展现在会干事上，把目标落实到干成事上。注重一切从实际出发，察实情、讲实话、办实事、求实效，以扎实过硬的作风，确保各项目标任务落到实处，取得实绩。“巧干”是工作能力的具体体现，巧干就是要求我们办事不盲从、不机械，坚持统筹兼顾，深谋远虑，在自觉按客观规律办事的基础上，用新眼光观察问题，从新角度提出问题，用新思路分析问题，用新方法解决问题。要通过苦干实干加巧干，扎扎实实作出增强竞争力的大事、增进百姓福祉的业绩，确保自治区第十二次党代会确定的目标任务落到实处。

振奋精神、实干兴宁，必须奋发有为、满怀激情。宁夏要与全国同步建成全面小康社会，靠的是综合实力，赢的是精神状态。习近平总书记视察宁夏时强调：“推进中国特色社会主义事业的新长征要持续接力、长期进行，我们每代人都要走好自己的长征路。”当前，新一轮科技革命、产业变革和我国加快转变经济发展方式、全面推进“一带一路”建设为宁夏发展带来了新的历史性机遇，同时也面临着在创新发展大潮中与东部发达地区发展差距进一步拉大的严峻挑战，面临着发展不足与生态脆弱的双重压力，面临着扩大总量与提升质量的双重任务，面临着培育竞争优势与补齐发展短板的双重难题。这就要求我们必须始终保持奋发有为的干事激情，大力弘扬“不到长城非好汉”的精神，走好新的长征路，不管前进的路途有多少艰难险阻，都要敢于闯关夺隘、攻城拔寨，敢于排除万难、夺取胜利，以“革命理想高于天”的执着追求和“红军不怕远征难，万水千山只等闲”的豪情壮志，牢牢把握发展主动权，在新的历史起点上奋力前行。

新的目标鼓舞人心、新的起点前景广阔、新的征程催人奋进，我们要不忘初心，牢记使命，以更加奋发有为的精神状态、扎实干事的过硬作风、勇于担当的时代责任，认真贯彻落实党的十九大精神和自治区第十二次党代会精神，在实现经济繁荣、民族团结、环境优美、人民富裕，与全国同步建成全面小康社会的目标中，续写新的篇章，创造新的辉煌。

（作者系宁夏社会科学院院长）

目　录

宁夏构建区域城乡协调发展新格局研究

段庆林

党的十九大提出实施区域协调发展战略，宁夏第十二次党代会提出着力构建区域城乡协调发展新格局，宁夏作为全国第二个省级空间规划（多规合一）改革试点的省区已经取得诸多试点经验，自治区也把建设银川都市圈作为区域发展的重要抓手，必须实现区域城乡高质量协调发展。

实现区域城乡高质量协调发展，必须以供给侧结构性改革为主线，着力于资源优化配置，促进人口、劳动力等生产要素自由流动，现代产业集聚集群发展，基础设施集约化和公共服务均等化，充分发挥沿黄城市群和银川都市圈整体竞争优势，规避宁夏经济的密度、距离、市场分割三大劣势，解决山川城乡人民群众日益增长的美好生活需要和发展不平衡不充分之间的矛盾，实现经济发展的质量变革、效率变革、动力变革。

目前对构建宁夏区域城乡协调发展新格局还缺乏系统研究，本文试图提出相关对策建议。

作者简介：段庆林，宁夏社会科学院副院长，研究员，主要研究方向为中国西北区域经济、宁夏经济社会重大发展战略、“一带一路”与内陆开放型经济等。

一、宁夏区域城乡差距分析

我国区域差距是社会主要矛盾的突出表现，宁夏内部也存在明显的山川差距，而越是欠发达地区，其内部城乡差距也越大，促进区域城乡高质量协调发展，必须建立在深化区情认识的基础之上。

宁夏川区主要是黄河冲积平原，垦殖历史悠久，素有塞上江南美誉，山区主要是南部黄土沟壑区和中部干旱带，曾有贫瘠甲天下之称。宁夏山川发展差异明显，2017 年人均 GDP 水平川区平均为 6.7 万元，山区为 2.1 万元。工业化率川区为 36%，山区仅为 15.1%，川区已经处于工业化中期后半阶段，而山区基本处于工业化初期阶段①。城镇化率川区高达 69.4%，而山区为 35.8%。宁夏作为欠发达地区，国家给予了大力支持，财政自给率川区为 39.1%，山区仅为 7.7%。

宁夏城乡差距相对较高，2017 年宁夏全区城乡人均可支配收入比为 2.74∶1，川区为 2.39∶1，山区为 2.84∶1。山区城乡差距比川区更大一些。农民工资性收入已经成为重要收入来源，全区农民人均工资性收入 4224 元，占农民人均可支配收入的 39.3%。其中川区农民人均工资性收入为 5839 元，山区为 3470 元，分别占农民人均可支配收入的 46.1% 和 41.6%。全区市县可以划分为三种类型：第一类是城区城市化率较高，农民工资性收入水平和比重都较高，如大武口区农民人均工资性收入为 8382 元，占人均可支配收入比重为 74.9%；金凤区农民人均工资性收入为 6788 元，比重为 58.4%。第二类是山区县农业富余劳动力较多，外出打工者较多，收入低，但比重较高，如固原市农民人均工资性收入为 3471 元，占可支配收入比重为 40.5%。第三类是农业比重较大的县，劳务输出相对较少，有部分就近城镇就业者，如平罗县农民人均工资性收入 3832 元，占

① 段庆林：《宁夏经济现代化战略安排研究》，载《宁夏经济发展报告（2018）》，2018 年。

表 1　宁夏分市县主要指标

地区	2010 年	2017 年	2017 年	2016 年	2017 年	2017 年			2017 年		
	总人口（万人）	总人口（万人）	城镇化率(%)	工业化率(%)	人均 GDP（万元）	城镇常住居民人均可支配收入(元)	农村常住居民人均可支配收入(元)	农民人均工资性收入(元)	地方一般公共预算收入(万元)	地方一般公共预算支出(万元)	财政收支比(%)
全区	632.9	681.8	58.0	33.0	5.09	29472	10738	4224.0	4174575	13759375	30.3
川区	406.9	449.9	69.4	36.0	6.70	30440	12661	5839.0	2434290	6221193	39.1
山区	226.0	231.9	35.8	15.1	2.10	23661	8347	3470.0	304648	3958881	7.7
银川市	200.4	222.5	77.1	29.6	8.17	32981	13087	5778.0	1774577	3415311	52.0
兴庆区	68.3	74.8	88.7	2.1	7.36	35452	14788	6689.9	132216	297333	44.5
西夏区	33.1	35.8	90.1	31.1	9.48	26985	10975	4531.7	56687	170974	33.2
金凤区	28.5	32.3	87.4	15.6	6.91	35560	11629	6787.7	64167	164337	39.0
永宁县	21.9	24.2	55.7	27.3	5.64	29211	12855	4685.7	126648	297554	42.6
贺兰县	22.4	26.1	55.9	44.0	4.94	28641	13668	6873.3	110566	328433	33.7
灵武市	26.3	29.3	56.9	66.3	14.91	30624	13659	6528.5	303082	598100	50.7
石嘴山市	72.7	80.3	75.2	40.0	6.70	28186	12880	4732.0	230627	926735	24.9
大武口区	28.8	30.7	90.0	34.4	7.04	31365	11185	8382.0	27620	99296	27.8
惠农区	18.6	20.7	84.0	42.2	7.90	25056	12857	5211.3	18062	105751	17.1
平罗县	25.3	28.9	53.3	45.4	5.47	24607	13276	3831.6	80414	341484	23.5
吴忠市	128.2	140.4	49.0	34.3	3.64	25364	10912	4969.0	326882	2001083	16.3
利通区	38.0	41.5	64.0	36.7	4.59	27387	13675	7689.9	28389	140141	20.3
红寺堡区	16.7	20.3	32.9	22.7	0.96	21195	7896	4495.6	20431	281471	7.3

续表

地区	2010年	2017年	2017年	2016年	2017年	2017年			2017年		
	总人口（万人）	总人口（万人）	城镇化率(%)	工业化率(%)	人均GDP（万元）	城镇常住居民人均可支配收入(元)	农村常住居民人均可支配收入(元)	农民人均工资性收入(元)	地方一般公共预算收入(万元)	地方一般公共预算支出(万元)	财政收支比(%)
盐池县	14.7	15.7	50.0	34.1	5.46	24677	9549	1236.9	71860	366108	19.6
同心县	32.3	33.2	38.4	24.2	1.92	22101	8216	3164.1	23488	527602	4.5
青铜峡市	26.5	29.7	50.5	37.2	5.09	25547	13135	6464.1	79450	290777	27.3
固原市	123.3	122.8	36.3	6.3	2.21	24628	8579	3471	166803	2264445	7.4
原州区	41.3	42.6	50.5	6.4	2.78	26258	8961	4087.6	24192	383953	6.3
西吉县	35.8	34.7	25.4	2.8	1.77	23240	8401	3120.0	16817	512188	3.3
隆德县	16.1	15.6	32.7	4.4	1.61	21732	8305	3455.0	10306	289012	3.6
泾源县	10.1	10.1	28.1	6.3	1.58	22918	7842	3448.7	15077	203324	7.4
彭阳县	20.1	19.7	31.9	11.4	2.54	23345	8790	3930.0	24016	369177	6.5
中卫市	108.3	115.8	43.1	25.9	3.24	25344	9365	4222	240049	1572500	15.3
沙坡头区	37.9	41.1	55.7	24.4	4.20	26488	11249	5517.6	27670	116558	23.7
中宁县	31.4	34.9	45.5	30.5	4.33	25293	11245	4221.0	111489	455368	24.5
海原县	39.0	39.8	28.2	17.4	1.31	22346	7658	3562.0	22066	519255	4.2

资料来源：宁夏统计局，国家统计局宁夏调查总队。红寺堡数据划在山区部分。

可支配收入比重为28.9%，盐池县农民人均工资性收入仅为1237元，占可支配收入比重为12.95%。农民通过就近就业和外出打工两种途径融入城市生活。

近些年，宁夏沿黄城市群（川区）发展迅速，2007—2017年，全区总人口增加48.9万人，其中川区增加43万人，山区只增加5.9万人。人口增长主要来自人口流入和生态移民。石嘴山市近年来工业转型升级遭遇难题，人口流失较多，总体上大武口区人口增加还不如平罗县。固原市人口自然增长率较高，但各县几乎都人口负增长。我国已经进入城市“抢人大战”，优良的投资环境和宜居环境，有利于人口集聚发展。

宁夏区域城乡发展正在形成新格局。党的十九大为宁夏协调发展指明了方向，宁夏正在落实主体功能区规划，深化空间规划多规合一试点，建设银川都市圈，实施乡村振兴战略，促进区域城乡协调发展。

二、宁夏空间规划改革

1949年新中国成立以后，我国借鉴苏联计划经济模式，实施五年国民经济和社会发展计划。1978年改革开放以后，学习西方发达国家经验，开始编制城市总体规划、土地利用规划等类空间规划。各类规划存在条块分割、编制不科学、相互矛盾“打架”、执行刚性不足等弊端。

2003—2012年，国家启动6个市县规划体制改革试点。2012—2015年，国家发改委等四部委联合启动“多规合一”试点。2014年12月中央经济工作会议提出，加快规划编制体制改革，健全空间规划体系，积极推进市县“多规合一”。2015年6月，中央同意海南省在全国率先开展省域“多规合一”改革试点。2016年，宁夏成为继海南之后全国第二个省级空间规划改革试点省区。随后，国家陆续将吉林、浙江、福建、江西、河南、广西、贵州等纳入试点范围。“多规合一”进入深化试点阶段。

2017年8月，中央全面深化改革领导小组审议了《宁夏回族自治区关于空间规划（多规合一）试点工作情况的报告》，肯定了宁夏探索了一批可复制可推广的经验做法。

（一）探索“多规合一”

区域空间规划是按照“一个政府、一本规划、一张蓝图干到底”的要求，将原“类空间”规划的“空间规划”元素抽取出来形成一个高于原规划的体系。以主体功能区规划为基础，全面摸清并分析国土空间本底条件，核心是划定“三区三线”，注重开发强度管控和主要控制线落地，整合经济社会、城乡、国土、环保、林业、交通、农牧、水利等各类规划，统筹各类空间性规划，编制统一的省级空间规划，构建区域空间规划体系。宁夏目前已经完成了自治区、5个地级市和平罗、泾源、中宁3个试点县空间规划。并进一步推进非试点县空间规划编制工作。最终解决规划“打架”问题。

（二）划定“三区三线”

宁夏试点按照资源环境承载能力和国土资源空间开发适宜性评价结果，科学划定城镇、农业、生态空间，以及城镇开发边界、永久基本农田、生态保护红线（“三区三线”）。“三区”空间分别占全区总面积的5.6%、29.4%、65%，“三线”分别占全区土地总面积的3.32%、18%、23.28%。按照“生态优先、总量控制、尊重历史、尊重现实、占补平衡、上下衔接”原则，确定用地唯一属性，解决“一地多权、一地多证”等问题。实行空间分类管控，开发强度管控，划定责任分级管控。

（三）构建空间治理体系

构建空间治理体系，将原来的《宁夏回族自治区空间发展战略条例》修订为《宁夏回族自治区空间规划条例》，强化规划的约束性。按照编制标准、编制期限、技术路线、基础用图、坐标系统形成编制的“六统一”。形成“1+6+1”（1个数据中心、6个应用系统、1个门户网站）信息平台总体建设框架。通过空间治理体系改革，优化了建设项目的审批流程，取消、下放、整合审批事项 61 项，减少审批环节 199 个，清理中介服务 45 项，大大压缩了审批时限。

笔者在调研中也发现，各市县不同程度反映核定用地规模无法满足 2030 年建设需要，呼吁增加城镇建设用地总规模，增加建设用地面积。从确定用地唯一性要求，土地差异图斑处理结果需要得到上下的认可，南部山区一些撂荒耕地不能享受国家退耕还林政策。中南部地区被确定为重点生态功能区后，其生态经济发展与工业化城镇化需要进行协调。随着空间规划编制推开，各市县空间规划人才普遍缺乏。笔者认为：需要处理好发展与保护的关系，建立全区用地指标动态调整机制，重点在于促进集约化用地，摈弃传统粗放发展的惯性思维。建立全区生态补偿机制，促进山区可持续发展。

三、建设银川都市圈

《宁夏回族自治区空间规划》确定的宁夏总体空间格局是“一带三区、一主两副”。“一带”是沿黄城市带，“三区”是北部平原绿洲生态区、中部荒漠草原防沙治沙区、南部黄土丘陵水土保持区。“一主”是银川都市圈，“两副”是固原、中卫两个副中心城市。

《银川都市圈建设实施方案》提出“打造以银川为核心，辐射带动石嘴山、吴忠、宁东基地协同发展的银川都市圈，形成同城效应和整体优势，带动沿黄生态经济带发展，提升区域整体竞争力”。并且提出将银川都市圈打造成绿色、创新、智慧、宜居都市圈，成为西部地区具有一定竞争力和影响力的现代化都市圈。对银川都市圈建设的宗旨和目标做了清晰的定位。

宁夏沿黄经济区被列入《全国主体功能区规划》中 18 个重点开发区域，宁夏沿黄城市群是被列入《中华人民共和国国民经济和社会发展第十三个五年规划纲要》中加快建设的19个城市群之一。沿黄经济区是宁夏最具有整体竞争优势的区域。

城市群、经济区、都市圈都关注中心城市与周围城镇的组合及其相互关系，经济区强调中心城市与周边城乡地区分工基础上组成的经济综合体，城市群则强调群体内大中小城市的等级与分工，都市圈更强调中心城市与其周围城市形成高密度、一体化的都市连绵区。都市圈是城市群发展的高级形态。

从2014年制定的《宁夏空间发展战略规划》的“一主三副、两带两轴”到2017年的《宁夏回族自治区空间规划》的“一带三区、一主两副”的空间格局，一个重要区别是石嘴山市被纳入银川都市圈。这使得银川都市圈在经济规模上开始更接近宁夏沿黄城市带，从而兼顾中心城市带动与城市群发展的需要。

（一）银川市

银川市作为银川都市圈的中心城市，在2017年9月召开的银川市领导干部大会上，自治区党委书记石泰峰要求银川要在全区走在前、做表率。在11月召开的银川市委第十四届四次全会上，确定了在全区率先全面建成小康社会、率先开启全面建设社会主义现代化新征程的奋斗目标。

一是确立西北地区重要中心城市的定位。国务院关于银川市城市总体规划的批复，原则同意《银川市城市总体规划（2011—2020年）》，将银川市未来的建设目标提升为西北地区重要的中心城市。打造银川都市圈，是建设西北中心城市的重要举措。银川市不能满足于仅仅作为宁夏首府城市的定位，应该积极建设现代化国际化大城市。强化城市核心功能定位，必须增强产业支撑，提高经济和人口密度，特别是发挥宁夏创新驱动发展中的龙头作用。加强基础设施建设，促进与国内外主要城市互联互通，发挥对周边地区的辐射和带动功能。

二是建设银川都市圈三大组团式大城市。宁夏区域一体化，首先是山川一体化，把宁夏作为一个大城市来建设。其次是3个组团式城市，即银川城区—贺兰—永宁县城组团、大武口—平罗县城—惠农组团、吴忠市城区—青铜峡组团。而且三大组团城市群都在银川都市圈范围内。宁夏缺乏大城市，据《宁夏回族自治区新型城镇化“十三五”规划》，从2016年到2020年，银贺永组团城镇人口从149.6万预计增加到177万，是II型大城市。大平惠组团城镇人口从45.4万增加到65万，进入中等城市行列。吴青组团城镇人口从40.6万增加到47万，接近中等城市水平。组团式城市建设应该突破行政界限，加快基础设施同城化。

三是加速城际一体化及其产业优化布局。银川市将以“两园三区”为重点，优化产业园区布局，加快建设银川中关村创业创新园、银川丝路经济园、银川经济技术开发区、滨河新区、银川综合保税区，做大做强高端装备制造业、新材料、新能源、现代纺织、葡萄酒产业、现代服务业、文化旅游、现代物流、新能源汽车产业和生命健康产业等十大产业。宁东基地要“高标准、高水平、全方位建设世界一流的国家级现代煤化工基地，打造成‘宁夏制造’的品牌聚集地、改革开放的示范区、科技创新和人才的新高地、宁夏高质量发展的先行区”①。实现银川与石嘴山、吴忠、灵武、宁东基地的城际一体化，必须加速城际铁路、公用设施等建设。银川市曾经试图通过打造滨河新区使之成为黄河穿城而过的城市，从“阅海时代”向“黄河时代”跨越，滨河新区应该定位为产城融合区，不适合作为居民生活区。银川市城区应该积极发展高新技术产业和现代服务业，加大城区园区污染治理，促进一些高污染企业搬迁。银川市实体经济支撑不足，致使现代服务业发展也相对滞后，不能满足于以首府城市政府机关较多而形成的低水平传统服务业主导，全市范围不应过分强调从工业主导转变为服务业主导。

---

① 马晓芳:《石泰峰在宁东能源化工基地调研时强调:宁东要成为宁夏高质量发展先行区》,《宁夏日报》2018年5月16日。

（二）石嘴山市

石嘴山市作为银川都市圈的北翼，定位于“山水园林、尚工逸城”，在发展中应该注意以下问题：

一是关于打造石嘴山市产业转型升级版。国家发改委《关于支持老工业城市和资源型城市产业转型升级的实施意见》（2016年），确立的目标是：用10年左右时间，建立健全支撑产业转型升级的内生动力机制、平台支撑体系，构建特色鲜明的现代产业集群。宁夏促进石嘴山市转型发展，应该紧紧抓住产业转型升级的关键，抓住主要矛盾，坚持问题导向，通过支持传统优势产业改造，培育新技术、新产业、新模式、新业态，承接产业转移和产业合作，工业化与信息化融合发展、制造业与服务业融合发展促转型升级。要紧紧抓住主要目标。

二是关于总部经济与工业基地问题。石嘴山市积极争取加入银川都市圈，并一度希望建设总部基地。在银川都市圈，能够成为总部基地的只能是银川市城区，而石嘴山市只能作为工业基地。随着银石一体化，石嘴山市居民将会更多地在银川市居住、休闲、消费，石嘴山市作为综合性区域中心城市的地位反而下降，其作为工业基地的职能被强化。应该充分利用老工业基地优势，积极争取更多的工业项目布局。

三是关于从工矿时代到生态时代。近两年来，石嘴山市强调建设西北健康谷，向现代旅游时代转变。但石嘴山市发展大健康产业和旅游产业的资源禀赋及其潜力是宁夏五市中最低的。石嘴山市生态环境问题反而制约了其大健康产业和旅游产业发展。虽然未来现代服务业将长足发展，但石嘴山市作为宁夏工业重镇，应该扬长补短，继续坚持把工业作为主导产业。放弃了工业主导优势，很难在服务业上争胜。

很欣喜地看到，在2018年年初的石嘴山市“两会”政府工作报告中，强调把实体经济作为“一号引擎”，把招商引资作为“一号工程”，突出工业主导地位，推进产业高端化、智能化、集聚化发展。

（三）吴忠市

吴忠市作为银川都市圈的南翼，应注意以下问题：

一是打造“中国制造 2025”试点示范城市。工信部于 2016 年 3 月启动开展“中国制造 2025”城市（城市群）试点示范工作，目前已有宁波、泉州、沈阳、长春、武汉、吴忠、青岛、成都等 8 个试点示范城市和江苏苏南五市、广东珠江西岸、湖南长株潭衡 3 个试点示范城市群入选。2017 年，自治区人民政府办公厅出台《关于推进吴忠市创建“中国制造 2025”试点示范城市的实施意见》，坚持高端化、智能化、绿色化发展方向，依托中国自动化产业园等重点平台，加快利通—青铜峡产业集群集聚发展，积极发展精密制造、汽车轴承、特种车辆等高端装备制造业，推动构建新型制造业产业体系。

二是建设宁夏轻工业城市。宁夏城市绝大多数以重化工业为支柱，灵武市以羊绒工业为特色，吴忠市应该已经形成了纺织、食品工业等基础，轻工业增加值比重为 30%。应该积极促进吴忠市突出轻工业城市的产业定位，强化产业链招商，积极承接产业转移，着眼于大机械化生产。

三是优化城市布局。2017 年 12 月 29 日，中国共产党吴忠市第五届委员会第五次全体会议提出坚持“抓两头带全局”：一头抓利青同城，融入银川强牵引、促协同，一头抓盐同红交界处，强弱项、补短板。实施《吴忠市空间规划（2016—2030 年）》，加快利青同城化，促进盐同红人口向吴忠市集聚。红寺堡区还处于工业化前期，争取撤区设立红寺堡县，加快中部干旱带生态建设和脱贫攻坚。

四、构建区域城乡新格局

党的十九大提出以城市群为主体构建大中小城市和小城镇协调发展的城镇格局，实施乡村振兴战略。这为宁夏提出的构建区域城乡协调发展新格局指明了方向。

（一）构建协调发展城镇格局

在《宁夏回族自治区新型城镇化“十三五”规划》中，自治区提出建设1个区域中心城市、4个地区中心城市、10个县域中心城市、127个镇，形成“区域中心城市—地区中心城市—县域中心城市—镇”四级级配合理的城镇体系。

一是强化地区中心城市地位。固原市和中卫市作为地区中心城市，应该强化特色发展，努力提高资源承载能力。固原市突出“红色六盘、绿色固原、避暑胜地”城市特色。加快推进宝中快速铁路建设，争取建设兰州—固原—庆阳—延安—太原高速铁路客运专线立项，缩短贫困地区与西兰银大城市运输距离。结合旧城保护改造计划，积极借鉴丽江、平遥等发展旅游业经验，逐步恢复开发固原旧城墙及其古迹名胜，积极增强固原市作为宁南经济增长极的作用，强化固原作为宁南区域中心城市及历史文化名城地位。

中卫市突出“沙漠水城、花儿杞乡、休闲中卫”城市特色，强化西北地区铁路物流中心城市及旅游城市地位。加快建设吴忠至中卫城际铁路及中卫至兰州高铁。加强地区中心城市的产业支撑，努力增强辐射带动作用。积极增强中卫市作为宁西经济增长极的作用。

二是提升县域产业支撑。宁夏地级城市应该强化辐射带动力，川区县城要努力提高产业支撑力，山区县城应该重点提升承载力。目前宁夏山区县城受水资源、土地等制约影响，个别县城供排水设施不完善，影响城镇综合承载力进一步提升，县城以下建制镇基础设施水平偏低。应该积极解决山区发展制约问题，促进基本公共服务均等化。宁夏川区县城基础设施建设优良，主要制约因素是产业发展不稳，没有产业大发展就没有县城人口大集聚。在宁夏川区市县和宁南地区中心城市固原市的规划中，应该取消城镇规模限制的说法，限制的应该是建成区面积而不是城市人口规模。

三是突出特色小镇建设。2016年，宁夏银川市镇北堡镇、泾源县泾河源镇被列入住建部公布的第一批127个中国特色小镇名单之中，宁夏新型城镇化规划中提出集中打造43个功能齐全、特色突出、辐射力强的产业重镇、商贸强镇和旅游名镇。特色小镇建设是统筹城乡发展的重要抓手，可以充分发挥比较优势，加强基础设施建设，促进产业特色集群，突出地方文化底蕴及其传承发展。

最早开展特色小镇建设的浙江省县乡经济发达，已经形成一镇一业的分工格局，宁夏还是应该把产业发展重点放在县级及以上园区上。特色小镇并非工业园区，宁夏产业园区普遍存在占地过多，需要以“亩产论英雄”，优先形成土地集约利用的特色园区，防止借特色小镇建设重蹈房地产开发覆辙。特色小镇产业特色要突出建设研发设计、市场营销、文化旅游等现代服务业和高技术产业集群。

（二）实施乡村振兴战略

2018年1月，中共中央、国务院颁布了《关于实施乡村振兴战略的意见》，按照产业兴旺、生态宜居、乡风文明、治理有效、生活富裕的总要求，对全面实现农业强、农村美、农民富进行了战略部署。

一是建立健全城乡融合发展体制机制和政策体系。我国改革开放以后，通过乡镇企业崛起、国有企业改革等措施，开始进入工业城镇化阶段，1994年实行分税制特别是城镇住房制度改革之后，土地城镇化成为特征。宁夏由于发展滞后，直到2001年以后才开始出现工业化、城镇化大幅度提升阶段，也出现了低价格征地与高房价阻碍农民市民化的倾向。党的十八大以后，重点推进新型城镇化，新型城镇化并非仅仅指人口城镇化，而是重点促进城乡统筹协调发展。新型城镇化旨在促进城乡之间人口、资源、资金等双向流动和良性循环。实施乡村振兴战略，并非说明我国已经进入“逆城市化”阶段，尤其是宁夏中南部地区工业化、城镇化水平还较低，应该继续加大新型城镇化，处理好新型城镇化和乡村振兴战略的关系。目前一部分城市居民希望到乡村去享受田园生活，应该完善农民闲置宅基地和闲置农房政策，严格禁止下乡利用农村宅基地建设别墅大院和私人会馆。中国正处于实现中国梦的关键时期，要防止土地兼并，使乡村继续成为中国工业化的稳定器和蓄水池。

二是加快推进乡村治理体系和治理能力现代化。我国传统社会县以下实行乡绅自治，依靠宗法制度治理乡村。新中国土地改革之后，乡村治理主要依靠基层党支部及其社队组织，树立了新权威。联产承包变革后，党组织弱化，开始依靠“能人治村”，并探索“海选”村民委员会主任，但往往被宗族和金钱所左右。近年来实行的大学生村官和扶贫工作组第一书记，都是补充机制。实施乡村振兴战略，就是要加强农村基层基础工作，健全自治、法治、德治相结合的乡村治理体系，培养造就一支懂农业、爱乡村、爱农民的“三农”工作队伍。强化党对“三农”工作的领导，打击农村黑恶势力，弘扬文明乡风。

三是统筹推进农村经济、政治、文化、社会、生态文明建设。实施乡村振兴战略，必须树立新发展理念，统筹“五位一体”建设。乡村振兴，产业兴旺是重点，生态宜居是关键，乡风文明是保障，治理有效是基础，生活富裕是根本，摆脱贫困是前提。重点实施质量兴农战略，构建农村一二三产业融合发展体系，提高农业生产基础。统筹山水林田湖草系统治理，加强农村突出环境问题综合治理。加强农村公共基础设施建设，开展移风易俗行动，依法加大对农村非法宗教活动和境外渗透活动打击力度。

四是振兴乡村必须分类施策循序渐进。我国振兴乡村的重点，不在于已经基本实现乡村工业化的东部沿海地区的乡村，重点是中西部地区的乡村。宁夏乡村可以划分为三大类型：一种是具有区位和环境优势的郊区或景点附近，一般早被资本开发并为城市服务，有些特色乡村也被政府作为新农村建设示范点支持，可以取得很好的收入。一种是生存条件较差的边缘乡村，人口流失逐步形成空壳村，或被政府作为生态移民迁出地，居住分散不利于公共服务，没有必要再去振兴。政府最应该支持的是绝大多数普通乡村，为占绝大多数人口的普通乡村提供最基本的生产基础和生活秩序，是实施乡村振兴战略和“三农”工作的重心。

五、促进宁夏区域城乡协调发展政策建议

必须建立更加有效的区域城乡协调发展新机制，促进发展的协同性、联动性和整体性。

（一）推进基本公共服务均等化

坚持以普惠性、保基本、均等化、可持续为方向，逐步提高公共服务均等化水平。宁夏要重点关注公共教育、劳动就业创业、社会保险、医疗卫生、社会服务、住房保障、公共文化体育、残疾人服务等八大公共服务领域，达到学有所教、劳有所获、病有所医、老有所养、住有所居。特别要优先发展教育，为弱势群体提供平等发展机会。实施就业优先战略，关注城市贫困问题。

打赢脱贫攻坚战。坚持开放式扶贫和开发式扶贫相结合，瞄准“五县一片”特殊贫困地区，稳定实现扶贫对象“两不愁、三保障”问题，通过产业扶贫、金融扶贫、旅游扶贫、健康扶贫、生态扶贫、危房改造、生态移民、整村推进等方式，确保2020年解决区域性整体贫困。改进完善脱贫攻坚考核评估机制，既要强化政府责任担当，又要防止助长等靠要思想。

（二）推进重大基础设施同城化

构建以快速交通为骨干、连通全国交通网络的综合交通运输体系。宁夏实现交通一体化发展的难点，一是尽快全面融入国家快速交通网络，二是改善山川交通能力。要重点推进银川国际航空港综合交通枢纽、银川火车站和银川东火车站综合客运枢纽、银川公路综合客运枢纽等工程。加快银川市至北京、西安、兰州等城市的高铁建设，提升航空能力，发展临空

经济和通航产业，打造区域航空枢纽和货运集散中心。加快构建“三环四纵六横”高速公路网，加强与周边地区互联互通，提高乡村公路水平。

强化全区重大基础设施的一体化，促进宁夏三大组团式城市群的相邻城市基础设施同城化。围绕缩小山川差距，加大交通、水利等基础设施建设。

构建“山川统筹、南北调剂、丰枯补给”的水资源配置格局。加快推进重大水利工程建设，启动沿黄生态经济带产业、重点城市备用水源、西海固脱贫等供水工程。加快推进水权转换，积极优化水资源配置。建设全国省级节水型社会示范区，加强智慧水利建设，建设水环境治理体系。

（三）推进区域城乡经济一体化

宁夏山川自然条件和城乡经济社会发展水平差距显著，必须牢固树立全区“一盘棋”的思想，促进山川共济、城乡统筹、协调发展。

区域协调发展新格局表现在：区域总体发展战略进入深化期，一定要抓住国家新一轮西部大开发指导意见政策机遇，促进特色产业体系向现代产业体系转型升级。积极融入“一带一路”，争取沿海地区“科技支宁”合作和“引金入宁夏”，加强与天津港等口岸的合作。宁夏要充分发挥市场机制作用，促进人口等要素向沿黄城市群聚集。支持南部区域中心城市建设，增强山区内生发展动力。

城乡协调发展新格局表现在：形成以城市群为主体构建大中小城市和小城镇协调发展的城镇格局，努力提高宁夏沿黄城市群的整体竞争力，建设创新、绿色、智慧、宜居的银川都市圈，把银川市打造成为西北地区重要的中心城市。我国已经实现从乡土中国到城乡中国的历史转型，必须坚持以人为核心的新型城镇化。实施乡村振兴战略，加强农村一二三产业融合发展。

打造西部地区转型发展先行区。实施创新驱动战略，构建区域创新体系，增强企业创新主导地位，加快质量变革、动力变革和效率变革。加快构建现代化经济体系，积极落实《中国制造 2025》规划，迎接新一代信息革命，大力发展新经济。重点打造宁夏沿黄科技创新改革试验区，促进产业转型升级。宁夏南部山区绝大多数县为限制开发区，还处于工业化初期，必须努力解决山区的现代化难题，积极发展旅游业、农产品加工业、现代农业等特色优势产业，促进人口向川区和城市聚集。

（四）推进生态文明建设绿色化

大力实施生态立区战略，树立尊重自然、顺应自然、保护自然的生态文明理念，完善生态文明制度体系，着力推进绿色发展。打造西部地区生态文明建设先行区，努力建设天蓝地绿水美的美丽宁夏。

切实落实主体功能区规划。全力打造生态优先、绿色发展、产城融合、人水和谐的沿黄生态经济带，提倡绿色生产和生活方式。积极实施退耕还林还草、封山禁牧、防沙治沙等工程，探索生态补偿机制，建设宁夏中南部生态经济中心。

切实打好污染防治攻坚战。实施蓝天、碧水、净土行动，加快重点行业脱硫脱硝、除尘提标改造，提高空气质量优良天数。落实河（湖）长制，提升园区污水处理能力。建设生态产业园区，大力发展循环经济、低碳经济，促进企业和园区的资源减量化再利用，建设资源节约型社会和环境友好型社会。

构筑西北生态安全屏障。树立绿水青山就是金山银山理念，构筑以贺兰山、六盘山、罗山自然保护区为重点的生态安全屏障，营造黄河沿岸、清水河流域、贺兰山东麓等生态走廊，建设生态城市，加强三北天然林保护等工程，加强中部干旱带荒漠生态系统建设。

（五）推进治理体系能力现代化

推进国家治理体系和治理能力现代化，是全面深化改革的总目标之一。要加强制度建设，逐步完善区域城乡治理体系，解决发展不平衡不充分问题。提高保障和改善民生水平，是加强和创新社会治理的根本目标。

党的十九大提出打造共建共治共享的社会治理格局，进一步完善党委领导、政府负责、社会协同、公众参与、法治保障，充分发挥社会组织积极作用、“五位一体”社会治理体制，提高社会治理的社会化、法治化、智能化和专业化水平，加强预防和化解社会矛盾机制建设。为到 2035 年基本形成现代社会治理格局战略目标积极奋斗。

深化党和国家机构改革，是推进国家治理体系和治理能力现代化的一场深刻变革。在涉及区域城乡治理方面，按照《深化党和国家机构改革方案》部署，统筹山水林田湖草系统治理，统一组织编制主体功能区规划、城乡规划管理职责。整合各类农业投资，实施乡村振兴战略，加快推进农业农村现代化。继续深化“放管服”改革，转变政府职能，建设人民满意的服务型政府。

宁夏全要素生产率的测度及其比较研究*

仇娟东　黄沙利

一、引言

改革开放40年以来，中国经济实现了持续高速增长。党的十九大报告做出了“我国经济已由高速增长阶段转向高质量发展阶段”的重大判断。提出“必须坚持质量第一、效益优先，以供给侧结构性改革为主线，推动经济发展质量变革、效率变革、动力变革，提高全要素生产率，着力加快建设现代化经济体系，不断增强经济创新力和竞争力”。

就宁夏经济社会发展实际而言，统计数据显示，1978—2017年，宁夏GDP从13亿元增加到3453.93亿元，剔除物价因素的影响，年均实际增速达到9.8%。尤其是近年来，宁夏按照“五位一体”总体布局和“四个全面”战略布局要求，各项事业发展取得了新的进展。然而，宁夏经济社会中依然“面临着在创新发展大潮中与东部发达地区发展差距进一步拉大的

作者简介：仇娟东，宁夏大学经济管理学院副教授，经济学博士；黄沙利，宁夏大学经济管理学院政治经济学专业硕士研究生。

* 本文系宁夏社会科学院2018年度重大现实问题研究课题“宁夏经济高质量发展措施研究”（段庆林主持）前期成果之一。

严峻挑战，面临着发展不足与生态脆弱的双重压力，面临着扩大总量与提升质量的双重任务”①。在此背景下，宁夏第十二次党代会提出实施创新驱动、脱贫富民、生态立区“三大战略”，其中，“创新驱动”成为解决制约宁夏经济发展的深层次问题，增强自我发展能力，提升核心竞争力和推动经济持续健康发展的关键动力。

在上述背景下，本研究拟结合相关数据来测度宁夏、宁夏各地级市及三次产业的全要素生产率，并从比较视角分析宁夏与西北地区及全国平均水平全要素生产率的差异，进而为提高宁夏全要素生产率、转变经济增长方式、提高经济发展质量提供有价值的对策建议。

二、宁夏全要素生产率的测度

（一）方法概述

测度全要素生产率（TFP）的常用方法有生产函数法、数据包络分析法、随机前沿分析法等，其中生产函数法模型简单、原理明了，因此成为最常用方法之一。具体地，生产函数法的基本思路是在经济增长率中，扣除劳动、资本等生产要素的贡献后的余值。在宁夏全要素生产率的测度中，选择如（1）式所示的生产函数：

$$Y_t = A K_t^{\alpha} L_t^{\beta} e_{\mu} \quad (1)$$

（1）式中，Y_t 表示 t 时期的实际 GDP，K_t 是 t 时期的资本投入，L_t 为 t 时期的劳动投入，A 为技术进步，α 是资本的产出弹性，β 是劳动的产出弹性，e_{μ} 为随机误差项。

假设生产过程符合规模报酬不变，并对（1）式做对数处理可得（2）式：

$$\mathrm{Ln}(Y_t) = \mathrm{Ln}(A) + \alpha \mathrm{Ln}(K_t) + (1-\alpha)\mathrm{Ln}(L_t) + \mu \quad (2)$$

进一步结合规模报酬不变的假设，并对（2）式两边求关于时间的导

① 资料来源：石泰峰在《中国共产党宁夏回族自治区第十二次代表大会上的报告》。

数，可得如（3）式所示的离散型时间序列：

$$\frac{\triangle Y}{Y}=\frac{\triangle A}{A}+\alpha\frac{\triangle K}{K}+\beta\frac{\triangle L}{L} \qquad (3)$$

由（3）式可得全要素生产率如（4）式所示：

$$\frac{\triangle A}{A}=\frac{\triangle Y}{Y}-\alpha\frac{\triangle K}{K}-\beta\frac{\triangle L}{L} \qquad (4)$$

（4）式中，令 $g_Y=\frac{\triangle Y}{Y}$，$g_A=\frac{\triangle A}{A}$，$g_K=\frac{\triangle K}{K}$，$g_L=\frac{\triangle L}{L}$，分别表示GDP 增长率、TFP 增长率、资本增长率和劳动增长率。另外，对（4）式两边同除以 g_Y 可得（5）式：

$$\frac{g_A}{g_Y}=1-\alpha\frac{g_K}{g_Y}-\beta\frac{g_L}{g_Y} \qquad (5)$$

（5）式中，$\frac{g_A}{g_Y}$表示全要素生产率对经济增长的贡献率，$\alpha\frac{g_K}{g_Y}$表示资本对经济增长的贡献率，$\beta\frac{g_L}{g_Y}$表示劳动力对经济增长的贡献率。

运用（4）式和（5）式测度全要素生产率及其贡献时，关键工作便是确定资本产出弹性和劳动产出弹性。本研究拟从基础数据出发，使用 Johasen 的最大似然估计（MLE）误差修正模型（VECM）来估计。

（二）指标选择

一是产出指标（y）。本研究选择地区生产总值（GDP）来衡量地区总产出水平。在具体运用中，本研究使用 GDP 平减指数剔除物价因素的影响进而求得的实际 GDP 来衡量。

二是资本投入指标（K）。在进行经济增长因素分析时，资本投入量应为直接或间接构成生产能力的资本总存量，本研究拟使用永续盘存法来测算资本存量。具体步骤是：

第一，确定当期投资序列（I_t），用于确定相应时期新增的投资。

第二，确定价格指数序列（P_t），主要用于剔除不同时期新增投资中的价格因素。

第三，设置资本的折旧率或重置率（δ_t），主要用于测算不同时期资本存量的折旧情况。

第四，结合基期投资额、基期综合折旧率和基期前后某个时期的固定资产投资平均增长率，并运用（6）式来估算基期的资本存量。

$$K_0=I_0/(\delta_0+g_0) \tag{6}$$

（6）式中，K_0 表示基年资本存量，I_0 为基期投资额，δ_0 为基期的综合折旧率，本研究用杨格（2003）所使用的 6%来计算；g_0 为基期前后某个时期的资本增长率。

第五，结合基期资本存量（K_0）、当期投资序列（I_0）、资本折旧率（δ_t）等指标，结合（7）式来估算各期的文化资本存量。

$$K_t=(1-\delta_t)K_{t-1}+I_t \tag{7}$$

（7）式中，K_t 和 K_{t-1} 分别表示 t 期和 $t-1$ 期的资本存量，I_t 表示第 t 期的新增的投资额，δ_t 表示第 t 期的资本折旧率或重置率。

三是劳动投入指标（L）。本研究使用年底就业人员数作为衡量劳动力投入的指标。

（三）全区层面全要素生产率的测度

1. 数据说明

根据生产函数法测度全要素生产率的思路及对相关指标的要求，本研究首先从《2017 年宁夏统计年鉴》等相关统计资料中收集用于本研究的基础数据，随后以 1978 年为基期剔除 GDP 与资本投入指标中物价因素的影响。用于宁夏全区层面全要素生产率测度相关数据及其统计描述结果如表 1 所示。

从表 1 所示的统计描述结果及原始数据可以看出，本研究所获得的 1978—2016 年宁夏实际 GDP、劳动力投入及资本存量无异常值、离群值等出现，能够用于后续分析。

表 1 1978—2016 年宁夏实际 GDP 及要素投入统计描述结果

变 量	样本量	均 值	标准差	最小值	最大值
实际 GDP(亿元)	39	123.90	128.61	13.00	459.48
劳动力投入(万人)	39	251.97	70.30	136.00	369.20
资本存量(亿元)	39	570.29	822.19	21.35	3255.40

2. 弹性系数的测算

由于 GDP、K、L 都是时间序列数据，为了避免伪回归，在利用 OLS 估计模型之前对这些变量取自然对数，记为 lny、lnk、lnl。随后，对这些变量的平稳性进行单位根检验，检验结果如表 2 所示。

表 2 1978—2016 年宁夏实际 GDP 及要素投入的 ADF 检验结果

变 量	变量符号	检验形式(C,T,P)	ADF	1%	5%	10%
实际 GDP	lny	(C,0,2)	–0.89	–3.689	–2.975	–2.619
实际 GDP	△lny	(C,T,2)	–3.447	–3.689	–2.975	–2.619
资本存量	lnk	(0,0,2)	–0.99	–3.689	–2.975	–2.619
资本存量	△lnk	(0,0,2)	–0.99	–3.689	–2.975	–2.619
年底就业人口	lnl	(C,T,0)	–2.763	–3.675	–2.969	–2.617
年底就业人口	△lnl	(C,T,2)	–4.887	–3.682	–2.972	–2.618

注：(C,T,P)分别表示截距项、时间趋势和滞后项。

在表 2 所示的 ADF 检验结果上，建立由 lny、lnk、lnl 构成的 VAR 模型，进行协整分析。包括常数项与时间趋势项的协整秩检验（trace statistic）结果表明，只有一个线性无关的协整向量，而最大特征值也表明，可以在 5%的水平上拒绝“协整秩为 0”的原假设。

建立 VECM 模型，并得到各变量的长期协整关系，具体如（8）式所示。

$$lny=-1.824935+0.368741lnk+0.6312598lnl+0.0328708Trend \quad (8)$$

t=0.1054　　0.0211　　0.4682　　0.0176

p=0.0001　　0.0000　　0.0000　　0.0010

R-squared=0.9985　　Adj R-squared =0.9984　　Prob > F =0.0000

（8）式所示的结果表明，劳动力和资本的弹性系数分别为 α=0.64 和 β=0.36。

3. 测算结果

将 α、β 代入（4）、（5）式可得全要素生产率的增长率及贡献率：

$$\text{TFP 增长率} = \frac{\triangle A}{A} = \frac{\triangle Y}{Y} - 0.368741\frac{\triangle K}{K} - 0.6312598\frac{\triangle L}{L} \quad (9)$$

$$\text{TFP 的贡献率} = \frac{GA}{GY} = 1 - 0.368741\frac{GK}{GY} - 0.63125984\frac{GL}{GY} \quad (10)$$

将 1978—2016 年宁夏实际 GDP、劳动力投入和资本存量的相关数据带入式（9）、(10)中，便可得到 1979—2016 年宁夏实际 GDP、资本和劳动投入要素的增长率及其贡献率，具体如表 3 所示。

表 3　1979—2016 年宁夏产出增长率、要素投入增长率及其贡献

单位：%

年　份	经济增长率	K 增长率	L 增长率	TFP 增长率	K 贡献率	L 贡献率	TFP 贡献率
1979—2016	10.2	14.24	2.72	4.74	51.76	21.66	26.76
1979	6.4	18.14	3.9	-0.81	87.18	25.44	-12.62
1980	7.9	12.43	5	0.90	48.40	40.19	11.41
1981	2	8.90	2.2	-2.10	135.85	68.58	-104.42
1982	8.9	11.37	3.9	2.96	49.03	37.84	13.13
1983	15.4	12.06	4.5	8.90	43.96	28.39	27.64
1984	13.6	17.23	4.4	5.50	44.92	30.58	25.51
1985	17.8	23.97	4.5	7.58	52.42	25.91	17.67
1986	8.3	23.34	3.2	-0.83	86.05	23.95	-10.00
1987	7.9	18.59	4.3	-0.53	72.55	34.23	-6.77
1988	12.1	11.12	3.5	6.54	58.11	27.99	13.90
1989	7.7	6.23	3.1	3.80	54.97	25.46	19.58
1990	3.7	7.81	3.7	-1.04	64.55	53.53	-18.08
1991	4.8	9.87	3.8	-0.64	72.98	50.39	-13.37
1992	8.6	11.66	3.1	3.10	51.55	22.41	26.04

续表

年　份	经济增长率	K 增长率	L 增长率	TFP 增长率	K 贡献率	L 贡献率	TFP 贡献率
1993	10.2	13.51	1.5	5.15	50.35	9.52	40.13
1994	7.7	10.57	1.4	3.51	52.35	11.86	35.79
1995	9.5	8.95	3.4	4.62	38.88	22.55	38.57
1996	10.9	8.18	2	7.09	23.10	11.59	65.31
1997	7.9	8.61	4.6	2.35	33.33	37.00	29.67
1998	8.8	10.72	–0.8	5.99	37.41	–5.59	68.19
1999	9	12.51	6.9	0.86	42.47	47.97	9.56
2000	10.2	14.73	1.2	4.94	44.32	7.28	48.41
2001	10.1	15.91	1.3	4.43	38.26	7.93	53.81
2002	10.2	16.80	1.2	4.31	40.36	7.52	52.12
2003	12.6	21.49	3.2	4.05	42.11	15.90	41.98
2004	11.2	20.04	2.5	3.46	44.83	14.30	40.87
2005	10.9	19.45	0.3	4.76	44.80	1.55	53.65
2006	12.7	17.67	2.8	5.49	42.68	14.10	43.22
2007	12.7	17.24	0.5	7.13	41.63	2.26	56.11
2008	12.6	19.24	–1.8	7.83	46.88	–9.07	62.19
2009	11.9	21.62	8.1	0.16	55.74	42.94	1.32
2010	13.5	23.54	–0.7	6.76	53.51	–3.56	50.05
2011	12.1	19.86	4.2	3.37	30.36	21.76	47.87
2012	11.5	21.23	1.4	4.07	36.66	7.92	55.42
2013	9.8	21.74	2	1.89	48.05	12.71	39.24
2014	8	21.03	1.67	0.48	60.71	13.26	26.04
2015	7.7	18.64	1.4	1.40	53.84	11.41	34.75
2016	8.1	16.33	1.93	1.87	41.85	15.06	43.09

对于表 3 所示的结果，以五年计划（规划）为样本区间，比较宁夏各投入要素的增长及其贡献，对比结果见表 4。

表 4　宁夏产出、要素投入和 TFP：增长率及其贡献（不同阶段比较）

单位：%

时　期	经济增长率	L 增长率	L 贡献率	K 增长率	K 贡献率	TFP 增长率	TFP 贡献率
“六五”	10.16	3.9	44.27	14.5	59.66	3.74	-3.93
“七五”	5.6	3.54	54.84	9.8	56.12	0.58	-10.96
“八五”	8.78	2.66	38.5	6.99	50.2	5.09	12.30
“九五”	10.66	2.78	22.71	11.13	45.15	5.9	32.13
“十五”	15.09	1.7	8.1	17.84	49.1	9.56	43.00
“十一五”	12.65	1.76	11.3	20.32	40.15	6.5	48.52
“十五”	9.9	1.92	14.1	16.8	41.02	4.42	44.89

4. 结果分析

如表 3、表 4 所示的 1979—2016 年宁夏产出增长率、要素投入增长率及其贡献的测度结果，可以得出以下结论：

第一，宁夏经济粗放、外延型增长特征明显。测算结果表明，1979—2016 年期间宁夏经济增长中，劳动与资本等要素投入的贡献率平均为 73.42%，而全要素生产率的贡献为 26%左右，从而总体上表现出较为明显的粗放、外延式增长。

第二，表现出典型的“投资拉动型”经济增长特征。测算结果表明，1979—2016 年宁夏劳动力、资本和全要素生产率对经济增长的贡献率中，资本的贡献率达到了 51.76%，远高于劳动力和全要素生产率的作用，从而从总体上印证了了宁夏“投资拉动型”经济增长。

第三，经济增长方式转变的特征逐渐显现。分阶段分析表明，在“六五”“七五”和“八五”期间，资本是经济增长的主要驱动力，但从“八五”开始，劳动力的贡献率开始下降，全要素生产率的贡献率开始上升，在“十一五”期间接近 50%，这说明产出效率在增加，宁夏经济增长正在实现从粗放外延型向集约型转变。

（四）地级市层面全要素生产率的测度

在获得宁夏全区层面全要素生产率及其贡献之后，可进一步考虑测算宁夏五个地级市的全要素生产率及其贡献率。

1. 数据说明

根据数据收集情况，由于中卫市于 2003 年底获批设立，为了保证数据的完整性与可比性，本研究收集 2003—2016 年宁夏五个地级市的相关数据来测算其全要素生产率及其贡献率。具体地，2003—2016 年宁夏 5 个地级市相关指标所构成面板数据的统计描述结果如表 5 所示。

表 5　2003—2016 年宁夏 5 个地级市产出与要素投入统计描述结果

变　量	样本量	均　值	标准差	最大值	最小值	中位数	25 分位数	75 分位数
GDP	70	212.63	212.81	975.77	21.07	143.72	86.18	258.1
l	70	65.21	21.38	114.74	28.61	68	53.58	75.44
k	70	298.94	340.65	1628.85	20.78	198	66.23	365.05

如表 5 所示的统计描述结果，相关统计指标较为一致地反映出原始数据中无异常值、离群值等出现，能够使用这些数据进行后续的分析。

2. 弹性系数的测算

对 2004—2016 年银川、吴忠、石嘴山、中卫、固原 5 个地级市的实际 GDP、年底就业人数、资本存量取对数，并做单位根检验和协整分析，随后分别用 Johansen 的 MLE 估计该系统的误差修正模型（VECM），得到宁夏各市经济增长的资本与劳动的产出弹性 α、β，具体结果如表 6 所示。

表 6　2004—2016 年宁夏各地级市劳动与资本的产出弹性

变　量	银　川	吴　忠	石嘴山	中　卫	固　原
α	0.360978	0.364567	0.435623	0.334999	0.421486
β	0.639022	0.635433	0.564377	0.665001	0.578514

3. 测算结果

结合表 6 所示的宁夏各地级市劳动与资本的产出弹性及各要素的增长率等基本数据，并结合（11)、(12）式，便可得到宁夏各市的资本、劳动以及 TFP 对经济增长的贡献率。为了便于表示，图 1 给出了 2004—2016 年宁夏各地级市劳动力、资本和全要素生产率对经济增长的平均贡献率。

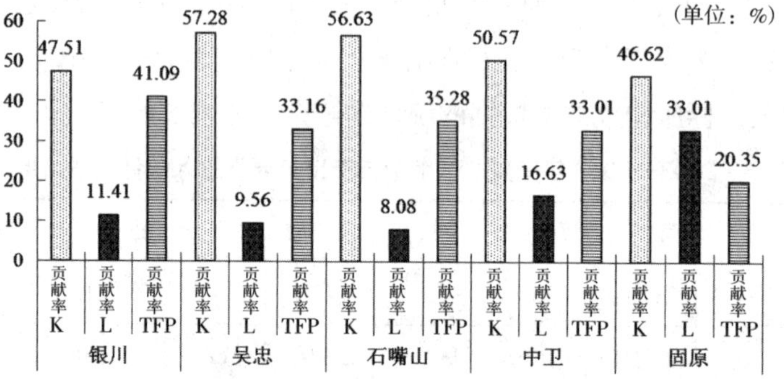

图 1　2004—2016 年宁夏各地级市要素贡献率测度结果

4. 结果分析

对于图 1 所示的 2004—2016 年宁夏各地级市要素贡献率的测度结果，可以得到以下结论：

第一，全要素生产率对经济增长的贡献体现出较大的差异。测算结果表明：2004—2016 年，全要素生产率对经济增长的贡献中，银川市最高并达到 41.09%，固原市最低仅为 20.35%，极差达到 20%左右。该比较从总体上说明，宁夏 5 个地级市经济增长中全要素生产率贡献不平衡、不充分的特征。

第二，宁夏五市的经济增长均体现着明显的“投资拉动型”特征。测算结果表明，2004—2016 年，资本对宁夏 5 个地级市经济增长的贡献率在 50%左右，明显高于劳动力投入和全要素生产率的贡献，其中吴忠市和石嘴山市资本的贡献更是高达 57.28%和 56.63%。这综合表明投资和基础设施建设依然是宁夏五市经济发展的主要推动力量，也具有典型的“投资拉动型”经济增长特征。

第三，宁夏五市劳动力的综合开发也存在一定差异。测算结果表明，2004—2016 年宁夏 5 个地级市劳动力要素的贡献中，固原市的该贡献最高并达到 20.35%，吴忠市的最低并达到 9.56%，两者的极差达到 10%左右，这在一定程度上表明各地区劳动力开发程度的差异。

（五）三次产业层面全要素生产率的测度

1. 数据说明

由于可获得的宁夏最早的分产业固定资产投资数据为 1993 年，因此，本研究选择 1996—2016 年为样本区间来测算宁夏三次产业层面全要素生产率及其贡献。具体地，1996—2016 年宁夏三次产业相关指标所构成面板数据的统计描述结果如表 7 所示。

表 7　1996—2016 年宁夏三次产业产出与要素投入统计描述结果

变　量	样本量	均　值	标准差	最大值	最小值	中位数	25 分位数	75 分位数
GDP	63	264.37	245.34	838.81	43.28	136.15	87.23	424.46
l	63	102.54	41.61	167.1	45.9	91.4	64.2	145.1
k	63	974.92	1241.98	4718.51	9.9	418.85	118.26	1323.26

如表 7 所示的统计描述结果，对照各统计描述结果与原始数据，本研究发现数据运算结果中无异常值、离群值等出现，可以使用这些数据进行后续的分析。

2. 弹性系数的测算

对 1996—2016 年宁夏三次产业的实际生产总值、年底就业人数、资本存量取对数，并做单位根检验和协整分析，随后分别用 Johansen 的 MLE 估计该系统的误差修正模型（VECM），得到宁夏三次产业的产出弹性、具体结果如表 8 所示。

3. 测算结果

结合表 8 所示的 1997—2016 年宁夏三次产业劳动与资本的产出弹性及各要素的增长率等基本数据，并结合(11)、(12)式，便可得到宁夏三次产业的资本、劳动以及 TFP 对经济增长的贡献率，具体结果如表 9 所示。

表 8　1997—2016 年宁夏三次产业劳动与资本的产出弹性

变　量	第一产业	第二产业	第三产业
α	0.427813	0.4	0.256131
β	0.572188	0.6	0.743869

表 9　1997—2016 年宁夏三次产业各要素对经济增长的贡献率

年份	第一产业			第二产业			第三产业		
	K 贡献率	L 贡献率	TFP 贡献率	K 贡献率	L 贡献率	TFP 贡献率	K 贡献率	L 贡献率	TFP 贡献率
1997	119.63	125.24	-144.90	95.85	12.89	-8.74	37.52	44.56	17.92
1998	39.66	20.51	39.80	62.44	-56.00	93.56	79.48	-45.65	66.16
1999	75.53	83.88	-59.40	61.48	12.36	26.16	47.37	59.85	-7.22
2000	-21.21	12.58	68.60	39.73	19.12	41.15	80.90	-12.77	31.87
2001	79.30	3.93	16.80	52.34	13.12	34.54	73.10	12.32	14.58
2002	101.72	4.91	-6.60	41.67	26.04	32.29	69.12	-3.68	34.56
2003	145.59	-9.49	-56.10	42.56	44.67	12.77	64.84	28.97	6.19
2004	129.82	-9.50	-20.30	62.76	-1.18	38.42	52.06	51.07	-3.13
2005	92.21	-1.38	49.20	65.04	10.45	24.50	46.69	-0.78	54.09
2006	23.06	15.01	62.00	41.05	23.91	35.04	35.21	36.82	27.98
2007	26.26	26.42	47.30	49.29	-15.05	65.76	19.73	-3.77	84.04
2008	17.10	11.27	64.20	61.09	30.51	8.40	19.36	-47.80	128.43
2009	5.28	16.58	81.30	65.60	41.45	-7.05	40.33	120.22	-60.55
2010	5.67	14.53	80.20	52.18	1.64	46.18	50.82	-21.55	70.73
2011	3.35	163.18	-66.50	34.47	-126.82	192.35	81.50	31.23	-12.73
2012	22.73	22.19	55.10	50.68	7.02	42.30	57.11	-3.02	45.91
2013	40.71	25.00	34.30	52.19	24.25	23.57	99.24	5.90	-5.14
2014	42.07	-17.99	75.90	69.57	83.52	-53.10	107.43	5.10	-12.53
2015	80.59	-3.94	23.30	73.25	-31.75	58.50	64.93	39.25	-4.18
2016	60.89	11.24	18.27	67.85	-26.58	58.72	53.55	28.29	18.16
均值	54.43	26.97	18.12	57.05	4.68	38.27	59.01	16.23	24.76

4. 结果分析

根据对 1997—2016 年宁夏三次产业各要素的贡献率过程及测度结果，可以得到以下结论：

第一，三次产业劳动力与资产的产出弹性有一定差异。第一产业的资本产出弹性为 0.43，且为最大；第三产业劳动产出弹性为 0.74，且为最大。这在一定程度上揭示了将劳动力从第一产业中释放出来转向第三产业可以更好地促进经济增长的结论。

第二，宁夏三次产业经济的增长主要靠资本要素投入带动。从 1997—2016 年宁夏三次产业要素投入及其贡献率的测度结果中，三次产业资本要素的贡献率存在差别，贡献率由高到低分别是第三、第二、第一产业。

第三，全要素生产率对三次产业的贡献率存在差异。测算结果中，从全要素生产率的角度来看，第二产业的全要素生产率对经济增长的贡献率最高，第三产业次之，第一产业最低。换言之，第二产业的产出效率最高，第一产业最低。

三、宁夏全要素生产率及其比较

(一) 宁夏与西北五省区全要素生产率的比较

1. 数据说明

根据数据收集情况，本研究结合《中国统计年鉴 2017》及国家统计局官网提供的数据，收集了 1978—2016 年宁夏、甘肃、陕西、青海、新疆等西北五省区 GDP、劳动力投入和固定资产投资相关的数据，获得了运用生产函数法测算全要素生产率所需要的相关数据。在具体测算之前，本研究检验了相关指标的基本统计量，具体结果如表 10 所示。

如表 10 所示的统计描述结果，对照各统计描述结果与原始数据，本研究发现数据运算结果中无异常值、离群值等出现，可以使用这些数据进行后续的分析。

表 10 1978—2016 年西北五省区产出与要素投入统计描述结果

变 量	样本量	均 值	标准差	最大值	最小值	中位数	25 分位数	75 分位数
GDP	195	381.41	552.22	3091.39	13.00	168.01	66.31	409.94
l	195	851.73	617.11	2074.00	136.00	680.92	285.66	1446.34
k	195	1460.53	2710.87	18609.05	21.35	421.92	138.60	1411.46

2. 弹性系数的测算

对 1978—2016 年西北五省区的实际 GDP、年底就业人数、资本存量取对数，并做单位根检验和协整分析，随后分别用 Johansen 的 MLE 估计该系统的误差修正模型（VECM），得到西北五省区的资本与劳动产出弹性 α、β，结果如表 11 所示。

表 11 西北五省区的劳动与资本的产出弹性

变 量	宁 夏	陕 西	甘 肃	青 海	新 疆
α	0.368741	0.331537	0.484843	0.154155	0.460311
β	0.631259	0.6684635	0.5151569	0.8458455	0.539689

3. 测算结果

在表 11 所测度的资本与劳动产出弹性的基础上，可计算西北五省区资本和劳动以及 TFP 对经济增长的贡献。具体地，本研究所计算的平均水平上 1978—2016 年西北五省区各要素投入及其贡献率如图 2 所示。

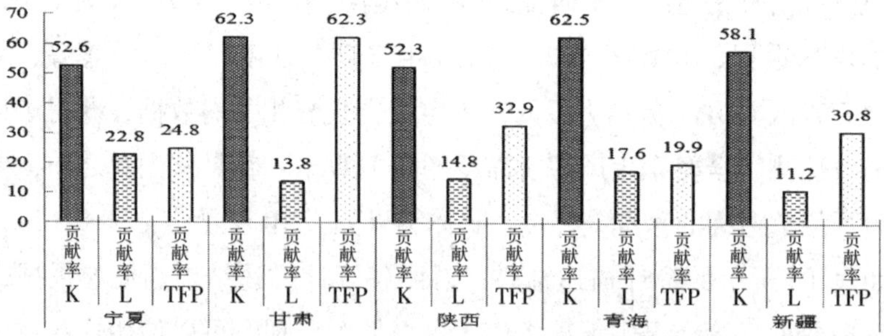

图 2 1978—2016 年西北五省区各要素投入及其贡献率

更直观地，以我国五年计划（规划）为区间，西北五区各投入要素对经济增长的贡献率测算结果如表 12 所示。

表 12　西北五省区各投入要素对经济增长的贡献率

单位:%

时期	宁夏			甘肃			陕西			青海			新疆		
	K	L	TFP	K	L	TFP	K	L	TFP	K	L	TFP	K	L	TFP
“六五”	59.66	44.27	-3.93	70.8	15.2	70.8	51.5	27.6	20.9	71.0	13.8	15.5	10.9	8.4	19.1
“七五”	56.12	54.84	-10.96	65	25.7	65	57.0	31.2	11.7	69.9	56.1	-26.0	1.7	8.7	32.8
“八五”	50.2	38.5	12.3	48.6	15.6	48.6	34.4	16.3	49.4	50.5	19.4	30.1	39.4	7.3	37.2
“九五”	45.15	22.71	32.13	55.6	0.9	55.6	44.5	9.6	45.9	56.7	15.9	27.4	35.9	-0.1	34.2
“十五”	49.1	8.1	43	63.7	-2.4	63.7	37.2	9.5	53.2	58.8	3.5	37.6	43.2	15.0	46.5
“十一五”	40.15	11.3	48.52	50.4	9.3	50.4	55.9	4.3	39.7	58.8	7.1	34.1	29.7	10.9	45.6
“十二五”	41.02	14.1	44.89	60.9	4.9	60.9	67.2	0.2	32.7	71.9	7.5	20.6	22.7	25.5	17.6

4. 结果分析

对于图 2 及表 12 所示的 1978—2016 年西北五省区各要素投入对经济增长贡献率的测度结果，可以得到以下结论。

第一，总体来看，资本投入对西北五省区经济增长的作用要明显超过全要素生产率对经济增长的贡献，其平均贡献率均在 50%以上，明显高于全要素生产率的平均值对经济增长的贡献，表明投资和基础设施建设依然是西北地区经济发展的主要推动力量。

第二，从西北五省区经济增长差异性角度来看，陕西作为西北五省区经济规模和质量最高的省份，投资对经济增长的贡献要低于其他各省区；新疆近几年由于资源和区位上的优势，经济增长速度加快，因此需要大量的投资完善基础设施建设；甘肃在西北五省区中处于中游位置，资本投入对其经济增长也很显著；宁夏和青海经济发展相对其他省区比较落后，由于特殊的生态环境，经济发展不如其他 3 个省区。

第三，从全要素生产率对经济增长贡献率的均值来看，陕西为32.9%，为五省区最高，其次为新疆30.8%、宁夏24.8%、甘肃23.9%、青海19.9%。陕西作为我国工业重镇，集聚着大量重工业和军事工业，因此全要素生产率要明显高于西部其他各省区，新疆作为我国能源基地，工业发展程度也比较好，因此，TFP贡献处于西部上游，而宁夏的全要素生产率在西北五省区中比较低。

第四，从全要素生产率对经济增长贡献率的变化趋势看，全要素生产率对宁夏经济增长的贡献率呈增长态势，宁夏经济增长的质量得到了一定提升。

（二）宁夏与全国全要素生产率的比较

1. 方法概述

Chung，Färe，Grosskopf （1997）所提出的在规模报酬不变情况下(CRS)，同时考虑合意产出增加与非合意产出减少的方向性距离函数及环境效率函数为（11）式：

$$TE^t=\frac{1}{1+\vec{D}_0^t\left(x^t_{k'},\ y^t_{k'},\ b^t_{k'};\ y^t_{k'},\ -b^t_{k'}\right)}=\frac{1}{1+\beta} \tag{11}$$

（11）式中，TE^t表示t期的环境效率函数，$\vec{D}_0^t$（*）表示方向性距离函数，β表示投入和产出变动的比例。

对于（11）式所示的传统DEA模型不能有效处理技术倒退的缺陷，Donghyun，Almas （2010）提出的序列DEA模型假设，第t期生产可能性集包括了前期所有的观测值，即$\overline{P}^t(x^t)=P^1(x^1)\cup P^2(x^2)\cup\cdots\cup P^t(x^t)$，（$1\leqslant t\leqslant T$），从而有效处理了传统模型中可能出现的技术倒退问题。结合“弱可处置性”要求及（11）式所示的方向性距离函数，则通过求解（11）式所示的线性规划便可获得时期t、决策单位k的方向性距离函数$\vec{D}_0^t$（$x^t_{k'}$，$y^t_{k'}$，$b^t_{k'}$；$y^t_{k'}$，$-b^t_{k'}$）：

$$\vec{D}_0^t(x_{k'}^t, y_{k'}^t, b_{k'}^t; y_{k'}^t, -b_{k'}^t) = \max \beta$$

$$\vec{D}_0^t(x_{k'}^t, y_{k'}^t, b_{k'}^t; y_{k'}^t, -b_{k'}^t) = \min \frac{1-\alpha}{1+\frac{\omega_g\beta+\omega_b\gamma}{(\omega_g+\omega_b)}}$$

$$\text{s.t.} \sum_{\tau=1}^{t} Y^\tau Z^\tau \geqslant (1+\beta) y_k^t, \quad \sum_{\tau=1}^{t} B^\tau Z^\tau \geqslant (1-\beta) b_k^t, \quad \sum_{\tau=1}^{t} X^\tau Z^\tau \geqslant (1-\beta) x_k^t, \quad Z^\tau \geqslant 0 \tag{12}$$

$$\text{s.t.} \sum_{\tau=1}^{t} Y^\tau Z^\tau - (1+\beta) y_{k'}^t - s^{g+} = 0, \quad \sum_{\tau=1}^{t} B^\tau Z^\tau - (1-\gamma) b_{k'}^t + s^{g+} = 0, \quad \sum_{\tau=1}^{t} X^\tau Z^\tau - (1-\alpha) x_{k'}^t + s^- = 0 \tag{13}$$

（12）式中，Y^τ 为第 τ 期 $M\times K$ 维期望产出矩阵，B^τ 为第 τ 期 $J\times K$ 维非期望产出矩阵，X^τ 为第 τ 期 $N\times K$ 维投入矩阵；相应地，y、b、x 分别为期望产出、非期望产出与投入向量；Z^τ 为构建序列生产可能性前沿过程中每个决策单位敏感程度的 $K\times 1$ 维列向量。

此外，我们可以通过调整（12）式中产出变化的比例 β，来解决（11）式所示的传统 DEA 模型要求期望产出与非期望产出比例性变动的缺陷。具体地，假设投入减少、合意产出增加、非合意产出减少的最大可能比例分别为 α、β、γ（三者不一定相等），进一步假设 ω_g、ω_b 分别为期望产出权重与非期望产出权重，那么可通过求解（13）式所示的线性规划来求解时期、决策单位 k 的方向性距离函数 $\vec{D}_0^t(x_{k'}^t, y_{k'}^t, b_{k'}^t; y_{k'}^t, -b_{k'}^t)$（Donghyun，Almas，2010）。

相比较而言，（13）式所示的序列 DEA 方法具有以下优点：其一，避免了经验分析中技术倒退结论的产生；其二，吸收了技术追赶思想，即后发者可通过模仿创新进而达到追赶先发者；其三，排除了短期波动对生产前沿构建的影响；其四，避免了混淆技术进步与技术效率变化对 TFP

的相对作用；其五，纠正了投入、合意产出、非合意产出同比例变动的不当假设。

根据（12）、(13）式所示的方向性距离函数，可借鉴Chung，Färe, Grosskopf （1997）的Malmquist生产率指数及其两重分解方法，得出以t期为基期的t+1期的序列ML生产率指数(SML)，具体由(14)式表示：

$$SML_t^{t+1}=\left[\frac{1+\vec{D}_0^t(x^t,y^t,b^t;g^t)}{1+\vec{D}_0^t\ (x^{t+1},y^{t+1},b^{t+1};g^{t+1})}\times\frac{1+\vec{D}_0^t(x^t,y^t,b^t;g^t)}{1+\vec{D}_0^{t+1}(x^{t+1},y^{t+1},b^{t+1};g^{t+1})}\right]^{\frac{1}{2}} \quad (14)$$

（14）式中，每一个生产率的变化需要求解包括两个当期环境技术效率、两个混合环境技术效率在内的四个线性规划；为了避免下一期（t+1）投入产出值在当期（t）未必可行从而无解情况的出现，序列DEA中每一年的参考技术可由当期（t）及前一期（t-1）决定。

由(15)式亦可分解出技术进步指数（STC）与效率变化指数（SEC）：

$$SEC_t^{t+1}=\frac{1+\vec{D}_0^t(x^t,y^t,b^t;g^t)}{1+\vec{D}_0^{t+1}(x^{t+1},y^{t+1},b^{t+1};g^{t+1})} \quad (15)$$

$$STC_t^{t+1}=\left[\frac{1+\vec{D}_0^{t+1}(x^t,y^t,b^t;g^t)}{1+\vec{D}_0^t(x^t,y^t,b^t;g^t)}\times\frac{1+\vec{D}_0^t(x^{t+1},y^{t+1},b^{t+1};g^{t+1})}{1+\vec{D}_0^{t+1}(x^{t+1},y^{t+1},b^{t+1};g^{t+1})}\right]^{\frac{1}{2}} \quad (16)$$

并且有：

$$SML_t^{t+1}=SEC_t^{t+1}\times STC_t^{t+1} \quad (17)$$

（14）—(17）式中，SML、SEC、STC大于（小于）1分别表示决策单元经历了生产率的提高（降低）、技术效率的改善（恶化）、技术进步（倒退）。此外，Färe el al. （1997）指出，在规模报酬可变（VRS）时，还可以将规模效应（SCH）考虑进来并具有（18）式所示的基本关系：

$$SML(CRS)=SML(VRS)\times SCH=SEC\times STC\times SCH \quad (18)$$

（18）式中，*SEC*、*STC* 表示技术可变条件下的技术效率变化、技术进步。

2. 指标与数据说明

本研究拟采用 SML 指数法测算各地区的经济增长效率情况，所选取的投入与产出指标如下：

劳动投入：考虑到劳动力素质及“干中学”效应带来的人力资本存量增加对经济增长的重要性，此处用滞后三年的人力资本存量来表示劳动力投入。具体地，人力资本存量可用平均受教育年限和劳动力数量的乘积来表示。

资本投入：本研究用永续盘存法所测算的年均资本存量来表示。具体地，我们借鉴单豪杰（2008）的测算方法计算评估期各决策单元的年均资本存量，并用各地区相应年份的 GDP 平减指数将其统一折算到 1998 年的可比价格。

资源投入：本研究用“能源消费总量”来表示。该指标包括了终端能源消费量、能源加工转换损失量、能源损失量等三部分，综合衡量了经济生产过程中的能源投入，也是非期望产出的主要来源。

期望产出：本研究用地区 GDP 来表示。GDP 是反映地区经济活动的综合性指标，我们用各地区相应年份的 GDP 平减指数将其统一折算到 1998 年的可比价格。

非期望产出：本研究用 SO_2 和 COD 排放量来表示。一般地，环境污染物是多样的，若用单一指标来衡量势必暗含各污染物的构成比例一致的假定，因此，本研究用 SO_2 和 COD 排放量为衡量非期望产出的指标。

本研究的基础数据来自相应年份的《中国统计年鉴》《中国环境统计年鉴》和《中国能源统计年鉴》。根据数据收集的实际情况，研究的时间段为 1998—2016 年，决策单元为我国大陆地区的 29 个省级单位（西藏数据不完全，故暂不测算；为保持统计口径一致，四川省的数据包括重庆市）。

3. 测算结果

结合 1998—2016 年中国各地区的投入产出数据，测算了考虑资源环境约束情况下，规模报酬不变（CRS）和规模报酬可变（VRS）时的 SML 生产率指数，并对 SML 生产率指数进行了分解。1998—2016 年平均水平意义上的 SML 绿色全要素生产率指数及其各组成部分的变化情况，具体如表 13 所示。

表 13　1998—2016 年我国各省（区、市）绿色全要素生产率变化率测算结果

地　区	综合技术效率变化	技术水平变化	纯技术效率变化	规模效率变化	TFP 变化	排名
北京	1.0010	1.0350	1.0000	1.0010	1.0360	1
上海	1.0000	1.0330	1.0000	1.0000	1.0330	2
福建	1.0000	1.0220	1.0000	1.0000	1.0220	3
吉林	1.0030	1.0160	1.0030	1.0000	1.0190	4
广东	1.0036	1.0130	1.0016	1.0020	1.0166	5
安徽	1.0030	1.0120	1.0020	1.0010	1.0150	6
江苏	1.0000	1.0150	1.0000	1.0000	1.0150	7
浙江	1.0012	1.0130	1.0012	1.0000	1.0143	8
内蒙古	1.0030	1.0110	1.0030	1.0000	1.0140	9
天津	0.9950	1.0190	0.9970	0.9980	1.0139	10
山东	1.0010	1.0090	1.0010	1.0000	1.0100	11
辽宁	0.9900	1.0200	0.9890	1.0010	1.0098	12
江西	0.9920	1.0120	0.9930	0.9990	1.0039	13
四川	0.9997	1.0040	0.9976	1.0021	1.0037	14
河南	0.9910	1.0110	0.9900	1.0010	1.0019	15
黑龙江	0.9990	1.0020	1.0000	0.9990	1.0010	16
重庆	0.9890	1.0120	0.9920	0.9970	1.0009	17
陕西	0.9997	1.0010	1.0011	0.9987	1.0007	18
广西	0.9830	1.0160	0.9850	0.9980	0.9988	19
河北	0.9900	1.0020	0.9880	1.0020	0.9920	20
山西	1.0000	0.9840	1.0000	1.0000	0.9840	21
宁夏	0.9920	0.9880	1.0000	0.9920	0.9801	22

续表

地　区	综合技术效率变化	技术水平变化	纯技术效率变化	规模效率变化	TFP 变化	排名
云南	0.9731	1.0050	0.9800	0.9930	0.9780	23
湖南	0.9860	0.9910	0.9870	0.9990	0.9771	24
湖北	0.9910	0.9850	0.9910	1.0000	0.9761	25
甘肃	0.9742	0.9950	0.9830	0.9910	0.9693	26
新疆	0.9870	0.9800	0.9880	0.9990	0.9673	27
贵州	0.9791	0.9830	0.9860	0.9930	0.9625	28
青海	0.9540	0.9720	1.0000	0.9540	0.9273	29

4. 结果分析

从表 13 所示的 1998—2016 年我国各省（区、市）绿色全要素生产率变化率测算结果中，可以得到以下结论：

第一，绿色全要素生产率的空间集中特征明显。1998—2016 年，SML 指数上升的省份有 18 个，下降的省份有 11 个，并且 SML 指数上升的省份主要集中在东部和东北地区，SML 下降的省区则主要集中在西部地区，从而在总体上表现出较为明显的空间集中特征。

第二，综合技术效率的下降是导致大多省份绿色全要素生产率下降的主要原因。SML 指数小于 1 的 11 个省区中，有 10 个省区的综合技术效率指数小于 1，表明样本区间内的综合效率呈下降态势。由于 TFP 指数为综合技术效率 = 纯技术效率变化 × 规模效率变化 × 技术水平变化，这从总体上说明西部地区生产中由于生产规模有限、尚未有效吸收先进技术等原因导致综合技术效率较低，也因无法催生关键的技术进步导致技术变化有限，最终导致了相对落后的绿色全要素生产率指数。

第三，宁夏的绿色全要素生产率位于全国中下游水平。表 13 所示的测算结果表明，全国 29 个样本省（区、市）中，宁夏的 SML 指数位于所选取的全国 29 个样本省（区、市）中的第 22 位，居于中下游水平。从具体构成来看，在样本省（区、市）中，宁夏的纯技术效率位于前沿，而排名靠后的主要原因是由小于 1 的技术水平变化和规模效率所形成的，这意味着样本期间技术进步和规模成为制约宁夏绿色全要素生产率提升的关键因素。

（三）宁夏全要素生产率的时序比较

前文已运用生产函数法测算了 1978—2016 年 38 年中宁夏全要素生产率情况，此处要通过预测“十三五”期间全要素生产率及其变化情况进而与之前 38 年进行比较。

1. 预测方法

关于时间序列的预测中，目前常用的预测模型有自回归积分移动平均模型(Autoregressive Integrated Moving Average Model，简记 ARIMA)、神经网络模型、灰色预测模型等，此处选择更为关注数据本身特征的 ARIMA 模型来预测宁夏全要素生产率及其变化。ARIMA 模型的基本思想是：将预测对象随时间推移而形成的数据序列视为一个随机序列，用一定的数学模型来近似描述这个序列，这个模型一旦被识别后就可以从时间序列的过去值及现在值来预测未来值。

一般地，运用 ARIMA 模型进行预测的步骤为：第一，识别序列的平稳性；第二，对非平稳序列进行平稳化处理；第三，根据识别规则建立模型；第四，进行参数估计并检验是否具有统计意义；第五，诊断残差序列是否为白噪声；第六，利用已通过检验的模型进行预测（陈强，2014）。

2. 预测结果

按照经济预测的一般程序，本研究拟提出以下假设：其一，时间序列数据中包含了十分有价值的信息，未来的发展是过去情况的延续和规律的再现；其二，经济状况不会出现系统性风险，宏观经济环境不会发生大幅度的变化。结合 ARIMA 模型预测的一般步骤，本研究基于 1978—2016 年的实际数据，对 2017—2020 年宁夏的实际 GDP、资本存量、从业人数、资本贡献率、劳动贡献率和 TFP 贡献率等指标进行预测，具体预测结果如

表14所示。

表14　2017—2020年宁夏要素及其贡献率预测结果

单位：%

年　份	经济增长率	K增长率	L增长率	TFP增长率	K贡献率	L贡献率	TFP贡献率
2017	7.8	16.64	1.72	1.64	46.63	14.22	38.74
2018	7.9	17.12	1.65	1.68	47.32	13.54	39.21
2019	7.7	15.82	1.57	1.52	45.61	13.89	38.65
2020	7.5	15.63	1.55	1.65	44.83	12.77	40.11

注：表中实际GDP数据与资本存量数据均为以1978年为基期测算的实际值。

3.结果分析

2017—2020年宁夏要素投入及其贡献率的预测结果所示，按照1978—2016年历史数据中所蕴含的信息，2017—2020年TFP对宁夏经济增长的贡献率约为39%，并且出现了一定的波动。总体来看，历史数据的外推表明宁夏经济增长中各因素的作用还未形成稳定机制，还需继续培育依靠全要素生产率推动的集约式经济增长的内生动力。

四、结论与政策建议

（一）主要结论

本研究运用生产函数法测算了宁夏全区层面、地级市层面及三次产业层面的全要素生产率，并对宁夏及西北五省区、全国平均水平的全要素生产率作了比较分析。基于这些研究，所得到的主要结论有：

第一，改革开放以来，宁夏全要素生产率变化呈现涨跌互现的波动情形，其增长是宁夏经济增长的重要源泉之一。另外，宁夏经济增长方式从总体上表现出资本投入驱动型特征，物质资本仍是目前宁夏经济增长最主要的动力来源。

第二，资本投入对西北五省区经济增长的作用要明显超过全要素生产率对经济增长的贡献，并且与陕西、甘肃、青海、新疆等西北其他省区相比较，宁夏的全要素生产率对经济增长的贡献居于第四位，仅高于青海省该指标。

第三，从全国层面来看，考虑资源环境约束的宁夏绿色全要素生产率位于全国中下游水平，并且宁夏的纯技术效率和规模效率居于前沿面，而排名靠后的主要原因是技术水平变化小于1，这意味着样本区间内技术进步成为制约宁夏绿色全要素生产率提升的关键因素。

（二）政策建议

第一，增强技术创新能力是提高宁夏经济增长质量的重要抓手。实证分析表明，近年来宁夏的经济增长更多地依赖要素积累而不是技术进步，并且技术进步成为制约宁夏绿色全要素生产率提升的“瓶颈性”因素，这种经济增长方式是难以持续的。未来一段时间，宁夏应切实推进和实施创新驱动战略，在进行技术选择时必须考虑要素禀赋条件，避免出现资源的错配，也要通过引进和自主创新等方式实现经济增长更多地依赖创新产生的技术进步。同时，还要注重加强人才的引进和培养，提高对技术的消化吸收能力。

第二，发挥转型升级对全要素生产率提升的综合效应。尽管宁夏地处西部，但一直是连接境内、境外市场的交通运输通道，因此，应在吸引在东部失去比较优势的部分制造业转移、为农民就近进城务工提供就业岗位等方面，有效实现农业向非农产业的转型升级，最终实现以产业转型升级推动全要素生产率和劳均资本增长，促进劳动生产率、劳均收入和人均收入不断提高。

第三，促进要素在企业或产业间的合理配置。现实中只有少数区域的经济活动能够实现技术上的最优，更多的区域则处于次优的经济活动状态。所以，引导要素的合理流动，进而实现与技术进步的匹配，需要完善要素市场的流动机制，增加区域间各种资源要素禀赋的协调性，使现有的技术水平的潜能得到更大程度的释放。

第四，依靠创新驱动和人才驱动。宁夏全要素生产率的提升必须依赖创新驱动，应建立以企业为主体、市场为导向、产学研深度融合的技术创新体系，为推动产业技术升级和结构优化提供有力支撑。另外，要解决好影响和制约人的深层次体制机制问题，主要是要抓住企业家、科技人员等关键少数，调动创业人员，激发人的活力、创造性和积极性。

参考文献

[1]林春，孙英杰. 中国全要素生产率的再估算[J]. 统计与决策，2018(07):128-134.

[2]高伟生. 金融摩擦、资本误配与全要素生产率[J]. 中国经济问题，2018(02):58-71.

[3]马洪福，郝寿义. 要素禀赋异质性、技术进步与全要素生产率增长——基于28个省市数据的分析[J]. 经济问题探索，2018(02):39-48.

[4]焦翠红，陈钰芬. R&D资源配置、空间关联与区域全要素生产率提升[J]. 科学学研究，2018(01):81-92.

[5]田友春，卢盛荣，靳来群. 方法、数据与全要素生产率测算差异[J]. 数量经济技术经济研究，2017(12):22-40.

[6]程惠芳，陈超. 开放经济下知识资本与全要素生产率——国际经验与中国启示[J]. 经济研究，2017(10):21-36.

[7]王钺，刘秉镰. 创新要素的流动为何如此重要?——基于全要素生产率的视角[J]. 中国软科学，2017(08):91-101.

[8]余泳泽. 异质性视角下中国省际全要素生产率再估算:1978—2012[J]. 经济学，2017(03):1051-1072.

[9]楠玉，袁富华，张平. 论当前我国全要素生产率的提升路径[J]. 上海经济研究，2017(03):65-70，122.

[10]朱军. 技术吸收、政府推动与中国全要素生产率提升[J]. 中国工业经济，2017(01):5-24.

[11]闫志俊，于津平. 政府补贴与企业全要素生产率——基于新兴产业和传统制造业的对比分析[J]. 产业经济研究，2017(01):1-13.

[12]蔡跃洲，付一夫. 全要素生产率增长中的技术效应与结构效应——基于中国宏观和产业数据的测算及分解[J]. 经济研究，2017(01):72-88.

[13]钟世川，毛艳华. 中国全要素生产率的再测算与分解研究——基于多要素技术进步偏向的视角[J]. 经济评论，2017(01):3-14.

[14]仇娟东. 资源环境约束下中国经济增长效率的异质性研究——基于Sequential Malmquist-Luenberger指数的分析[J]. 工业技术经济，2015(07):94-105.

[15]张军扩. "七五"期间经济效益的综合分析——各要素对经济增长贡献率的测算

[J]. 经济研究,1991(4):14-17.

[16]郭庆旺. 中国全要素生产率的估算:1979—2004[J]. 经济研究,2005(6):24-27.

[17]孙琳琳. 资本投入测量综述[J]. 经济学,2005(4).

[18]陈强. 高级计量经济学级 Stata 应用[M]. 北京:高等教育出版社,2014.

宁夏全域旅游发展战略研究

鲁忠慧

全域旅游是指在一定区域内，以旅游业为优势产业，通过对区域内经济社会资源尤其是旅游资源、相关产业、生态环境、公共服务、体制机制、政策法规、文明素质等进行全方位、系统化的优化提升，实现区域资源有机整合、产业融合发展、社会共建共享，以旅游业带动和促进经济社会协调发展的一种新的区域协调发展理念和模式①。推进全域旅游是我国新阶段旅游发展战略的再定位，是一场具有深远意义的变革。这场变革意味着旅游从景点旅游模式走向全域旅游模式，实现从小旅游格局向大旅游格局转变。这是区域发展走向成熟的标志，是旅游业提质增效和可持续发展的客观要求，也是世界旅游发展的共同规律和大趋势，代表着现代旅游发展的新方向。

一、宁夏全域旅游发展战略的确立与推进

全域旅游作为现阶段我国旅游业转型升级的发展战略，作为旅游业发

作者简介：鲁忠慧，宁夏社会科学院文化研究所所长，研究员，主要从事文化产业、旅游业等研究。

① 李金早：《全域旅游的价值和途径》，《人民日报》2016年3月4日。

展的国家战略，也成为宁夏现阶段发展旅游业的着力点。

2015年，国家旅游局局长李金早首次提出全面推动全域旅游发展，随后国家旅游局下发《关于开展“国家全域旅游示范区”创建工作的通知》。2016年初，李金早局长在全国旅游工作会议上做了《从景点旅游走向全域旅游，努力开创我国“十三五”旅游发展新局面》工作报告，将全域旅游作为整体战略，提出进入新的发展时期，贯彻落实五大发展理念，必须转变旅游发展思路，变革旅游发展模式，加快推进旅游发展阶段演进，推动我国旅游从景点旅游向全域旅游转变。这是跳出传统旅游谋划现代旅游、跳出小旅游谋划大旅游发展的飞跃，在发展理念、发展形态、发展模式上的战略变革。2016年3月，为进一步发挥旅游业的作用，实现旅游业与其他产业的深度融合，积极构建全域旅游发展格局，国家旅游局下发了《关于开展“国家全域旅游示范区”创建工作的通知》，并确立了首批创建国家全域旅游示范区262家。

自治区2015年的政府工作报告中，就提出“把宁夏作为一个城市规划布局”，这与全域旅游的理念不谋而合。之后，自治区政府发布了《关于全面提升旅游服务质量“十百千万”工程的若干意见》，提出通过创建十条旅游特色街区、做强十大景区、发展十大旅游购物商店、打造十强旅行社、做优十家旅游饭店、扶持十大特色农家乐、推广十大金牌旅游小吃、评树百名旅游服务之星、培育千名乡村旅游带头人、培训万名旅游从业人员等一系列举措，全面带动全域旅游的发展。

在国家旅游局局长李金早明确提出“全域旅游”概念之后，自治区党委、政府把握大势，站在全局性、战略性高度重视全域旅游的发展模式，2016年自治区政府工作报告中，明确提出了“全景”“全时”“全民”“全业”的“四全”发展模式，建设宁夏全域旅游目的地。从党委、政府层面提出“全域旅游”发展战略，宁夏是继海南国际旅游岛之后，率先发声的内陆省区。“四全”模式中，全景即全域景区景观化体验吸引游客，全时即全天候旅游留住游客，全业即以旅游业为主导带动服务业与其他产业全业融合，提升传统产业附加值，全民即通过“全民共建＋全民营销＋全民共享”构建主客共享的旅游目的地，实现旅游惠民、便民、富民。《自治区国民经济和社会发展第十三个五年计划纲要》中提出建设特色鲜明的国际旅游目的地，构建“一核三廊六板块”的全域旅游发展新格局。2016 年 7 月，制定出台了《宁夏全域旅游发展三年行动计划》，提出产业围绕旅游转、产品围绕旅游造、结构围绕旅游调、功能围绕旅游配、民生围绕旅游兴的全域旅游发展思路。按照《宁夏全域旅游发展三年行动计划》规划期限，创建工作分三年三个阶段实施：2016 年以“中美旅游领导高峰论坛”为重点的“筹备启动期”，2017 年以“中阿博览会”为重点的“持续推动期”，2018 年以“自治区成立 60 周年大庆”为重点的“全面创建期”。全面推进中卫市、泾源县、平罗县、青铜峡市作为国家全域旅游示范区的创建试点，以点带面、梯次推进，引领带动其他市县逐步分批创建，最终实现全区全域旅游发展。2017 年 3 月出台了《宁夏回族自治区“十三五”全域旅游发展规划》，该文件提出“一核两带三廊七板块”发展思路。2017 年 6月自治区第十二次党代会报告中提出“加快全域旅游示范区建设，把旅游业融入经济社会发展全局……打造西部独具特色的旅游目的地。”把宁夏当作一座城、一个景区来打造，通过发展旅游业带动其他产业发展，这是新时期宁夏发展旅游的新理念和新目标。

二、全域旅游发展战略对推动宁夏经济社会全面协调发展的重要意义

（一）发展全域旅游，释放旅游业的带动能力，对宁夏产业结构调整有着重要的意义

党的十九大报告中指出，我国经济已由高速增长阶段转向高质量发展

阶段，优化经济结构应是推动我国经济向高质量发展的重要内容之一。在全域优化配置经济社会发展资源，充分发挥旅游带动作用，这是全域旅游鲜明特征之一。据联合国统计署的具体测定认为，旅游业拉动的相关行业可达 110 个。据世界旅游组织统计，旅游业每收入 1 元，可带动相关产业收入增加 4.3 元。国家旅游局发布的《中国旅游发展报告（2016）》中指出：旅游业对 GDP 的综合贡献达到了 10%，间接带动的第二、第三产业增加值占 GDP 比重处于上升状态，2012—2015 年，旅游对交通运输业增加值的拉动贡献超过 80%，其中，旅游对民航运输及辅助服务贡献超过 90%，对铁路运输及辅助服务超过 80%，对水上运输及辅助服务贡献超过 30%，对公路运输及服务辅助贡献超过 60%，对仓储和邮政业贡献为 30%，对住宿业增加值的贡献在 80%以上，对餐饮业的贡献超过 60%，对批发和零售业的贡献为 30%以上，对房地产业增加值贡献率超过 20%，对公共管理和社会组织增加值贡献率超过 15%，对信息传输、计算机服务和软件业增加值贡献率超过 5%。旅游业综合性强、关联度高、拉动作用突出。旅游消费不仅直接拉动了民航、铁路、公路、商业、食宿等传统产业，同时已经极大地突破了传统旅游业的范围，广泛涉及并交叉渗透到许多相关行业和产业中，如工业、农业、教育、医疗、科技、生态、环境、建筑、海洋等领域，形成了一个泛旅游产业群。旅游在产业群中，带动其他产业发展，并延伸出了一些新的业态，如对国际金融、仓储物流、信息咨询、文化创意、影视娱乐、会展博览等新型和现代服务业发挥着重要促进作用。因此，发展全域旅游，意味着“旅游 +”的融合发展方式，不仅可以不断完善和调整宁夏的传统产业，而且可以催生出新的业态，对宁夏产业结构的调整有着重要的意义。

（二）发展全域旅游，发挥旅游扶贫的功能，对宁夏实现扶贫攻坚目标，决胜全面建成小康社会有着重要的意义

全民共建共享是全域旅游的另一鲜明特征。党的十九大报告指出，从

现在到2020年，是全面建成小康社会的决胜期。十八届五中全会提出我国要实现贫困人口全部脱贫，贫困县全部摘帽。习近平总书记指出，“没有贫困地区的小康，没有贫困人口的脱贫，就没有全面建成小康社会”。2017年6月，自治区第十二次党代会报告中提出“必须把脱贫富民作为今后五年发展的价值取向和工作导向”。当前，宁夏扶贫攻坚已进入啃硬骨头、攻坚拔寨的冲刺期。乡村旅游作为扶贫的重要路径，对宁夏完成扶贫攻坚任务有着深远的意义。

乡村的旅游化是全域旅游的乡村版，是有别于城市的一种生活空间和生活方式，对城市居民越来越具有吸引力。近年来，我国乡村旅游呈爆发式增长，全国城市居民周末休闲和节假日出游，70%以上选择在周边的乡村旅游点，主要城市周边的乡村旅游接待人数年均增长20%以上[①]。据初步统计，2015年全国乡村旅游共接待游客约20亿人次，旅游消费总规模达1万亿元[②]。“十二五”期间，我国已通过发展乡村旅游，带动了约10%的贫困人口脱贫。预计“十三五”期间，乡村旅游接待游客人次年均增长15%，到2020年达到40亿人次。乡村旅游营业收入年均增长18%，到2020年达到2.3万亿元，带动约8000万农民受益。每年带动200万贫困农民脱贫，到“十三五”末带动约1200万贫困人口脱贫，占全国贫困人口总量的17%[③]。我国计划到2020年，扶持约6000个贫困村开展乡村旅游，带动农村劳动力就业。力争每个重点村乡村旅游年经营收入达到100万元。每年通过乡村旅游，直接拉动10万贫困人口脱贫致富，间接拉动50万贫困人口脱贫致富[④]。这不仅为我国旅游扶贫明确了发展目标，也使得乡村旅游进入了一个全新的发展阶段。

---

①李志刚:《发展乡村旅游精准扶贫的突破口》,《中国旅游报》2016年3月14日。

②中华人民共和国国家旅游局:《中国旅游发展报告(2016)》,人民网,2016年5月19日。

③李志刚:《发展乡村旅游精准扶贫的突破口》,《中国旅游报》2016年3月14日。

④国家发展改革委等七部委:《关于实施乡村旅游富民工程推进旅游扶贫工作的通知》,2014年11月3日。

目前，乡村旅游依然成为我国促进脱贫致富、实现共同奔小康的新增长点，旅游扶贫正在成为发挥旅游综合功能、做大做强旅游产业的新方式、新路径和新载体。一些省的旅游扶贫占全部扶贫的比重超过20%。而且，我国乡村旅游资源占全国旅游资源70%，但旅游消费还不到国内旅游消费总额的20%，未来增长潜力很大①。

2014年，宁夏“农家乐”共接待游客330.77万人次。2015年，宁夏“农家乐”共接待游客371.29万人次。截至2017年初，全区共有380家乡村旅游点，到2018年全区将建成500家具有较高服务水平的农家乐和乡村民宿，全区乡村旅游年接待游客超过500万人次②。宁夏乡村旅游也呈现出了上升发展态势，但明显处于发展的初级阶段，特别是南部地区的旅游资源还有待于进一步利用和开发，未来宁夏乡村旅游的增长潜力还很大，这就意味着旅游扶贫的空间广阔，蓬勃发展的乡村旅游以及未来良好的发展趋势无疑为宁夏旅游扶贫提供了一个突破口，同时对宁夏实现扶贫攻坚目标有着重要的战略意义。

三、全域旅游发展战略是宁夏旅游业全面转型升级的必然选择

2014年，旅游业占宁夏GDP超过5%，首次成为宁夏国民经济支柱产业；2015年，旅游业实现总收入161.3亿元，全区旅游业收入占地区生产总值5.19%；2017年宁夏接待国内外旅游者总人数3103.16万人次，旅游业总收入277.72亿元，占GDP的8%。根据规划目标，到2020年，全区游客接待量突破3000万人次，旅游业总收入突破300亿元。明确了新时期的旅游发展目标，已经确立的全域发展战略必然成为宁夏旅游业的全面转型升级的新引擎。2017年宁夏银川市接待国内游客1280.9万人次，中卫市502.65万人次，固原市492.68万人次，吴忠市471.87万人次，石嘴山市

① 李志刚:《发展乡村旅游精准扶贫的突破口》,《中国旅游报》2016年3月14日。

②《宁夏旅游协会再添新成员 乡村旅游揭开新篇章》，宁夏旅游政务网，2017年1月16日。

327.42 万人次。地区差距相对明显。

现阶段，我国旅游业已经从短缺型旅游发展中国家走入了初步小康型旅游大国。2014 年国家出台的《关于促进旅游业改革发展的若干意见》中提出我国旅游业到 2020 年要实现的三大目标，即境内旅游总消费达到 5.5 万亿元，城乡居民年人均出游 4.5 次，旅游业增加值占全国 GDP 的比重超过 5%。预计到 2020 年，我国将从初步小康型旅游大国迈向全面小康型旅游大国，年人均出游次数达到中等发达国家水平。2015 年，国内游已达 40 亿人次，人均出游接近 3 次，旅游已经从少数人的奢侈品发展成为大众化、经常性消费的生活方式，意味着我国大众旅游时代的到来。2017 年宁夏接待入境游客 12.36 万人次，客源地主要是中国台湾、中国香港、美国、印度尼西亚、日本等。宁夏全区出境游 12.28 万人次，主要是泰国、中国台湾、日本、马来西亚等。出入境旅游人数增长率每年高达 20%左右。

随着我国城乡居民收入水平的提高，旅游消费需求旺盛，并呈现出多元化、多样化和多层次化的发展趋势。我国国民的旅游正在从原有传统单一观光型向观光、休闲、度假并重转变，正在从“组团旅游”向“自由行”转变。从我国城镇居民出游构成看，观光游的人数比例由 2004 年的 45%减少为 2015 年的 28%，度假、休闲和娱乐则由 2004 年的 19.7%增加为 2015 年的 24.4%，商务会议由 2004 年的 5.5%增加为 2015 年的 14.2%①。目前，个性化旅游的散客在国内旅游市场中的比例已经上升到 70%，成为市场主体，其需求日趋个性化、差异化，更加注重体验性和娱乐性。2017 年宁夏接待国内游客 3078.52 万人次，自助游或自由行游客宁夏本地人占 44.7%，西北地区仍是宁夏区外游客主要客源地，比重占 19.47%，其他来自内蒙古、北京、河南等地。游客以家庭与亲朋结伴出游的占 43.64%，以

① 卢杉:《旅游消费升级与创新:供给侧函待改革》,21 经济网,2016 年 9 月 10 日。

自驾车方式出游的占19.63%。旅游消费的这些新形态、新变动、新热点的形成，迫切需要宁夏对构成传统旅游六要素的吃、住、行、游、乐、购进行全面创新，需要对新旅游六要素的商、养、学、闲、情、奇进行全方位的拓展，为此，全域旅游发展战略就成为宁夏旅游业转型升级的必然选择。

四、全域旅游是宁夏建设特色鲜明的国际旅游目的地的必由之路

旅游业的发展战略既是旅游业发展的风向标，也是旅游业提升整体竞争力和可持续发展的助推器。宁夏实施全域旅游发展战略与建设特色鲜明的国际旅游目的地相辅相成、互为目标。建设特色鲜明的国际旅游目的地是宁夏全域旅游的品牌形象，全域旅游是推进特色鲜明的国际旅游目的地建设的大政方略。

所谓旅游目的地就是要为消费者提供一整套完整体验的旅游产品系统综合体，是吸引旅游者短暂停留、参观浏览的地方，是由各类资源要素和设施要素共同构成的能够为旅游者提供完整旅游体验的综合系统①。国际旅游目的地，即具备吸引世界各地游客前来观光游览、休闲度假、开展商务活动和会议展览的特质，其吸引性、舒适性、可达性、附属服务达到国际化程度的旅游地域综合体。

全域旅游是把区域整体作为功能完整的旅游目的地来建设，是空间全景化的系统旅游，是跳出传统旅游谋划现代旅游、跳出小旅游谋划大旅游。全域旅游是要形成一个旅游相关要素配置完备、能够全面满足游客体验需求的综合性旅游目的地、开放式旅游目的地，能够全面动员、全面创新、全面满足需求的旅游目的地。发展全域旅游是用新的思维方式谋划新的发展方式，贡献新的生活方式，培育一种优秀旅游目的地品牌。对宁夏而言，

① 邹统钎:《北京创建世界最佳旅游目的地城市的差距诊断与战略对策》，旅游教育出版社,2011年，第23页。

特色鲜明的国际旅游目的地就是我们结合宁夏自然资源禀赋、经济发展水平和文化脉络综合考虑，正在培育的符合宁夏实际的全域旅游目的地的一种特色品牌。

无论是全域旅游目的地，还是特色鲜明的国际旅游目的地，都是以游客体验为中心，以提高游客满意度为目标，整体优化旅游服务全过程，提供全过程体验产品，全面满足游客体验需求，围绕市场构建主打旅游产品，形成全域化旅游产品业态，是公共服务便捷、旅游产品丰富、处处是风景、环境优美、便于自驾自助旅游的优秀旅游目的地。都是在注重公共服务系统配套，注重生态环境和社会文化环境整体优化，旅游要素配置全域化之下，统筹建设旅游目的地的。

因此，以全域旅游发展视野建设特色鲜明的国际旅游目的地是宁夏“十三五”时期旅游业发展的必由之路。

五、宁夏发展全域旅游的重点、难点及突破点

（一）旅游业的发展规划是宁夏全域旅游发展的重点所在

旅游产业发展规划是旅游发展的战略性决策，是对未来旅游业整体性、长期性、基本性问题的思考和考量，设计未来旅游整套行动的方案，是实现旅游长远发展目标的指导性纲领，具有长远性、全局性、战略性、方向性、综合性及系统性等特点。旅游规划编制的过程就是在原有基础、资源条件、要素条件等多重约束下，确定发展战略，进行目标最优化的过程。因此，编制宁夏旅游业“十三五”发展规划，应该是全域旅游发展中的重中之重。旅游发展规划编制要具有前瞻性、科学性和可操作性，能够真正推动决策的科学性和民主性，真正推动宁夏旅游产业未来科学、快速发展，就必须重视：

一是用五大发展理念审视、定位、谋划宁夏旅游业的未来发展规划。习总书记指出：“理念是行动的先导，发展理念是否对头，从根本上决定

着发展成效乃至失败。”十八届五中全会提出的创新、协调、绿色、开放、共享的五大发展理念，是宁夏发展全域旅游、制定旅游业发展规划的指南针。

大旅游时代，面对旅游者旅行经验日渐丰富且更加追求自由、个性、多样化的旅游体验，作为对这些市场需求特征的回应，需要我们以创新发展的理念谋划宁夏旅游业的未来，推动旅游业转型升级；全域旅游强调不同部门之间不同利益主体的协调，应以多规合一强化大旅游理念，加强旅游业发展规划与其他行业的规划之间的衔接、协调和融合，以协调发展的理念谋划宁夏旅游业的未来，从而提升旅游发展的整体效能，推进旅游业全面发展；制定旅游发展规划，一定要发挥旅游业作为资源节约型、环境友好型的优势，将生态环境保护和旅游发展很好地融合起来，以绿色发展的理念谋划宁夏旅游业的未来，将生态环境优势转化为旅游发展优势，创造更多的绿色财富和生态福利；开放发展要求旅游规划需要注重构建更加开放发展的空间，打破地域分割、行政分割，打破各种制约，以开放发展的理念谋划宁夏旅游业的未来，走全方位开放之路，形成开放发展的大格局；旅游规划要发挥全域旅游能够调动全员参与的特点，以共享发展的理念谋划宁夏旅游业的未来，让旅游成为人民的幸福指标，让旅游提升人民的获得感，实现旅游发展权利共享和旅游发展成果共享的目标。

二是立足宁夏实际，对接国家发展战略审视、定位、谋划宁夏旅游业的未来发展规划。首先要建立一支具有从国家战略视角研究问题能力的、能为战略性突破提供依据、熟悉旅游业内部运行规律的制定发展规划的团队。这只团队不仅要从宏观发展战略视角发现制约旅游业发展的外部因素，同时还要了解当前宁夏旅游业发展体制机制深层次的矛盾。其次发展规划需对接国家战略。对接“一带一路”倡议，谋区域旅游合作之路；对接“互联网+”战略，谋智慧旅游发展之略；对接供给侧改革，谋旅游业结构调整之策；对接外交战略，谋旅游外交突破之法。

（二）管理体制的改革是宁夏全域旅游发展的难点所在

长期以来，宁夏采取传统的旅游局模式，将旅游部门的职能局限于行业管理，旅游资源归属多个行业主管部门，部门职能不协调、不衔接、不匹配，以及条块分割、多头领导、各成体系，使产业在深度融合、统筹对接、有效监管等方面存在诸多困难，面临着“大产业，小部门”的现实困境，旅游业发展缺乏统筹规划和安排，与全域旅游发展战略不相适应。为了形成旅游发展合力，必须改革创新旅游管理的综合协调机制，推进旅游管理体制的综合改革，破除制约旅游发展的资源要素分属多头的管理瓶颈和体制障碍，是管理体制适应旅游业从单一业态向综合产业、从行业监管向综合服务升级的客观需求。构建从全局谋划和推进、有效整合区域资源、统筹推进全域旅游的体制和工作格局，形成各部门联动的发展机制。当前，由旅游局向旅发委的改革渐成潮流。从2009年海南旅游局更名以来，至2016年已有近10个省份将旅游局更名为旅游发展委员会。2018年全国两会出台国务院机构改革方案，组建文化和旅游部，下半年各地将合并成立文化和旅游委员会。宁夏旅游业要从景点旅游模式走向全域旅游模式，构建全域旅游综合协调管理体制显得尤为重要。这是宁夏发展全域旅游的重要基础支撑点。当务之急是要积极推动建立综合协调性强的旅游管理机构。宁夏虽然已经建立起了旅游发展委员会，从名称的改变到职能的转变还需要走一定的路程。与旅游大产业相比较，新名称的旅游行政主管部门仍是个小部门，未来改革推进的程度，主要还在于基础设施建设与提供公共服务的外围部门。要真正发挥旅发委综合协调的职能，要真正建立起为全域旅游发展提供支撑的管理体制，就必须突破和协调现有各部门、各行业之间的利益格局，如何让这些部门理解与旅游产业的融合，还需下大力气，这便是宁夏实施全域旅游发展战略的难点所在。如果只是从旅游局到旅发委牌子的更换，对宁夏旅游业的发展、对全域旅游的推进就起不到应有的作用。

（三）宁夏发展全域旅游的突破点

首先要突破交通瓶颈的制约点。交通是发展全域旅游的基础骨架，也是带动和促进区域经济社会发展的重要动力。发展旅游提升人流的流动基数和加速人流的流动速度乃首要之举，旅游的发达程度与为游客提供一个便捷、舒适的交通体系息息相关。2012—2016年，宁夏“铁、公、机”大交通格局日益优化，特别是公路和航空客运量增长速度以及客运周转量都明显高于铁路，说明2012—2016年，宁夏铁路建设属于交通发展的短板（见下表），而我国铁路运输却处于优势地位。无论是外联高铁，还是内通动车，与交通发达省区相比，宁夏显著滞后，在很大程度上影响了人流的流动基数和流动的速度，这已经成为制约宁夏旅游发展的关键因素。

2012—2016年宁夏客运完成运输量及增长速度

运输方式	旅客运输总量									
	2012年		2013年		2014年		2015年		2016年	
	绝对数	比上年增长	绝对数	比上年增长	绝对数	比上年增长	绝对数	比上年增长	绝对数	比上年增长
	万人次	%	万人次	%	万人次	%	万人次	%	万人次	%
总　计	16389	8.2	17429	6.4	9213.15	10.1	9371.59	1.72	8882.03	-5.23
铁　路	535	-1.5	594	11.0	656.54	10.5	661.07	0.69	658.59	-0.78
公　路	15666	8.5	16631	6.2	8311.00	9.8	8443.98	1.60	7910.00	-6.32
航　空	187.9	16.4	204	8.7	245.61	20.3	266.55	8.52	313.44	17.51

运输方式	旅客运输周转量									
	2012年		2013年		2014年		2015年		2016年	
	绝对数	比上年增长	绝对数	比上年增长	绝对数	比上年增长	绝对数	比上年增长	绝对数	比上年增长
	亿人公里	%	亿人公里	%	亿人公里	%	亿人公里	%	亿人公里	%
总　计	144.1	7.6	156.5	8.6	146.84	13.6	153.84	4.76	153.03	0.53
铁　路	40.9	-0.5	44.5	8.2	48.46	8.9	47.37	-2.26	45.20	-4.58
公　路	79.7	10.1	85.5	7.3	65.68	12.6	68.04	3.60	64.42	-5.32
航　空	23.5	14.9	26.4	12.4	32.7	23.6	38.42	17.51	43.41	17.93

注：依据《宁夏回族自治区2012—2016年国民经济和社会发展统计公报》整理。

《宁夏空间发展战略规划》以及《自治区国民经济和社会发展第十三个五年规划纲要》中，已经在计划重点推进银川联通呼和浩特、兰州、郑州以及乌鲁木齐、西安、青岛等六个方向的高速铁路通道建设，由此外部高铁通道将会形成一个新的格局，但在宁夏境内“十三五”期间还没有修建城际之间动车的规划，特别是在实施全域旅游发展战略背景下，为了加快推进清水河流域丝路文化旅游廊道以及大六盘红色生态度假板块的发展，建议修建银川到固原的城际动车，推动六盘山地区特别是泾源旅游的大发展，突破南部山区旅游发展的瓶颈。在建设国际国内通道联通、区域城乡覆盖广泛的交通体系中，应该把重点旅游目的地和景区的连接联通作为“十三五”交通运输体系建设的重点内容和重点工程。

其次要突破资金瓶颈的制约点。全域旅游发展前景美好，但融资以及吸引投资来解决各种旅游项目资金短缺是关键点。旅游融资主要解决的是旅游产业的资金来源、资金使用和刺激消费等环节。伴随着旅游产业的转型升级，越发对融资渠道的拓宽、融资手段的多元化提出了客观需求。《宁夏全域旅游发展三年行动方案（2016—2018）》中提出以十大工程推进全域旅游发展，这十大工程无论是基础设施建设，还是公共服务体系建设，都需要巨大的资金投入。目前，宁夏的投融资体制还不顺、机制还不够活，旅游融资渠道相对单一，缺乏旅游专业融资机构、旅游业与资本市场结合较为松散、政府扶持资金能力较弱。因此，迫切需要宁夏抓住供给侧改革的机遇，创新投融资体制机制，改革创新旅游投融资模式，拓展旅游业融资渠道，努力开创大众旅游时代宁夏旅游投融资新局面，以适应巨大的资金需求量。

为推进宁夏全域旅游快速、健康发展，旅游融资除了利用传统的银行贷款、债券融资、股票融资、政策支持性融资、信托融资等融资渠道之外，要以“旅游＋互联网”金融为切入点，支持有条件的旅游企业进行互联网金融探索，打造旅游投融资新平台；鼓励企业探索建立政府和社会资本合作模式投资、建设、运营旅游平台，推进旅游基础设施建设和公共服务体系建设的 PPP 等投融资模式，促进投资主体的多元化，培育旅游投融资新主体；吸引国际资本参与重大旅游项目开发，参与公共基础设施建设，拓展旅游业投融资新空间；推进旅游项目产权、经营权、知识产权交易平台建设，促进旅游投资项目资产证券化发展，构建旅游投融资新机制。

再次是要实现旅游外交的新突破。“旅游外交”概念是国家旅游局在 2015 年全国旅游工作会议上正式提出的，其要求是“旅游行业要在国家开放新格局中，主动作为、主动发声，服务国家整体外交，努力开创旅游对外开放新局面”。

为积极探索“旅游 + 外交”的新突破，构建宁夏大旅游国际合作格局：一是要紧扣“一带一路”倡议，聚焦新业态、谋划新产品、设计新线路、研究新政策，拓展以“一带一路”为主线的国际旅游市场。二是积极推进境外旅客购物离境退税和国际中转旅客 72 小时过境免签政策的落地。三是尽快力促阿联酋航空公司开通银川—迪拜—欧洲、美洲等多条国际航线，进而带动更多航空公司开通抵达银川或经停银川的国际航班，逐渐飞出全新的现代“空中丝绸之路”。四是依托宁夏国际友好城市网络，进一步扩大宁夏旅游国际交往面，多层次、多元化推进“旅游 + 外交”。积极主动融入世界旅游发展格局，进一步提升宁夏的国际知名度，并让这种契机对旅游业带来的影响力持续发酵，永久不衰。在全国旅游外交格局中凸显宁夏特色，让这种特色成为宁夏旅游外交的闪耀亮点，充分彰显宁夏旅游外交的差异化发展态势，推动宁夏旅游外交走向更加活跃的前沿舞台。使宁夏旅游外交这张新名片在“一带一路”倡议支点建设的全面推进中更加靓丽。让宁夏旅游业在国家开放新格局中，能够主动作为、主动发声，以新突破开创宁夏旅游对外开放的新局面。

最后，要突破人才支撑瓶颈的制约点。从宁夏旅游业发展现状和趋势看，宁夏旅游人才供给明显不足，整个人才队伍处于需大于求的状态。根据国家旅游局“515”战略规划，未来三年我国每年都将新增旅游从业人员60万人，但是旅游人才供给的增长速度远跟不上需求。为适应宁夏全域旅游发展战略，应借力宁夏实施的“旅游人才开发工程”，为旅游业发展提供相应的人才支撑。一是要以前瞻性发展视野，立足宁夏实际，制定旅游人才发展战略规划。制定规划前，首先要组织团队开展全区旅游人力资源状况调查，形成较为完备的旅游人才队伍现实基础数据，结合宁夏旅游产业发展新战略新趋势和人才需求，科学编制全区旅游业人才发展规划。切忌大而全的规划，而是要准确把脉不同阶段宁夏旅游发展的特点，以阶段性的紧缺型人才培养为突破口，突出重点和关键领域的人才培养，提高规划的针对性，力争旅游人才发展规划切实管用。二是要加强应用型和职业教育对旅游人才培养的作用。目前，宁夏旅游业的教育投入分配结构很不合理，有限的教育投入并没有发挥应有的投资效益，教育投资分配比例失衡，技能、技术职业教育所占比例偏少，而高等教育所占比例偏多，旅游职业教育与旅游业发展要求还有很大差距。因此，从适应旅游业发展步伐出发，应大力加强以旅游职业教育渠道，培养技能型和应用型的旅游人才队伍。积极鼓励和扶持发展民办旅游职业教育学校。调整高等教育本科旅游类专业向应用型倾斜，特别是要向旅游新业态、新模式、新技术发展的专业应用型人才培养倾斜。同时积极创造条件，设立宁夏旅游类高等教育院校。将旅游职业教育纳入旅游业发展规划，设立专项经费支持旅游职业教育改革发展，加大旅游职业教育的经费投入和保障。三是要提高宁夏旅游人才国际化的针对性。与特色鲜明的国际旅游目的地建设目标相结合，培养与之相匹配的具有宁夏特色、宁夏风格的旅游人才队伍。

以扩大文化消费带动宁夏文化产业升级发展研究

柏建华

党的十九大报告指出，要推进文化产业快速发展。为此，我们要充分认识到作为国民经济支柱产业，大力发展文化产业既是不断满足人们多样化消费需求的需要，也是转变经济发展方式的客观要求。人类的消费需要包括对物质产品和精神文化产品的消费两部分。文化消费是指对精神文化类产品及精神文化性服务的占有、欣赏、享受和使用等。[①]根据国际经验，当人均 GDP 超过 3000 美元时，文化消费会快速增长；接近或超过 5000 美元时，文化消费会超过物质产品的消费比重，在生活消费中占大头。2017 年，宁夏人均 GDP 已达到 7539 美元，正处在消费结构升级换代的关键时期。然而，由于多种原因，宁夏的文化消费还处在一个较低水平上，这一状况大大影响了宁夏文化产业的发展。因此，增加文化消费总量，提高文化消费水平，是推动宁夏文化产业发展的源泉和动力。

作者简介：柏建华，中共宁夏区委党校经济学教研部教授，主要从事消费经济与区域经济研究。

①苗圩：《健全现代文化市场体系 扩大文化消费》，《经济日报》2011 年 11 月 20 日第 5 版。

一、扩大文化消费是推动宁夏文化产业发展的源泉和动力

文化消费水平能够更直接、更突出地反映出现代物质文明和精神文明的程度，是衡量一个国家或地区历史文化积淀、社会文化氛围和国民文化素养的重要标志。文化消费在消费总支出中所占比重，是衡量国民生活质量的重要指标，也是推动文化产业发展的根本动力。

文化产业兼具经济和意识形态双重属性以及精神和物质双重力量，在社会主义市场经济条件下，繁荣发展宁夏文化产业，必须把扩大文化消费作为重要载体。[①]消费是经济增长和文化发展的恒久动力，社会大众的消费需求为文化生产提供了源泉和动力，只有通过扩大文化消费才能从根本上拉动文化产业发展。作为具有精神性、娱乐性的文化产品，消费者的消费愿望、对文化产品的认同、接受和喜爱程度、消费者满足自己消费需求的方式等，会直接影响和决定文化产品的生产和服务方式。同时，文化消费能够引导和推动宁夏文化产品和服务的发展。通过消费结构和水平的不断调整和提升，促进文化产品和服务的创新发展和转型升级，优化文化产业结构，拓展文化产业领域，培育新型文化业态，从而提高文化产业发展水平。从国际来看，美国等西方发达国家正是通过全面扩大文化消费，在拓展国内市场消费的同时，不断扩大其文化产品的全球性消费，使其文化产业迅速发展成为具有强大国际竞争力的支柱产业。

当前，宁夏居民的消费结构正处在升级换代的关键时期，居民对精神文化产品的更高需求，为进一步扩大文化消费提供了广阔的市场空间，文化消费正在成为宁夏居民新的消费热点，特别是在当前文化大发展的背景下，扩大文化消费具有巨大潜力和战略意义。

---

①苗圩:《健全现代文化市场体系 扩大文化消费》,《经济日报》2015 年 11 月 20 日第 5 版。

二、宁夏文化产业发展和文化消费现状及存在的问题

宁夏文化产业目前处于发展的初级阶段，还没有真正形成一批具有市场竞争力和带动力的产业主体。同时，文化消费对文化产业的带动作用还没有发挥出来，存在着一些亟待解决的突出问题。

（一）文化产品价格虚高，限制了文化消费需求增长

目前，宁夏文化产品针对高收入群体的较多，面向低收入群体的则较少。与高收入者相比，低收入者对文化消费增长的潜在贡献更大。据对银川市场的一项随机调查显示，就文化演出而言，能够接受100元以下票价的人占到72%，能够接受100元至400元票价的人占24%，选择400元以上票价的人只占4%。而银川市当前电影、文艺演出等票价虚高，超出了消费者的心理预期，抑制了文化消费需求的增长。

（二）居民收入水平偏低，影响了文化消费需求的扩大

改革开放以来，宁夏经济快速发展，但居民总体收入水平还不高。2017年宁夏城镇居民人均可支配收入29472元，只相当于全国城镇居民人均可支配收入（36396元）的80.98%；宁夏农民人均纯收入10738元，只相当于全国农村居民人均纯收入（13432元）的79.94%。收入水平低是宁夏文化市场潜在需求不能转化为现实消费的重要原因。不论是农村居民还是城镇居民，在收入水平偏低的情况下，家庭生活消费支出占消费总支出的比例都比较高。而文化消费的需求收入弹性较大，当人们预期收入普遍降低的情况下，许多人首先削减的是文化娱乐方面的消费支出。

（三）文化产品供求结构性矛盾突出，抑制了文化消费需求释放

随着宁夏经济发展和消费水平的提高，社会需求结构和消费结构也发生了深刻变化，文化消费由过去的结构单一、消费层次较低逐步向多样化、高层次转变。但目前宁夏文化产品供求结构性矛盾较为突出，一方面大量文化产品难以进入市场，另一方面群众需要的文化产品又严重缺乏。特别是广大

农村文化生活贫乏的现象十分突出，难以完全满足百姓多样化的文化消费需要。目前，宁夏多数城乡居民人均文化消费占可支配收入的比重不到6%。从文化产品供给看，由于许多文化产品生产单位不是完全的市场竞争主体，也没有完全针对居民消费需求开发文化产品，造成大量文化资源的浪费。有关数据显示，目前宁夏每年排演的剧目达百余种，其中不乏百万元的大制作，但真正能够得到观众认可、创造票房收入的并不多。从市场需求看，随着宁夏经济发展和人民生活水平提高，整个文化消费市场潜在需求巨大，特别是需要大量价格低廉、群众喜闻乐见的文化产品和服务，而有关团体提供的文化产品不论数量还是质量都远远不能满足群众的文化消费需求。

（四）文化产品创意薄弱，阻碍了文化市场潜在需求向现实需求转化

创新是文化产品的灵魂，是影响文化产品利润最重要的因素。目前，宁夏文化产业的生产模式已与发达省区十分接近，但由于原创性不足和优秀创意缺乏，不能形成有竞争力的文化产品品牌，很少拥有获得市场广泛认同的拳头产品。就发展空间巨大的创意产业来说，由于人才缺乏，九成以上的企业仍以加工为主，原创作品少，优秀原创作品更少。这严重阻碍了宁夏文化市场潜在需求向现实需求的转化。

（五）管理体制相对滞后，影响了文化市场机制健康运行

长期以来，宁夏各级政府统管各项文化事业，造成角色错位、管办不分等问题。目前，仍有大量国有文化产业单位从生产到管理由政府统包统揽。既割断了文化单位与市场的联系、剥夺了文化单位市场主体和法人实体地位，又无法真正反映消费者文化需求，最终造成文化产品消费者与文化产品经营者之间的分隔，造成文化产品供给与市场需求之间的不均衡。

三、促进宁夏文化产业发展，提高文化消费水平的对策与建议

（一）加强引导，促进文化消费观念转型升级

受经济条件、个性心理、文化环境等复杂因素的影响，宁夏居民的文

化消费观念普遍滞后，文化消费总量较低，文化消费水平总体偏低。对此，需要政府部门以及各级宣传媒体加强引导，努力营造氛围，培育主体，促进居民健康科学的文化消费习惯的养成。一是由被动消费转向主动消费，自觉参加文化实践与建设，积极体验文化服务；二是由习惯于免费消费转向更多的付费消费，在经济实力提高的基础上，提高文化产品和服务消费水平；三是坚决抵制低俗之风，倡导健康消费，分享更多先进、健康、优质的文化产品及服务。

（二）大力实施品牌延伸战略，延长文化消费链条

相对而言，宁夏的文化品牌影响力还不够，文化消费节点不多，不能对消费者形成持续的吸引力，致使许多文化产品在消费中成为一次性的文化快餐，限制了文化消费的规模。要提升宁夏文化品牌的影响力，关键是要对宁夏的区域文化有一个比较准确的定位，发挥自身的特色，做大做强区域文化产业。宁夏的文化资源十分丰富，文化种类繁多，风俗习惯、文学艺术等独树一帜。以旅游业为例，通过打造几个全国独一无二的旅游景点，打造宁夏区域文化产业的品牌，是目前发展宁夏文化产业的可行思路。一是加快形成重点文化旅游景区布局。二是积极拓宽产业化视野，在进行科学市场定位的基础上，确定品牌延伸适用的范围。三是努力强化创新意识，积极引进国外先进技术和文化理念，多渠道开发衍生产品，以增加文化消费的亲历性、体验性和吸引力，从而寻求更多的经济增长点，推动文化消费市场的繁荣发展。

（三）以消费需求为导向，积极优化文化供给结构

增加文化消费总量，提高文化消费水平，必须以消费需求为导向，积极优化文化供给结构，以调动文化消费的积极性，激活文化消费市场。一方面，应根据宁夏显性消费需求开拓群众性文化市场，扩大基本文化需求的生产，大力发展影视产业、演艺产业、动漫产业、文博产业、文化旅游产业等；另一方面，要根据潜在消费需求，加大新兴产业、创意

产业的发展力度，打造数字文化城市、数字文化社区，扩大电子商务、网络创作、视频艺术等生产与服务，形成新的文化消费领域。同时，要发展宁夏的文化产业集群，提高文化产业规模化、集约化、专业化水平，打造集生产、供应、销售、运营、交流、体验、娱乐、服务于一体的文化产业链条，增强文化企业的生产能力、供给能力、物流能力、营销能力、服务能力，提高文化产品附加值，推动宁夏文化产品和文化服务走出去。

（四）建立健全文化消费促进政策，强化制度支撑

文化消费外部特征明显，提高文化消费水平需要政策支持和制度保证。建立健全文化消费促进政策，首先，要编制统一协调的文化消费发展规划，在文化场所的布局上，避免低水平的重复建设；在文化产品和服务的开发上，要分步骤、有重点地进行规划和引导。其次，要建立健全有利于扩大文化消费的经济政策，如出台减免税政策，对不同类型的文化市场经营者，在市场准入、税收、税率等政策方面区别对待；出台价格指导政策，调整定价过高的文化产品和服务的价位，形成梯级市场，让普通老百姓也消费得起；出台财政补贴政策，通过贷款贴息、项目补贴、补充资本金等方式，对重点文化消费项目在资金、设备等方面大力扶植等等。再次，要建立健全文化消费评价体系，从社会效益与经济效益两个角度来分析评估文化消费状况，引领消费方向和潮流，促进文化产业发展。

（五）加强文化消费监管力度，构建和谐消费环境

构建健康和谐的文化消费环境，一是要净化文化消费市场，铲除形形色色的文化垃圾；二是要制定反垄断、反不正当竞争的具体措施和文化经营守则，规范文化消费市场主体行为，对那些干扰市场正常运行，置社会责任于不顾，违规操作，严重侵害人民群众文化权益的文化生产经营者要采取切实可行的行政和法律手段坚决予以打击；三是要建立和完善文化产

品消费投诉机制，维护消费者的合法权益；四是要加强监督，努力形成法律规范、行政监管、行业自律、技术保障、公众监督、社会教育相结合的监督管理体系，保证广大人民群众能够消费和享用更多健康优质的文化产品和服务。

参考文献

[1] 尹纳娜. 文化教育消费与产业结构优化的关系研究[D]. 湖南师范大学,2009.
[2] 刘雅祺. 文化消费的符号学解读[D]. 中南大学, 2007.
[3] 徐善明,张培洪. 论文化消费的产业效应[J]. 泰安教育学院学报岱宗学刊,2009(4).
[4] 程静. 居民文化消费现状及发展对策[J]. 特区经济,2012(5).

宁夏新型城镇化问题研究

杨巧红

《宁夏回族自治区"十三五"新型城镇化规划》中提出，宁夏新型城镇化的发展目标是"到2020年，把宁夏作为一个城市规划建设格局初步建立，基本形成级配合理、优势互补、功能完善、特色鲜明、空间紧凑的新型城镇体系"。尽管宁夏新型城镇化建设过程中存在许多问题，但从全域建设、空间优化、城市内涵、生态文明等角度逐步深化和展开，宁夏新型城镇化建设有着显著的区域特点。

一、宁夏新型城镇化建设现状

（一）城市框架拉大，空间结构不断优化

按照城市群集群发展的态势，着力推动大银川都市圈，促进城镇向沿黄城市带、清水河城镇产业带和太中银、银宁盐两条交通干线城镇发展轴空间集聚，进一步拉开银川、吴忠、宁东为主的银川都市区和石嘴山、固原、中卫等区域中心城市框架，规划建设银川滨河新区、阅海湾中央商务

作者简介：杨巧红，宁夏社会科学院综合经济研究所副所长，副研究员，主要从事区域经济、非公有制经济、城镇化等研究。

区、固原西南新区等一批城市新区，持续推进大县城建设，打造69个美丽小城镇，带动全区大中小城市和小城镇协调发展（见表1）。2015年全区城市（县城）建成区面积630.22平方公里，比2010年增加175.1平方

表1　2015年全区城镇规模结构

城镇类别	规模标准（万人）	数量	城镇	建成区人口（万人）		建成区面积（平方公里）	
				2010年	2015年	2010年	2015年
大城市	>100	1	银川	92.29	108.91	120.57	166.82
中等城市	50~100	0					
Ⅰ型小城市	20~50	3	石嘴山	36.98	45.04	99.64	102.80
			吴忠	18.33	22.61	28.21	53.45
			固原	15.30	21.28	34.62	52.33
Ⅱ型小城市	10~20	4	中卫	18.30	18.88	32.04	32.00
			中宁	13.65	13.91	13.70	17.87
			青铜峡	11.85	12.65	20.07	32.41
			平罗	7.90	11.30	14.36	16.89
	5~10	7	盐池	7.60	9.01	11.13	13.47
			贺兰	6.64	8.17	8.50	31.76
			同心	5.80	7.59	8.00	16.00
			西吉	5.85	7.24	7.60	10.98
			海原	5.80	6.83	18.45	24.50
			永宁	3.62	6.45	8.46	11.89
			灵武	5.74	6.10	8.64	15.24
	2~5	4	隆德	3.14	3.79	3.80	6.20
			彭阳	2.45	3.76	4.46	6.81
			红寺堡	2.50	3.50	6.40	12.60
			泾源	2.84	2.34	5.10	6.20
县城以下其他建制镇	—	78	—	38.42	60.58	127.68	168.77

注：本表来自于宁夏住建厅《宁夏回族自治区"十三五"新型城镇化规划》。

公里；加大旧城改造力度，居民居住条件显著改善。强化城镇基础设施建设，实施一批道路、给排水、燃气供热、污水垃圾处理等工程，市政配套水平大幅提升。2017 年宁夏城镇化率达到 58%。

(二) 规划引领城市发展，顶层设计不断完善

集中出台《关于加快推进新型城镇化的意见》《关于鼓励引导农民变市民进一步加快城镇化的若干意见》《关于进一步推进户籍制度改革的实施意见》等一系列重要政策文件。以规划为引领，率先在全国以省域为单位编制《宁夏空间发展战略规划》。以空间规划为统领，编制宁夏城镇体系、村庄布局等全区性规划，银川都市区、清水河城镇产业带等区域性规划，以及美丽小城镇、美丽村庄等建设规划，开展城市总体规划评估修编，引导城乡建设有序发展。强化全区规划集中统一管理，开展“多规合一”试点，促进各项规划衔接，为全区城镇化发展提供了顶层设计和政策保障。

(三) 城市建设理念创新转变，城市市政基础设施建设水平不断提高

“十二五”期间，全区建成了一批有规模、有特色、有示范引导作用的城市，积极开展吴忠市、银川市、石嘴山市、永宁县智慧城市建设试点，按照建设美丽宁夏、促进生态文明的目标要求，银川市、吴忠市、中卫市、石嘴山市、青铜峡市、灵武市、盐池县、贺兰县、平罗县、彭阳县、隆德县都获得国家园林城市（县城）称号。一大批体现城市特色的市政基础设施建设项目相继建成并投入运营，市政公用基础设施水平进一步提高，城市的服务功能得到完善，人居环境质量得到很大改善。2011—2015 年，全区完成城市市政公用基础设施固定资产投资 340 亿元，年均增长 17.8%。银川市、石嘴山市、吴忠市等城市启动了餐厨垃圾资源化处理工作，银川市生活垃圾焚烧发电项目建成并投入使用。通过垃圾处理设施的建设，有效缓解了垃圾围城现象。

(四) 加大环境综合整治力度，城乡一体化建设取得成效

大力开展城乡环境综合整治，实施美化、亮化、净化等工程，强化建

筑高度、体量、色彩等控制，城市特色进一步彰显。积极推广中卫市“以克论净，深度保洁”、泾源县城乡一体化等环卫管理新模式，城市管理效率和精细化水平明显提高。深入开展主干道路大整治大绿化，加快绿色城镇建设，加强环城、环镇、环村生态林网建设，改造城镇绿地、湖泊、河渠沟道，启动26个市民休闲森林公园建设。编制宁夏生态红线规划，加强贺兰山、六盘山、中部防沙治沙带、宁夏平原带“两屏两带”生态屏障建设，推进黄河金岸、贺兰山东麓等生态绿道建设，加快清水河等河道整治和流域治理，大力开展大气污染防治、环境保护及宁东能源化工基地环境保护三项行动计划。以统筹城乡发展，实现全面小康社会为目标，加快了农村建设。农村危房改造大规模推进，重点镇建设和管理加强，传统村落和传统民居保护工作启动，村庄风貌得到较大改善。推动城市基础设施向农村延伸、公共服务向农村覆盖，健全村庄基础设施和公共服务设施运行维护长效管理制度，统筹城乡一体化管理取得较好成效。

二、宁夏新型城镇化发展存在的问题

（一）产城融合不够，城镇聚集能力较弱

宁夏产业结构中，第二产业竞争力弱，第三产业发展滞后。宁夏沿黄城市群产业结构雷同、内部分工协作不够、集群效率不高，城市群内的中小城市集聚产业和人口不足，潜力没有得到充分发挥。清水河城镇产业带基础薄弱，农业产业化程度低，第二、第三产业带动力不强，县域经济集聚能力弱，对城镇化的支撑推动作用不明显。

（二）城市管理服务水平不高，“城市病”问题也开始出现

主要是首府银川，人口相对集聚，城市建设步伐较快，大城市中出现的“交通拥堵、水资源短缺、城市安全隐患多”等“城市病”也开始露出苗头。一些城市“摊大饼”式扩张，过分追求宽马路、大广场，新城新区、开发区和工业园区占地过大，建成区人口密度偏低。土地城镇化快于

人口城镇化，城镇开发建设挤占耕地、湖泊湿地、绿地等现象时有发生，固体垃圾、污水、废气等污染物不能及时完全有效处理，生态环境保护面临较大压力。一些地方过度依赖土地出让收入和土地抵押融资推进城镇建设，加剧了土地粗放利用，浪费了大量耕地资源，威胁到国家粮食安全和生态安全，也加大了地方政府性债务等财政金融风险。

（三）户籍城镇化率低于人口城镇化率

2015 年，全区户籍城镇化率 40.6%，低于常住人口城镇化率 14.63 个百分点，有近 100 万人未落户。两种现象共存：一是受农村土地、惠农政策等因素影响，农民自身进城落户意愿不高，导致虽然大量农民进城务工，但户籍城镇化率不高；二是大量农业转移人口难以融入城市社会，市民化进程滞后，未能在教育、就业、医疗、养老、保障性住房等方面享受城镇居民的基本公共服务。

（四）自然历史文化遗产保护不力，城乡建设缺乏特色

一些城市景观结构与所处区域的自然地理特征不协调，部分城市贪大求洋、照搬照抄，“建设性”破坏不断蔓延，城市的自然和文化个性被破坏。一些农村地区大拆大建，照搬城市小区模式建设新农村，简单用城市元素与风格取代传统民居和田园风光，导致乡土特色和民俗文化流失。

三、宁夏新型城镇化建设政策建议

（一）高度重视规划引领，提高规划编制和实施水平

1. 推进“多规合一”试点，构建完善的空间规划体系

按照把宁夏作为一个城市规划布局的思路，以《宁夏回族自治区空间规划》为统领，以解决新型城镇化人口落地、农村人口脱贫、创造优美人居环境、保护生态空间等具体问题为导向，推进“多规合一”改革试点，以优化空间结构、明晰空间界限、美化空间环境，并制定相应管控要求，科学划定水体保护线、绿地系统线、基础设施建设控制线、历史文化保护

线、永久基本农田和生态保护红线。根据城乡空间结构、产业功能等配置交通、能源、综合防灾等基础设施以及教育、医疗等公共服务设施。通过定性、定量、定形、定界、定策等“五定”，实现统一发展目标、统一技术指标、统一空间坐标、统一图例标准和统一实施平台等“五统”，实现各类规划的有机衔接，建立健全覆盖城乡、事权清晰、上下衔接的空间规划体系，构建结构优化、功能完善、交通顺畅、环境优美、形象独特的立体空间格局。

2. 高效利用地下空间

推动城市地下空间法规制度建设，研究制定城市地下空间开发利用管理办法。组织编制城市地下空间规划，鼓励竖向分层立体综合开发和横向相关空间联通开发，加强城市地下空间统一规划、建设和管理，促进地下空间与城市整体同步发展。加强地下空间规划建设管理协调制度。指导开展城市地下空间资源调查与评估，及时更新和动态维护地下空间开发利用信息，推进地下空间资源信息的共享共建。探索建立城市地下空间信息档案管理等制度。

3. 健全规划实施保障机制

建立权责明晰的城乡规划事权，明确各级政府的规划管理主体责任。全面推行城市规划委员会制度。优化城乡规划行政审批程序，研究出台优化城乡规划行政审批手续的具体措施，打破现行城乡规划审批固有模式，探索简明高效的审批模式。建立全区城乡规划督察员制度，综合利用挂牌督办、约谈、通报、案件移送等手段，进一步加大对违法违规问题的查处力度。利用卫星遥感等信息技术手段强化城乡规划管控，逐步建立全区规划遥感监测体系。

4. 大力治理违法建设

坚持依法行政，严格执行《城乡规划法》《城乡规划违法违纪行为处分办法》，坚持疏堵结合、拆改结合、拆控并举，积极开展违法建设治理行动，用五年左右时间，全面清查并处理城镇和乡村违法建设，坚决遏制新增违法建设。督促全面、系统地摸清违法建设数量。加快出台治理违法建设的法规和规章，明确责任主体，完善治理制度。按照公平公正、实事求是的原则，推进违法建设分类处置，防止“一刀切”，避免“扩大化”。

（二）加强城市设计和风貌管理

1. 加强城市设计工作

按照中央城市工作会议要求，建立城市设计与城市规划挂钩的管理体制和工作机制，在规划编制、审批、实施和监督各环节体现城市设计要求，要加强对城市的空间立体性、平面协调性、风貌整体性、文脉延续性等方面的规划和管控。结合宁夏实际出台《城市设计编制导则》，明确城市设计管理制度和要求，到2020年，全区所有市、县（区）全面编制完成总体城市设计、完成重点区段和地块城市设计及部分专项城市设计；到2020年，全区重点镇、有条件的乡村编制完成重点地块城市设计。全力构建城市设计技术体系，分层次、分类型、有重点地开展城市设计。加大城市设计实施力度，推进城市中心、景观视廊、天际线、重要街墙、主要门户空间的更新整治。争取将具有突出特色、代表地域特点和民族特色的城市风貌区列入国家城市重点风貌区。

2. 推进新型社区规划建设

推行“社区规划”理念，提倡城乡规划精细化管理。改进城市总体规划编制理念，将城市社区作为城市建设发展的基本生活功能单元，完善城市居住区规划设计标准，合理确定公共服务设施规模、数量，统筹社区分布、交通系统和绿地系统规划，完善基础设施和公共服务体系布局。在新建城市社区中，根据社区管理、街区建设、人口布局、空间环境、发展潜力等要求，统一布局社区用地，明确商业网点、基本医疗、社区养老、教育文化、体育健身和防灾避难场所等配套内容，确定公共空间和道路交通等建设要求。

3. 积极推进城市有机更新

加快城市由外延拓展向内涵提升转变，组织编制城市《老城区改造规划》，严格控制老城区更新改造密度，有效疏解老城区非核心功能，加快功能修补和环境治理，利用拆迁用地增加方便居民使用的游园绿地、健身广场、邮政快递、公厕等公共设施。推动生态社区和智慧社区建设，避免大拆大建。

4. 加强历史文化名城名镇名村保护

用两年左右时间，完成所有历史文化街区划定和历史建筑确定工作。积极申报国家历史文化名城和中国历史文化名镇名村。支持改善历史文化名城名镇名村的基础设施、公共服务设施。探索以政府投入为主、社会力量参与的保护资金筹集模式。督促各地做好保护规划的编制审批和实施工作。

（三）加强城镇市政公用设施建设

按照绿色、循环、低碳的理念，构建布局合理、设施配套、功能完备、安全高效的现代城市基础设施体系，全面推进城市道路交通、能源、供排水、供热、污水、垃圾处理等基础设施建设。

1. 建设城市地下综合管廊和改造城市地下管网

地下综合管廊是指在城市地下用于集中敷设电力、通信、广播电视、给水、排水、热力、燃气等市政管线的公共隧道。从 2015 年起，城市新区、各类园区、成片开发区域的新建道路要根据功能需求，同步建设地下综合管廊；老城区要结合旧城更新、道路改造、河道治理、地下空间开发等，因地制宜、统筹安排地下综合管廊建设。在交通流量较大、地下管线密集的城市道路、轨道交通、地下综合体等地段，城市高强度开发区、重要公共空间、主要道路交叉口、道路与铁路或河流的交叉处，以及道路宽度难以单独敷设多种管线的路段，要优先建设地下综合管廊。加快既有地面城市电网、通信网络等架空线入地工程。到2020年，全区建成并投入运营一批具有较高水平的地下综合管廊。反复开挖地面的“马路拉链”问题明显改善，管线安全水平和防灾抗灾能力明显提升，逐步消除主要街道蜘蛛网式架空线，城市地面景观明显好转。全区建成城市地下综合管廊170公里，同时加快推进现有老旧管网改造，整治空中、地下管线，推动城市地上地下空间综合开发利用。要探索综合管廊有偿使用制度，推广运用政府和社会资本合作模式，由企业投资建设和运营管理地下综合管廊。

2. 加强城市道路交通和停车设施建设

健全综合交通体系，加快完善城市道路网络系统，发展城市轨道交通建设，加快城市步行和自行车交通系统建设。发展城际轨道交通，增强城市之间的互通能力。加强以主干道、出口路、连接线、过街通道等为主的城市综合道路交通系统建设。按照“先地下后地上”原则，加强地下管网建设，统筹协调各类工程管线的规划、建设和管理。随着城市居民汽车保有量的急剧增长，科学设置和建设公共停车场，优先考虑推广建设立体停车设备，中等城市可在城市中心区考虑建设立体公共停车楼。合理设置新能源汽车充电桩。

3. 提高城镇供水安全保障能力

以水厂净水工艺改造、供水管网改造、备用水源建设和水质检测能力建设为重点，加大供水设施建设和改造力度，降低供水管网漏损率，缓解水资源短缺趋势，提高城镇供水普及率和管理水平。全面开展节水型城市创建，发挥节水型城市示范带动效应。统筹给水、节水、排水、污水处理与再生利用，以及水安全、水生态和水环境的协调。严格落实“三同时”制度，加强计划用水与定额管理。到2020年，5个地级市要全部达到国家节水型城市标准。

4. 加强城镇市政基础设施节能改造

发展城镇燃气设施，更新改造老旧管网，加强城市燃气和集中供热建设及运营管理。大力发展燃气为主的清洁能源，改善城市大气环境质量，提高能源利用效率。稳步推进城镇供热体制改革，发展探索太阳能、新能源供热方式在城市供热领域的应用，建立热电联产、清洁能源、余热回收利用相结合的城镇供热体系，发展探索太阳能新能源在城镇供热领域的应用，逐步取缔供热燃煤锅炉，对现有热源换热站分步实施技术升级和节能改造。重点发展中南部城市、县城集中供热工程。推进城市照明设施建设和节能管理，推进城市绿色照明。

5. 多渠道筹集城市建设资金

建立多元可持续的资金保障机制。拓宽融资渠道，鼓励社会资本参与市政公用设施建设运营，大力推进政府和社会资本合作模式。理顺市政公用产品和服务价格形成机制，制定非公有制企业进入特许经营领域的办法。切实落实鼓励民间投资的各项政策措施，定期向社会公布一批城市基础设施建设项目，通过特许经营、投资补助、政府购买服务等多种形式，吸引民间资本参与城市基础设施建设和运营。鼓励引导开发性、政策性金融机构以及银行业金融机构加大对城市市政基础设施建设的信贷支持力度。进一步完善城市公用事业服务价格调整和补偿机制，合理确定城市供水、供气、供热等价格，完善特许经营制度。

（四）努力营造城市宜居环境

1. 建设低碳生态城市

按照“一级政府一级生态责任”的理念，控制市域城市开发强度，限制城市建设用地无序增长。借鉴国内外先进地区的经验和技术，制定合理标准，贯彻低碳生态理念，创建低碳生态城市建设示范区。通过土地利用、能源、交通、资源、绿色建筑和基础设施等综合手段实现。推进生态绿地系统规划和相关技术规范编制实施，完善区域绿地管理机制。加强各类公园绿地建设，有序延伸绿道网。对重大污染源实施在线监测。大力建设生态住区、生态园区、生态新区，建设美丽宁夏。

2. 建设海绵城市

强化规划管控，建立区域雨水排放管理制度，将雨水年径流总量控制率、水质量作为城市总体规划的刚性控制指标，在控制性详细规划中确定开发地块雨水控制指标并作为城市规划建设管控的约束条件。严格执行城市蓝线、绿线管控制度，切实保护好河流、湖泊、湿地、绿地等生态空间。推行低影响开发理念，在固原市开展海绵城市建设试点，从“源头减排、过程控制、系统治理”入手，综合采用“渗、滞、蓄、净、用、排”的工程措施，最大限度地减少城市开发建设对生态环境的影响，将70%的降雨就地消纳和利用。

3. 加强城市生态修复和园林绿化建设

加大社区公园、街头游园、郊野公园、绿道绿廊等规划建设力度，推动生态园林建设，提升绿地生态和综合服务功能，结合老旧城区改造落实城市建成区“300米见绿、500米见园”园林绿化建设。科学编制城市绿地规划和绿线管制规划，构建城镇整体绿色生态网络，建立城市园林绿化数字化信息库，对已规划和建成的绿地全部实现绿线控制管理。深入开展园林城市（县城）创建活动，不断提高城镇绿化建设和管理水平。

4. 强化城镇垃圾综合治理

加强垃圾无害化处理设施建设和运行管理。提高垃圾收集、转运、处理、利用作业水平。大力推行生活垃圾分类收集、处置，加强建筑垃圾和餐厨垃圾的资源化利用和无害化处理。到2020年，设市城市垃圾无害化处理率达到95%，县城垃圾无害化处理率达到85%，垃圾收集系统达到全密闭。

5. 整治黑臭水体和污水处理

在全面排查城市建成区黑臭水体现状基础上，制定黑臭水体整治工作方案，因地制宜采取控源截污、内源治理、生态修复相结合的整治措施。完善工作制度，落实责任人，推动各地将本地黑臭水体名称、责任人及达标期限向社会公布。2017年年底前，地级及以上城市建成区实现河面无大面积漂浮物，河岸无垃圾，无违法排污口，银川市城市建成区基本消除黑臭水体。2020年年底前，地级及以上城市建成区黑臭水体均控制在10%以内。加强污水再生利用设施和污水处理设施建设，形成“厂网并举、泥水并重、再生利用”的格局。完善和改造城镇污水配套管网，强化城中村、老旧城区和城乡接合部的污水截流和收集，改造城市雨污合流制排水系统。加强雨水综合利用，促进中水回用，形成较为完善的污水收集、输送、处理排放系统，改善区域生态环境。2017年年底前，所有城镇生活污水处理设施达到一级A排放标准。

（五）提高城市管理现代化水平

1.改革城市管理体制

构建权责清晰、服务为先、管理优化、执法规范、安全有序的城市管理体制。理顺城管执法体制，推进综合执法，建立权责统一、权威高效的行政执法体制。推进市、县两级政府城市管理领域大部门制改革，整合市政公用、市容环卫、园林绿化、城市管理执法等城市管理相关职能，实现管理执法机构综合设置。统筹解决好机构性质问题，具备条件的应当纳入政府机构序列。有条件的市和县应当建立规划、建设、管理一体化的行政管理体制，强化城市管理和执法工作。建设执法规范化示范市、示范单位和示范项目。加强对行政执法的监督，全面落实行政执法责任制和执法经费由财政保障制度。完善行政执法与刑事司法衔接制度。各地城市管理部门应当切实履行城市管理执法职责，完善执法程序，规范办案流程，提高办案效率。积极推行执法办案评议考核制度和执法公示制度。健全行政处罚适用规则和裁量基准制度、执法全过程记录制度。严格执行重大执法决定法制审核制度。到2017年年底，完成市、县两级城市管理部门权力清单和责任清单的制定公布工作，实现住房城乡建设领域行政处罚权的集中行使。

2. 推进智慧城市建设

加强现代信息基础设施建设，推进大数据和物联网发展，建设智慧城市。在全区推进城镇建筑物档案数字化、地下管网普查和城市桥梁检测加固信息等数据建库，构建统一的公共基础数据库，建立城市网格化管理平台、公共信息服务平台。在数字城管利用的基础上，统筹资源、协同管理，建立城市网格化管理平台。推动市政基础设施智能化，发展智慧水务、智慧管网，实现城市水务、地下空间、地下管网的信息化和运行监控智能化。发展智能建筑，实现建筑设施和建筑能效智能化管控。发展基于大数据的多规融合技术及城市规划、运行优化仿真系统，形成系列化的自主技术产品体系。创新管理应用模式和投融资模式，推动智慧城市综合和专项规模化应用，强化城市信息资源动态更新和管理服务机制。

3. 完善城市治理机制

健全城市管理和执法工作保障协调机制，推动立法工作，加快制定规范标准，健全城市管理协调机制。推进城市网格化管理，建立健全市、县(区)、街道（乡镇）、社区管理网络。畅通公众参与城市管理的渠道。推进城市管理服务的市场化，通过向社会购买服务方式，吸引社会力量和社会资本参与城市管理。

（六）健全符合区情的城镇住房保障体系

1. 继续深化住房制度改革，完善住房保障体系

继续深化以满足新市民住房需求为主的住房制度改革，建立购租并举的住房保障制度，健全完善公共租赁住房项目建设、分配入住及后期管理政策制度，加强进城务工人员住房保障。探索推行公租房货币化相关政策，结合居住证制度改革，把公租房扩大到非户籍人口，实现公租房货币化。通过市场筹集房源，政府给予租金补贴，逐步实现保障性住房，由“补砖头”向“补人头”转变，加大商品房去库存力度。探索建立公开、透明、灵活的共有产权住房运作机制，加快推进租赁型、棚改型、自住型

和政企合作型等共有产权住房建设，构建以政府为主提供基本保障、以市场为主满足多层次需求的住房供应体系，逐步形成以公共租赁住房、共有产权住房、商品住房为主体的“三位一体”住房供应格局。

2. 加快推进棚户区改造，推进棚改货币化安置

将棚户区改造与城市更新、产业转型升级更好结合起来，加快推进集中成片棚户区和城中村改造，有序推进旧住宅小区综合整治、危旧住房和非成套住房改造。在认真开展各类棚户区和配套基础设施调查摸底的基础上，加快推进全区棚户区改造，力争在“十三五”期间完成全区棚户区改造。棚户区应当符合相关界定标准和要求，同时将以下项目纳入城市棚户区改造范围：各类产业园区、工业园区等功能区，满足城市棚户区改造特征的；城市规划区内的房屋，经房屋安全鉴定机构鉴定为危房的；在城市规划区范围内，已被建成区包围、半包围或与建成区连接成片的自然村（包含城市规划区范围内所有城中村、城郊村、城边村）；符合棚户区改造特征的全国重点镇规划区范围内的房屋。老旧住宅区改造同时在进行既有建筑节能改造、房屋及小区老旧管网线路改造、完善房屋厨卫等使用功能、进行房屋建筑立面和屋面改造的，可以纳入棚户区改造范围。制定支持棚户区改造货币安置相关政策，完善资金、土地、税费等政策机制。指导各市县制定完善棚改货币化安置相关政策和实施方案，打通棚户区改造与房地产市场的通道，消化市场存量商品住房，激活房地产市场，缩短过渡安置时间，加快棚户区改造整体进度，力争使宁夏货币化安置比例达到50%以上，支持、鼓励有条件的市县棚改项目100%实施货币化安置。

3. 强化住房保障规范化管理，抓好公租房分配入住管理

加强公租房分配入住规范化管理。健全保障房退出机制，通过定期调整准入标准和租金标准，合理引导不符合条件的承租家庭退出住房保障制度。按照公共租赁住房“两年建成、三年入住”基本要求，加快公共租赁

住房项目建设进度，对在建项目实行预分配制度，对竣工项目采取限时分配入住措施，及时调整公布公租房入住标准，逐步降低准入门槛，扩大公租房覆盖面。要建立常态化受理机制，以满足新市民住房需求为重点，进一步解决城市中等偏下收入家庭、新就业无房职工、在城镇稳定就业的外来务工人员等群体住房困难，切实提高公租房使用效率。

宁夏银川都市圈发展研究*

王林伶

城镇化是现代化的必由之路。党的十八大以来，中央就深入推进新型城镇化建设作出了一系列重大决策部署。新时期新型城镇化建设又赋予了新的内容，以创新、协调、绿色、开放、共享的发展理念为引领，新型城镇化建设将成为我国最大的内需潜力和发展动能所在，成为统筹稳增长、调结构、惠民生的重要战略举措。

一、银川都市圈规划范围与现状

（一）都市圈概念

都市圈是城市化发展的一种高级形式。都市圈的建设可以使圈内的公共资源被各城市共享，减少重复投资；原来局限于单个城市内的资源和要素可以在都市圈内自由流动，有利于实现资源的最优配置和使用效率的提高；都市圈中各城市可以形成优势互补，形成区域经济的一体化发展，增

作者简介：王林伶，宁夏社会科学院综合经济研究所助理研究员，主要研究方向为“一带一路”建设、区域经济与产业经济。

*本文系国家社科基金项目“中国西北内陆开放型经济发展长效机制构建研究”（项目编号：13XJL011）的阶段性成果。

强区域的整体竞争力。

大力推进银川都市圈建设，是宁夏第十二次党代会报告作出的重大决策。该报告指出“大力推进银川都市圈建设，发挥银川首府城市的辐射带动作用，推动银川、石嘴山、吴忠和宁东一体化发展，推进产业发展协作互补、基础设施互联互通、生产要素统筹配置、公共服务共建共享，形成同城效应、整体优势。着力推进城乡统筹发展，有序推进以人为核心的新型城镇化，加快农业转移人口市民化。”这是未来五年大力实施创新驱动战略的主要任务，也为宁夏区域协调发展构建了新的格局，必将进一步凸显银川首府城市的辐射带动作用，同时为推动银川、石嘴山、吴忠和宁东一体化发展带来新的机遇。

（二）银川都市圈发展现状

为适应新时期国家提出新型城镇化发展要求，2014年，宁夏自治区政府组织编制了《宁夏空间发展战略规划》，提出了“一主三副”的空间结构，“一主”就是指银川都市区，包括吴忠市利通区、青铜峡市、盐池县高沙窝镇和宁东能源化工行政管理区域。2017年自治区十二次党代会提出银川都市圈，不仅仅是名称的变化，区别以前的是将石嘴山市纳入了银川都市圈。地域总面积由之前的13190平方公里，扩大到行政区划面积约为18500平方公里。2016年，银川都市圈地区生产总值2727.94亿元，占自治区地区生产总值的86.6%。都市圈人口约380.68万人，其中城镇人口约269.32万人，城镇化率为70.8%左右，城镇化水平高于宁夏与全国水平。以银川为核心的沿黄区域实施都市圈建设最具条件：银川市与永宁、贺兰距离在20公里以内，距离宁东、吴忠60公里左右，距离石嘴山80公里左右；宁东与滨河新区、灵武等地距离在40公里以内，大武口与平罗距离20公里，吴忠与青铜峡相距更近，加之这些地区间也有便捷的高速公路和城际道路连接，经济社会发展联系十分紧密，具备了推进同城化发展的基础条件。银川都市圈是以银川市为中心，构建包括石嘴山市、吴忠市利通区、青铜峡市和宁东基地、滨河新区、综合保税区、空港物流园区在内的都市圈，是宁夏政治、经济、文化中心地区，是宁夏经济的核心增长极，是新型城镇化的核心引领区（见表1）。

表1 银川都市圈规划范围行政单元统计

规划范围	行政范围	总面积（平方公里）
银川片区	兴庆区、金凤区、西夏区、贺兰县、永宁县以及灵武市的部分地区	3950
石嘴山片区	平罗县、大武口区、惠农区	5310
吴忠片区	利通区、青铜峡市	2800
宁东片区	宁东能源化工基地管理范围(包含灵武市、红寺堡区、盐池县、同心县部分地区)、灵武市部分地区、盐池县高沙窝镇	6440
银川都市圈	银川片区、石嘴山片区、吴忠片区、宁东片区	18500

二、银川都市圈规划发展的优势与劣势

银川都市圈地处黄河冲积平原，拥有得天独厚的产业、资源、环境、历史文化发展条件，支撑着都市圈的社会经济发展。

（一）资源要素优势

1. 资源环境独具特色

银川都市圈包含了山地、平原、黄河、湖泊湿地、台地草地、丘陵等多种地貌形态。西有沙漠咽喉之称的贺兰山为屏障，隔绝腾格里沙漠，东有鄂尔多斯台地阻隔毛乌素沙地，中部有黄河蜿蜒穿过，占总用地超过30%的黄河冲积平原为西北地区独有，素有“塞上江南”的美誉。煤炭资源丰富，宁东煤田已探明的煤炭资源总量约为386亿吨，占宁夏总量的87%。

2. 历史文化特色鲜明

银川都市圈有着悠久的历史，是中华文明的发祥地之一，早期人类活动遗迹可追溯到石器时代，灵武水洞沟遗址发掘表明，早在3万年前的旧石器

时代，就有人类在此生息。羌、戎和匈奴等古代游牧民族曾在这里逐水草、牧牛羊。战国后期，秦国的势力范围已达银川，秦始皇三十三年（前214年），沿河筑34县，其中有富平县城，它是宁夏平原最古老的城市，故址在今宁夏吴忠市西南。自西汉起，这里正式进入中央集权政府的建制辖区范围，一直作为国家西北边陲重镇，是古丝绸之路向西延伸的重要门户。贞观二十年（646年），唐太宗亲临灵州接受异族归附；安史之乱，唐太子李亨在灵武登基，灵武成了全国政治军事中心。1038年，西夏建国，银川（史称兴庆府）作为都城历经189年。大银川都市圈多种文化融合发展，形成了浓郁的地方特色，造就了独特的历史文化遗存，成为我国101座历史文化名城之一、中国优秀旅游城市，并被评为“中国十大新天府”之一。

3. 产业产品品质突出

银川都市圈内独特的自然环境造就了物产丰富且历史悠久的农耕文明，盛产水稻、小麦、玉米等粮食作物，是国家确定的河套地区商品粮基地的组成部分，素有“塞上江南、鱼米之乡”的美誉。同时，除盛产水稻、小麦等粮食作物外，还有苹果、西瓜、蔬菜、长枣、枸杞、葡萄等特色种植业，还是宁夏滩羊的重要产地之一。尤其是贺兰山东麓优质葡萄生产基地，因适宜的纬度与气候条件被国内外公认为世界最适合种植优质酿酒葡萄的地区之一。

银川都市圈资源富集，具有水、电、煤、土地等资源的组合优势，宁东能源化工基地已经成为国家级能源化工基地。银川经济开发区数控机床制造、新能源装备制造、特种铸造、轮胎生产制造等初步形成规模效应。

灵武市片区羊绒产业规模日益凸显。2016年，羊绒产业实现产值185亿元[①]，目前年收购原绒12000多吨，占世界羊绒产量的60%以上，国内70%以上的山羊绒原料在宁夏集散，65%以上的分梳羊绒在宁夏加工，宁

① 张国风:《宁夏灵武市羊绒产业》,央广网,2017年1月27日。

夏已成为山羊绒流通、集散、加工和出口基地。享有“世界羊绒看中国，精品羊绒在灵武”的美誉。

（二）存在的问题与劣势

早期由于历史遗留、体制管理、区域范围、地区利益等多重因素，大银川都市圈范围内各个地区相对孤立，各自为政，多重规划，功能互补较弱，产业相同、产品雷同、恶性竞争较为突出等问题，制约着区域经济社会发展。

1. 行政管理交叉重叠，内部空间缺乏统筹

在银川都市圈内城市空间距离较近，管理相对孤立，行政管理交叉重叠，出现“小而多、多而重”的现象。银川城区在空间上已与贺兰、望远相连，滨河新区规划范围与周边永宁县城、综合保税区相邻与重合，空间布局缺乏统筹；宁东能源化工基地属“单列管理”，功能单一，配套设施缺乏。这种缺乏统筹的区域空间，导致城市功能重复，等级结构不合理，资源难以共享，中心城市的辐射带动能力不强，都市区整体聚集效应发挥不了。

2. 产业趋同严重，集约程度不高

银川都市圈范围内产业分工不明确、布局分散零碎、地均产值较低、集约程度不高，产业发展方向雷同，以发展能源化工类产业最为突出，该类型产业的工业园区有 5 个，分布在银川、吴忠、宁东境内。产业趋同带来了产品雷同、产品附加值低、科技含量低、恶性竞争的局面，无法形成规模经济效益，造成资源浪费严重。

3. 生态环境比较脆弱，环境保护压力巨大

银川都市圈位于西北干旱地区，是腾格里沙漠、毛乌素沙地的扩散地，面临沙漠威胁，防沙形势严峻。黄河灌溉的绿洲农田既是农业发展的主要地区，也是城市发展重点地区，正在被城市化的扩建“蚕食”，空间发展矛盾突出。都市圈煤化工产业广泛分布，污染物排放严重，空气质量、生态环境保护压力巨大。同时，相邻地区如内蒙古上海庙工业

区的重化工产业发展也对都市区环境造成污染。

4. 缺乏统一规划，重复建设问题突出

缺乏长效的规划协同机制，规划编制标准不一、自成体系等多种问题造成了都市圈内各城市在基础设施、产业投资、商业网点、公共服务等建设方面存在明显重复现象，影响一体同城发展。

三、银川都市圈发展建议

银川都市圈发展基于发展的优势和存在问题，对都市区发展进行规划调整与职能归类探讨，着力解决制约都市圈经济社会发展的难点问题，以银川市为核心，通过规划协同、产业协作、基础设施一体化布局，实现区域内各城镇组团式一体化发展，形成强大的区域组织核心和辐射带动全区发展的重要引擎，成为国家“两横三纵”城市化战略格局的重要节点，重点打造宜居宜业、一体高效、魅力活力、创新开放、生态绿洲都市圈。

（一）调整行政区划，提高行政效能

1. 调整行政区划，提高行政效能

在银川都市圈内存在城市空间距离较近，行政层级过密且交叉重叠，教育资源过度集中，公共医疗资源不足等多重因素。通过调整行政区划，撤并规模过小的区，可以精简行政机构，减少管理成本，提高行政效能。能够以强带弱，增强弱区的发展能力和后劲，促进区域协调发展。建议：一是在西夏区从幼儿园到小学、初中、高中各打造若干所知名园校，建设知名医疗机构，让人口向西分散，行政向西移动，带动本区域协调发展；二是将贺兰县的金贵镇划分到兴庆区；三是将宁东能源化工基地与滨河新区合并，在地域空间同属一个整体。这样既可精简行政机构，又可为宁东基地提供人力资源、加强基础设施配套，整合外围区建设实力，促进中心城区公共服务均等化，也有利于各区承担的责任和任务相对均衡，更好地

调动区县发展的积极性[①]。

2. 银川都市圈的空间发展定位

在空间层次上，银川都市圈划分为核心区与外围地区两个层次。核心区是都市圈发展的主体空间，总面积为4850平方公里，由银川、吴忠、灵武城区以及贺兰、永宁、滨河新区、宁东能源化工基地核心区、银川综合保税区等构成；外围地区是都市圈范围内除核心区以外的地区，是支撑都市圈远景发展的空间拓展区域，总面积为8340平方公里。

在空间结构上，银川都市圈沿黄河形成“一河两岸三域”的格局。“一河”是指以黄河为轴线，串联银川都市圈核心区的各个功能区，成为沿黄发展带的重要组成部分；“两岸”是指银川都市圈在黄河东西两岸统一规划，协调联动发展；“三域”指银川都市圈规划形成银川、吴忠、宁东三个相辅相成、错位发展、功能互补、协调统一的空间片区。

在发展定位上，一是国家能源化工和现代制造业基地。依托宁东能源化工基地的良好基础，打造以“资金密集型、技术密集型、能源密集型、高附加值、循环发展”为特征的国家能源化工基地。同时，依托灵武羊绒工业园区与吴忠自动化机械装备，发展成为以电子信息、仪器仪表、高端装备制造、羊绒纺织等为主导的现代制造业基地。

二是区域性国际物流中心。依托银川河东机场、综合保税区、陆路港等物流中枢的建设，发展成为丝绸之路经济带上的区域性国际物流中心。

（二）统筹基础公共设施建设，打造一体高效都市圈

1. 打造城际交通网络一体化

快速便捷的交通网络是实现都市圈发展的先决条件，要积极融入全国高速交通网络，加快银西高铁和银川至宁东、吴忠城际铁路等城际轨道交通建设，缩短城市空间距离，为都市圈发展赢得时间。在城市内部，要按

① 杨洪涛:《大银川都市区规划研究》，载《2016宁夏经济蓝皮书》，宁夏人民出版社，2016年，第259页。

照“窄马路、密路网”的要求增加支路数量，打通同城化区域内城市间“断头路”，发展城际公交，并依托机场、火车站、汽车站等统筹推进城市综合交通枢纽建设，实现不同客运方式和城市内外交通顺畅衔接、便捷换乘，打造高效快捷的城市“经济圈”。

2. 推进公共服务一体化

合理布局重大公共服务设施，建设均等化、特色化的公共服务系统，营建级配合理、配套完备的公共服务网络；建设统一调度、应急快速、保障安全的综合防灾体系，实现分工协作、功能互补和差异化发展，建设产城一体、服务一体、城乡一体，资源利用高效、城市运行高效的一体高效都市圈。要在城市建设和管理质量保障下，通过公共服务一体化来引导推进人口的集聚。要推动都市圈内教育、卫生、医疗、科技及实验室、图书馆、体育场等公共服务设施通过联合共建、互派人员等方式实现共享共用，积极推行通信、邮政、有线电视等“同城办理”、同网同费，让更多群众从中受益。同时，也要加强区域内商品、金融、劳务和产权交易等市场的统一布局建设，促进产品、资源、资金、技术等生产要素自由流动，为群众生产生活提供有价值的公共产品。

（三）保护资源环境，打造绿洲都市圈

1. 建立生态补偿机制，打造生态绿洲都市圈

环境是发展的载体，都市圈建设必须更加关注生态保护问题。严格保护“塞上江南”独有的生态资源和生态空间，运用低碳发展、绿色发展的基本理念，合理引导都市圈功能分区和空间布局，实现山河、田园、湿地、林地等生态要素有机融合和协调发展，打造环境优美、田园与城市交相辉映的生态绿洲都市圈。建立生态补偿机制，推动都市圈生态保护、跨界污染防治及工业污染治理，建立产业退出补偿机制、产业布局引导机制、激励约束机制。建立跨市、县生态建设和环境监测协调机制，全面协调黄河上下游以及区域上下风向的污染治理；建立健全环境与资源有偿使

用、节能减排的政策体系，实行生态补偿制度。按照都市圈环境要求，加大生态保护地区财政转移支付；开展碳汇交易试点，自治区层面探索建立都市圈内能源企业碳排放与南部山区碳汇及银川都市圈区内生态用地的补偿挂钩机制。

2. 银川都市圈城乡空间管制规划

按照中央城镇化工作会议提出，设定城市增长边界是控制城市无序蔓延，保护自然资源和生态环境行之有效的技术手段和政策措施。银川都市圈规划制定了严格的空间管制规划，将都市圈划分为“三区三线”：“三区”指的是银川未来的生态空间、农业空间、城镇空间。生态空间是指具有自然属性，以提供生态服务或生态产品为主体功能的国土空间，本次空间规划以生态优先为基本理念，初步划定生态空间面积占市区总面积比例已达46%以上。集中分布在贯穿市域西部贺兰山及山前地区、东部黄河及东岸地区，沿主要交通干线生态廊道，以及中部宁夏平原的湿地、湖泊、地下水源保护区、Ⅰ级和Ⅱ级保护林地等生态板块所在区域。农业空间指以农业生产和农村居民生活为主体功能，承担农产品生产和农村生活功能的国土空间，包括永久基本农田、一般农田等农业生产用地，以及村庄等农村生活用地。银川农业空间相对集中在银川中部宁夏平原内，即110国道以东、黄河以西的引黄灌区范围。城镇空间是指以城镇居民生产生活为主体功能的国土空间，包括城镇建设空间、工矿建设空间以及乡级政府驻地开发建设空间等。银川城镇空间包括银川主城区、滨河新区、镇北堡镇、兴泾镇、掌政镇、良田镇、月牙湖乡、通贵乡等城镇开发建设区和开发建设预留区，以及横山产业园、国际陆港产业园等产业集中区。“三线”根据银川未来的生态空间、农业空间、城镇空间，研究人员划定了生态保护红线、永久基本农田保护红线和城镇开发边界三条控制线。在控制线范围内，生态环境如何加强保护、永久基本农田如何落实耕地保护制度、城镇开发如何预留土地，均提出了相应的管控要求。“三区三线”的划定，可以实现林、田、湖和城市有机生长，构建起市域活的生态廊道空间，为银川落实了“生态优先”的发展理念。

(四) 主城区与小城镇职能分工定位

银川都市圈要实现“产城融合”发展，各个片区就要分工明确，有主有次，相互协调，发挥合力，共同实现都市圈的核心带动作用。

1. 主城区发展与职能分工

(1) 银川片区。以中阿博览会为平台，加快建设阅海湾中央商务区，以银川综合保税区为基础，建设自由贸易区。把银川河东国际机场建设成为面向“一带一路”沿线国家的门户机场，增加国外航空线路数量，增加落地签证服务，发展航空物流和临空经济，构建便捷高效的空中丝绸之路。在都市圈范围内，提升教育、医疗等优质公共服务资源，提升银川现代服务功能，大力发展教育培训、医疗健康、总部经济、信息服务、电子商务、现代物流、金融会展等现代服务业。

(2) 石嘴山片区。以石嘴山经济技术开发区、石嘴山高新技术产业开发区为依托，加快推进产业转型升级，形成新材料、装备制造、电石化工、冶金四大产业集群和新能源、生物医药、新型煤化工、现代纺织四个特色产业发展的格局。以工业为龙头推动“四化融合”发展，统筹推进现代服务业和现代农业，形成陆港带动的现代物流业发展，沙湖带动环星海湖综合开发支撑的文化旅游业及中高端消费加快发展的服务业体系；形成以优质粮食和草畜、瓜菜、制种、水产、枸杞和酿酒葡萄等“一优五特”产业为主导的现代农业体系。

(3) 吴忠片区。依托吴忠仪表壮大提升发展规模，围绕精密仪表、专用设备、新材料等打造成为核心产业，构建系统完备的现代制造业产业集群。以有机大米、奶制品等产业为主要特色的种养殖业推进农产品精深加工，拓展国内外知名食品、纺织、服装等企业的合作，发展集团化、连锁式运营模式，提高产品附加值。以研发设计、生产加工、展示交易和集散支撑为体系，推动与国际接轨，实现产业标准化、集聚化、国际化发展。以都市休闲农业、生态旅游农业、葡萄酿酒为特色打造宁夏现代农业示范区。

(4) 宁东片区。以现代化矿井建设为依托，利用先进技术提升产业集约化水平。以国家现代能源化工基地为重点，形成“资金密集型、技术密集型、高附加值、循环发展”的模式，延伸上下游产业，推进产业间接续互补、融合发展，构建全产业系统。以国家西电东送火电基地建设为方向，实现煤炭就地转化、高空清洁输送、土地集约利用，供热资源企业间、行业间、产业间循环、交换利用（见表2）。

表2　银川都市圈片区职能分工

区　域	功能定位	职能方向
银川片区	丝绸之路经济带战略支点；“一带一路”经济走廊节点城市；现代服务业中心	能源化工技术生产，先进装备制造业、新材料产业现代服务业互联网+医疗
石嘴山片区	宁北及内蒙古西部地区中心城市和物流中心；现代装备制造和新材料产业基地	重点发展新材料、装备制造、电石化工、冶金四大产业集群及新能源、生物医药、新型煤化工三个特色产业；带动现代物流、文化旅游、现代商贸等服务业发展
吴忠片区	现代制造业基地	发展仪器仪表、专用设备等现代制造业
宁东片区	国家现代能源化工基地	建设以资金密集型、技术密集型、高附加值、循环发展为特征的国家现代能源化工基地

2. 小城镇发展与职能分工

银川都市圈不仅包含主城区，还包含小城镇建设与布局。重点打造镇北堡、闽宁、惠安堡等29个小城镇，以完善道路交通、给排水、垃圾收集处理等基础公共服务设施。按照自治区美丽小城镇建设标准，实现“风景美、街区美、功能美、生态美、生活美”。街区体现地域、传统或时代特色，镇区有供游憩的综合性公园、广场、照明、景观等设施，突出自然特色，环境整洁，与周边环境相得益彰，塑造宜居型新镇区。根据发展基础和发展条件，因地制宜将小城镇的职能发展划分为农产品加工型、商贸流通型、旅游开发型、综合服务型、工业引导型、工矿型、农业型等，成为周边区域的商业、教育、医疗、文化中心，解决周边村民就业和实现就近城镇化，带动外围地区发展（见表3）。

表3　银川都市圈小城镇职能类型

小城镇	职能类型	小城镇	职能类型	小城镇	职能类型
镇北堡	旅游开发型	金银滩	综合服务型	郝家桥	农贸交易型
闽　宁	交通物流型	瞿　靖	综合服务型	大　坝	农贸交易型
兴　径	综合服务型	立　岗	综合服务型	峡　口	工业引导型
良　田	农贸交易型	叶　盛	农贸交易型	邵　岗	农贸交易型
李　俊	农贸交易型	洪　广	工业引导型	扁担沟	农贸交易型
崇　兴	综合服务型	常　信	农业型	马家滩	工矿型
金　贵	农贸交易型	月牙湖	工业引导型	惠安堡	综合服务型
通　贵	农业型	望　洪	农贸交易型	冯记沟	工矿型
高　闸	农贸交易型	韦　州	综合服务型	高沙窝	工业引导型
白土岗	农业型	太阳山	工业引导型		

（五）银川都市圈产业发展布局与分工

1. 农业主导产业发展与布局

依托区域资源优势，重点发展优质粮食、蔬菜、酿酒葡萄、草畜产业、适水产业，形成优势大、特色明显的农业主导产业。

在优质粮食种植方面。以贺兰、永宁、灵武、青铜峡等地为重点，主要发展优质水稻、玉米、小麦，形成引黄灌区优质粮食发展带。在种植结构上，控制水稻种植面积，扩大单种玉米和小麦种植面积，实现“套种两熟”向“复种两熟”转变。

蔬菜产业方面。以永宁、贺兰、利通区、青铜峡为重点形成引黄灌区蔬菜发展区，调整现状以露地种植为主的种植结构，增加规模化设施农业比重。重点发展以蔬菜种植为主的设施农业，推广节水灌溉，提高引黄利用率，降低季节影响，提高全年产量，发展环境要求高、附加值高的蔬菜品种。

酿酒葡萄产业方面。以贺兰山东麓为重点，发展葡萄种植、酿酒加工、旅游服务一条龙的产业链条。配套区与加工区以银川、玉泉营、良田镇、镇北堡镇、吴忠等相关城镇等为基础，布局大型酒庄、葡萄酒产业城等商贸营销、物流项目。

草畜产业方面。以吴忠、灵武和农垦各农场为重点形成草畜发展区，主要发展奶牛、肉牛、滩羊等产品品种，加大标准化、规模化养殖建设力度，形成区域重要的优质乳品、牛羊肉品生产基地。

适水产业方面。以贺兰、平罗、青铜峡为重点构成沿黄生态适水产业发展区，主要发展淡水鱼、虾蟹养殖，充分挖掘宜渔低洼荒地和湖泊湿地资源，种养结合，发展生态养殖、立体养殖。

2. 工业主导产业发展与布局

银川都市圈第二产业的发展定位重点为能源化工、现代制造业，具体包括煤炭、电力、化工、新能源、装备制造、仪器仪表、纺织、羊绒、新材料、电子信息等产业。

将能源化工产业布局到银川、吴忠、宁东三大片区的 3 个园区（宁东能源化工基地、太阳山工业园区、高沙窝工业园区）。宁东能源化工基地重点发展煤炭、电力、现代煤化工、石油化工、新材料、精细化工、装备制造、废弃资源综合利用、生态环保和环境治理等产业。高沙窝工业园区作为宁东能源化工基地的后备园区重点发展煤化工、石油化工产业。太阳山工业园区除利用现有煤炭资源外，拓展能源产业类型，大力发展风电、光伏等新能源产业，同时发展煤炭、电力、煤化工等产业。

在现代装备与制造业布局上，银川片区以发展精密机床制造、机器人设备、智能化设备、工程机械、煤矿机械配件、输变电设备、通用航空设备制造为主。吴忠片区以发展仪器仪表、新能源装备制造、汽车配件、农机农具、特种车辆制造为主。

在新材料产业布局上，银川片区发展半导体新材料、化工新材料制造。吴忠片区发展有色金属新材料、建筑建材新材料、化工新材料制造。宁东片区发展化工新材料制造。

在电子信息产业布局上，以银川片区为主，重点发展电子元器件、通信设备、电子计算机及半导体产品组装加工。

在服装纺织业布局上，银川片区以宁夏生态纺织产业示范园为重点园区，发展棉纺织、服装、装饰家纺。吴忠片区以吴忠毛纺织产业园为重点园区，发展棉纺、毛纺、服装、羊绒羊毛深加工等。宁东片区以银川高新区(灵武羊绒产业园)为重点园区，发展羊绒纺织、毛纺织、服装。

3. 服务业主导产业发展与布局

银川都市圈现代服务业发展上，要以生产性服务业和新兴服务业作为发展重点。以商贸流通、商务会展、金融服务、科技服务、旅游业为主导产业。商贸流通业依托五大城区商业中心发展零售业、餐饮业和休闲娱乐业。商务会展业服务区域一产、二产提质扩容，重点发展电子商务、信息服务、总部经济、会议会展等产业类型。金融服务以银行业、证券业、保险业、信托基金、期货等为重点开发跨境结算、离岸金融、融资租赁、特色商品期货、农业保险、融资垫资等服务，助力产业发展。科技服务结合各片区职能分工和产业方向重点发展研究开发、技术转移、检验检测认证、创业孵化、知识产权、设计咨询、技术培训等产业类型。旅游业依托历史文化、自然景观、美酒美食等资源，重点强化旅游住宿、餐饮零售、文化演艺、度假娱乐等行业的软硬件水平。

（六）都市圈产业园布局与分工

对都市圈范围内现有的 23 个工业园区进行整合与调整，将离城区较近且有污染的企业进行外迁，合并到相关的工业园区内；对既有食品加工又有工业品生产企业进行调整归类；以园区为单位实施用地调整，控制发展粗放园区的用地规模，对发展需求较强烈的园区适当给予用地支持。通过综合考虑工业用地与其他用地的布局关系，规划整合后现有工业园区为20个，其中重点园区为8个，一般园区为14个，并进行工业园区职能分工与定位（见表4）。

表4　银川都市圈工业园区布局与功能类型

类　型	园　区	主导产业
重点园区	银川经济技术开发区（含西夏工业集中区、金凤工业集中区）	装备制造、新材料、精细化工、电子信息、现代服务业
	银川临港经济区（含银川综合保税区）	临空加工制造、现代服务业
	滨河新区产业区（含横山工业园区）	装备制造、汽车制造、新材料、精细化工、新能源、物流、现代服务业、通航、大数据
	金积工业园	装备制造、仪器仪表、包装印刷、食品工业
	宁东能源化工基地	煤炭、电力、现代煤化工、石油化工、新材料、精细化工、装备制造、废弃资源综合利用
	银川高新技术产业开发区（灵武羊绒产业园区）	毛纺织、服装加工
	石嘴山经济技术开发区	以能源化工、煤炭精细化工、冶金新材料、光伏新能源、口岸物流等为主
	石嘴山高新技术产业开发区	煤机制造及配套、新材料（稀有金属新材料、碳基材料）、汽车装配及零部件、新能源设备制造、软件设计和信息化等产业
其他园区	灵武循环经济示范区	拆解、金属加工、电气设备、建材
	宁夏生态纺织产业示范园	纺织（棉纺织）、服装加工、装饰
	永宁县望远工业园	食品加工、建材、电气、商贸、物流
	永宁县闽宁协作扶贫产业园	葡萄酿酒、食品加工、包装产业
	永宁县杨和工业功能区	食品加工、建材产业

续表

类　型	园　区	主导产业
其他园区	贺兰德胜工业园区	食品加工、家具制造及装饰材料、商贸物流
	贺兰暖泉工业园	精细化工、新材料、煤化工、冶炼产业
	吴忠毛纺织产业园	纺织(混纺为主)、织染、服装加工
	吴忠特种装备制造产业园	特种车组装、特种车装备、农机装备
	吴忠太阳山工业园	能源化工、新能源、新材料
	吴忠牛首山工业园	装备制造、新能源
	青铜峡新材料产业基地	材料加工
	青铜峡嘉宝轻纺工业园	食品加工、纺织服装、工艺品加工、包装印刷、装备制造
	盐池县高沙窝产业集中区	精细化工、装备制造、能源化工

宁夏清水河产业带研究

李晓明

由于经济、社会、生态等多方面的差异，宁夏南北发展一直呈现不均衡的格局。新常态，新经济，宁夏需要从更高层面、更长时间、更大范围地科学安排城乡功能定位、空间布局、产业发展、基础设施建设、生态环境保护等重大事项。2015年初，按照把宁夏作为一个大城市规划发展的总体思路，宁夏推出《宁夏空间发展战略规划》(以下简称《战略规划》)，提出“一主三副、核心带动，两带两轴、统筹城乡，山河为脉、保护生态”的空间发展战略。为实现山川协同发展的历史命题，自治区政府出台了《六盘山地区·清水河城镇产业带总体规划（2014—2030年）》(以下简称《总体规划》)，集中建设“一市九县城三十四镇”的梯次城镇化新格局，打造“十区十三园五基地”的产业布局，形成一条产城融合发展的经济新增长带。这是自治区党委、政府按照梯度化发展和差异化选择的思路，为宁南山区量身设计的脱贫之策，为宁南山区加强生态环境保护指明了方向，也带来新的更大发展机遇。党的十九大报告也提出实施乡村振兴

作者简介：李晓明，宁夏社会科学院办公室秘书科科长，经济学硕士，主要研究方向为农村经济、生态移民等。

战略和区域协调发展战略，贯彻落实新发展理念，建设现代化经济体系。本文基于清水河城镇产业带总体规划，在调查分析清水河流域产业发展现状的基础上，提出促进清水河产业带发展的对策建议。

一、清水河流域概况

清水河，古称西洛水、高平川水、蔚茹水，发源于六盘山东北麓宁夏固原市原州区开城镇境内的黑刺沟，由南向北纵贯宁夏南部山区和中部干旱带的大部分地区，流经固原市（原州区、西吉县）、中卫市（海原县、中宁县和沙坡头区）、吴忠市（同心县和红寺堡区）等地后，于中卫市中宁县舟塔乡泉眼山西侧注入黄河，全长303公里，流域面积8499.6平方公里，年平均径流量2.02亿立方米，是宁夏境内黄河最大、最长的支流。清水河集水面积大于500平方公里的主要支流有8条，左岸有东至河、中河、苋麻河、西河、金鸡儿沟、长沙河6条水系，右岸有双井子沟和折死沟2条水系。清水河为多泥沙河流，平均含沙量为216千克每立方米，属于典型的季节性山区河流，流域水土流失严重。历史上，清水河两岸是人类生息繁衍和耕牧的地方，也是北方少数民族融合之地，清水河谷地更是古丝绸之路固原境内的一部分。但清水河流域的灾害甚多，干旱、风沙、冰雹、水土流失和苦水等自然灾害，一直严重影响着流域内农业生产和国民经济的发展，粮食产量低而不稳，是我国低产贫困地区之一。

二、清水河产业带发展现状分析

（一）理论基础

产业发展是指在科技进步和市场经济高度发展的基础上，传统产业不断成长和进化，将产业产前、产中、产后联结为一个完整的产业系统，在组织上形成“风险共担、利益均沾”的利益共同体，实现专业化、规模化、集约化、市场化经营的发展过程；既包括企业数量、产品等的变化，也包括产业结构的调整、变化、更替和产业主导位置等质量的变化，而且主要以结构变化为核心，以产业结构优化为发展方向；随着经济的深入发展，新常态下区域经济增长速度下降，产业趋同、单一，资源短缺以及环境污染等问题将逐步凸显①。

（二）清水河流域产业发展现状

清水河城镇产业带范围包括原州区、西吉县、彭阳县、隆德县、泾源县、同心县、海原县、红寺堡区（不含太阳山镇）、沙坡头区与中宁县的黄河以南乡镇，面积2.82万平方公里。其中，沙坡头区与中宁县的黄河以南的宣和镇、鸣沙镇、恩和镇等乡镇属于沿黄城市带，因在空间上和经济社会发展方面与清水河城镇产业带紧密相连，也列入规划辐射范围内。规划以黄河南侧为分界，基本占据宁夏“半壁江山”。近年在宁夏建设宁南区域中心城市和大县城战略下，清水河流域各县区均取得了较快发展，人口不断向城市和县城聚集。数据显示，2010—2017年，清水河流域地区城镇总人口从55.1万人增长至86.9万人，年均增长6.68%以上。在发展的同时，一些问题也集中表现出来，比如：城镇发展差异较大、耕地少、工业基础相对薄弱、生态较为脆弱等。

1. 清水河产业带产业结构情况

地区生产总值是指本地区所有常住单位在一定时期内生产活动的最终成果，等于各产业增加值之和，是反映经济总体状况最重要的指标。从图、表中可以看出，清水河产业带各县区地区生产总值在逐年稳步提升，但各县区产业格局差距很大，很难形成优势合力，各县区发展不平衡，尤其是产业结构与地区经济发展匹配度不高，亟须优化调整（见表1、图1）。

① 周玮:《赤水河流域贵州产业发展现状及对策分析》,《企业导报》2013年第14期，第120~123页。

表 1　清水河产业带各县区地区生产总值

单位：亿元

县区＼年份	地区生产总值					2017 年地区生产总值构成(%)		
	2013	2014	2015	2016	2017	第一产业	第二产业	第三产业
原州区	78.6	86.2	93.6	103.3	117.7	12.8	27.5	59.7
西吉县	42.4	45.6	49.2	55.4	61.5	24.6	23.7	51.8
彭阳县	35.4	37.7	40.1	43.7	49.9	25.8	29.0	45.2
隆德县	17.1	19.2	22.7	22.6	25.0	21.0	30.0	49.0
泾源县	10.9	12.1	14.8	14.8	15.9	17.1	32.4	50.5
同心县	40.4	44.4	49.8	54.7	63.3	18.0	44.1	37.9
海原县	34.1	38.2	43.8	48.9	52.4	22.6	34.0	43.4
红寺堡区	13.0	14.0	16.3	17.3	19.3	24.5	46.7	28.8
沙坡头区	135.1	137.6	145.9	155.7	171.7	13.5	38.7	47.8
中宁县	118.2	121.7	126.8	134.5	150.1	11.8	55.3	32.9
合计	525.2	556.7	603.0	650.9	726.8	19.2	36.1	44.7

数据来源:根据历年《宁夏统计年鉴》及各县区统计公报数据整理。

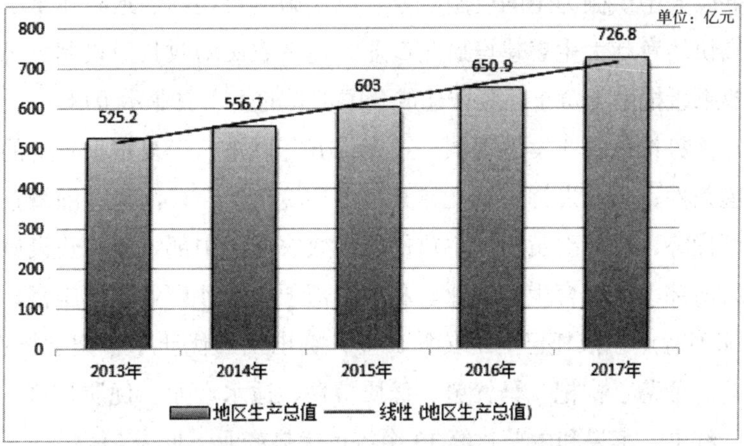

图 1　清水河产业带“十二五”时期地区生产总值走势图

2. 清水河产业带优势特色农业发展现状

（1）农业示范区。中部干旱带旱作节水农业示范区，以水资源的合理利用与开发为重点，围绕构建特色产业体系，坚持生态建设与产业开发相结合，变劣势为优势，变被动抗旱为主动调整。在四大扬黄灌区和库井灌区，大力发展设施种植业和设施养殖业。在雨养旱作区重点加强集雨场窖基础设施建设，大力示范推广覆膜保墒、集雨补灌、坐水点种等旱作农业节水技术，重点发展覆膜玉米、覆膜马铃薯、压砂瓜、红枣、油料、小杂粮、中药材等耐旱作物和以滩羊、肉牛为主的草畜产业。在扬黄扩灌区重点抓好农业结构调整和产业布局，充分发挥和挖掘水的效益，做大做强特色种养业，为生态移民区群众提供强有力的产业支撑，努力把中部干旱带打造成我国西部重要的绿色、有机旱作节水高效农业示范区。

南部黄土丘陵区生态农业示范区，坚持生态优先、草畜为主、特色种植、产业开发，以水源涵养保护工程为重点，加快生态恢复和农田水利基础设施建设。大力发展草畜、马铃薯、劳务三大产业，加快发展小杂粮、油料、中药材、食用菌、冷凉菜等特色农产品。在河谷川道的库井灌区，大力发展以大中拱棚为主的设施农业。以实施退耕还林、退牧还草工程为重点，加快培育壮大生态建设后续产业，建立农民增收长效机制，巩固生态建设成果，把南部黄土丘陵区建成全国重要的生态农业示范区。

（2）优势特色农业发展现状。“十二五”以来，宁夏根据自身的地理资源环境条件，充分发挥宁夏光热充足、环境洁净、黄河灌区灌溉条件便利等资源优势，北部引黄灌区主攻优质高效农业，中部干旱带建设避灾节水农业，南部山区培育生态农业。利用中部干旱带沙产业资源丰富、山区气候冷凉等特点，依托已有的传统产业，突出发展优质牛羊肉、奶产业、瓜菜园艺、葡萄、枸杞、马铃薯、优质粮食、适水产业、优质牧草、农作物制种、红枣、苹果和中药材等 13 个特色优势产业（见表 2）。

清水河产业带的特色优势农业产业区域化、规模化发展格局已初步形

表2 清水河产业带农业特色优势产业发展规模及空间布局

产 业	产业规模	产业空间布局
优质牛羊肉产业	肉牛饲养量225万头，肉羊饲养量1585万只，牛羊肉总产量25.5万吨。加工牛羊肉9万吨	南部山区彭阳、泾源、海原肉牛养殖；中部干旱带盐池滩羊繁育；引黄灌区灵武、平罗肉羊养殖
瓜菜园艺产业	瓜菜种植面积294.5万亩，其中设施园艺94.5万亩、西甜瓜110万亩、露地蔬菜90万亩。瓜菜总产量668.7万吨	引黄灌区永宁、贺兰、沙坡头等县区设施蔬菜；中部干旱带中卫环香山压砂瓜；南部山区固原冷凉蔬菜
枸杞产业	枸杞种植面积85万亩，干果总产量13万吨。深加工枸杞1.9万吨	以中宁为主体、以贺兰山东麓和清水河流域为两翼的枸杞产业带
马铃薯产业	马铃薯种植面积323万亩，鲜薯总产量300万吨。加工马铃薯100万吨	以西吉、海原、原州为主的中南部马铃薯产业带
优质粮食产业	优质粮食种植面积600万亩，产量260万吨。加工小麦75万吨、水稻75万吨、玉米150万吨	引黄灌区贺兰、灵武、青铜峡优质水稻、小麦；中南部地区彭阳、同心优质玉米
优质牧草产业	多年生牧草留床面积600万亩，一年生饲草种植面积200万亩，苜蓿产量230万吨	引黄灌区优质高产苜蓿；中部干旱带天然草场、优质人工草地；南部山区多年生牧草种植
农作物制种产业	农作物制种面积61万亩，产量3.5亿公斤	引黄灌区稻麦制种；中南部地区马铃薯、小杂粮制种
红枣产业	红枣种植面积87万亩，产量6.8万吨	引黄灌区鲜食型灵武红枣；中部干旱带制干型中宁圆枣、同心圆枣
中药材产业	中药材种植面积110万亩，总产量4万吨	六盘山区隆德黄芪、秦艽；中部干旱带盐池、红寺堡、同心甘草等沙生药材

数据来源：根据《宁夏农业和农村经济发展"十二五"规划》和产业发展调研情况整理。

成，空间布局清晰、产业定位明确，特色农产品加工体系、产业化组织也在不断完善，对宁夏农村和农业经济发展以及农民增收的带动作用明显。

3. 清水河产业带规划发展目标

到 2017 年，清水河城镇产业带水利、交通等基础设施建设取得突破，特色产业不断壮大，城镇产业带初步形成，力争每年消除贫困人口规模达到 10 万人以上，力争 2/3 的县区小康实现程度达到 80%，基本实现全面脱贫的建设目标。到 2020 年，清水河城镇产业带建设形成一定规模，现代产业体系基本建立，基本消除绝对贫困，基本实现小康社会的建设目标（通过缩减差距，实现全自治区范围内全面小康）。到 2030 年，城镇产业带经济、社会和生态建设进一步提升，国家重点生态修复与补偿示范区、中国西部新型城镇化示范区、六盘山集中连片地区产业扶贫示范区建设取得显著成效。至 2050 年，清水河地区在全面实现小康水平的基础上基本达到中等富裕水平，生态环境优美，城镇体系健全，现代产业体系发达，人与自然和谐共生，成为中西部地区脱贫致富的典型示范区。清水河城镇产业带是新丝绸之路经济带的重要组成部分，《总体规划》将其未来建设发展定位为：国家重点生态修复与补偿示范区，中国西部新型城镇化示范区，六盘山集中连片地区产业扶贫示范区。

三、清水河产业带发展存在的问题

（一）清水河产业带建设的宣传力度不够，政策衔接不紧密

清水河流域的各类农业示范区、河流名称标识，以及产业带的宣传还未到位，对于《总体规划》的解读与执行还未达成共识。《总体规划》是宁夏空间发展战略规划的重要组成部分，是清水河城镇产业带各市、县编制有关城乡规划的上位规划和重要依据。但市、县存在还未理顺各级各类规划关系，尤其是在科学分解、层层落实《总体规划》确定的城镇人口、用地规模、公共服务设施配套建设、水资源利用、生态保护等主要控制指

标上，与《总体规划》衔接不紧密。

（二）清水河水域环境保护缺乏整体认识，生态环境保护和治理难度大

各县区、各行业的健康发展，都依赖清水河健康的水域环境。从流域的整体性、功能性上，清水河流域的上、中、下游的产业与自然生态环境有着极为密切的关系。当前，各县区没有一个整体的清水河流域保护协调措施，对清水河流域没有形成整体的认识。流域内的各县区在产业发展、环境保护上还在各自为政。加上清水河产业带，除中宁县临近黄河外，其他县区的城乡饮水、产业供水基本上不能满足需求，水资源严重缺乏，但灌区节水农业推广难度大，利用效率不高。

（三）流域产业结构不尽合理，亟须打通产业链条

各县区产业格局差距很大，很难形成优势合力，各县区发展不平衡，尤其是产业结构与地区经济发展匹配度不高，亟须优化调整。

（四）农业生态脆弱，基础设施还比较薄弱，产业化水平仍然处于较低层次

清水河产业带大部分地区位于我国北方农牧交错的生态脆弱带，干旱少雨，水土流失，沙化、盐渍化严重，自然灾害频繁。引黄灌区中低产田改造和盐渍化改良工作繁重，中部干旱带防沙固沙沙化治理任务紧迫，南部山区坡地梯田化建设工程巨大，农田水利基础设施薄弱，耕地质量不高，抵御自然灾害的能力还不强。在上述背景下，农产品加工层次较低、转化能力弱、品牌带动力不强、产品附加值不高。农产品加工业发展滞后，农产品加工产值与农业总产值的比重仅为0.86:1，明显低于全国2:1的平均水平。加工企业小而分散，全区年销售收入10亿元以上的企业只有8家，主要农产品加工转化率为58%（全国平均水平为62%）。农产品流通体系不健全，在全国有影响力的农业品牌少，大宗农产品存在季节性卖难问题。产业集中度不高，产加销融合不够，缺乏知名品牌、高端市场和优势龙头企业引领。

四、促进清水河城镇产业带发展的对策建议

（一）构建清水河流域生态产业体系

清水河流域生态产业体系构建必须从客观情况出发，结合流域内人口—资源—环境—经济—社会复合系统的历史和现状，改建和兴建生态工业园区，采用清洁生产的工业技术，在原有产业的发展基础上进行产业的生态转型，再以政府的政策和法律为支持，以生态社区、生态管理建设为保障，全面建立清水河流域的生态产业体系①。实施环境优势产业升级换代及传统工业生态转型工程、资源型加工业集约化发展工程、新兴产业孵化培育工程等。

1. 环境优势产业升级换代及传统工业生态转型工程

清水河流域具有优越的光热、自然景观、历史人文等条件，发展生态农业、生态工业与以观光旅游为主的生态服务业得天独厚。针对清水河流域自然环境条件依存度高的一类产业，如现代农业、旅游业以及越来越受市场青睐的生态型房地产业等，可以根据市场需求和自然条件及时升级换代，进一步优化农业产业结构和布局，提升生态工业与生态服务业产品的质量，以生态和谐为理念，提升与发展生态产业，把环境资源优势转化为产业发展优势。通过生态设计、清洁生产等技术手段，对相关的产业按照生态工业的要求进行改造、重组，加强企业之间的上下游协作，延长产业链，推动污染产业的换代升级，使传统产业的发展实现环境效益、经济效益和社会效益“三赢”目标。

2. 资源型加工业集约化发展工程

清水河流域农产品资源丰富，但产业链条短，农产品加工业发展落后，为此可引进发展技术含量高、高度集约化、污染可有效控制的现代资

① 杨莉华，马文斌:《乌江流域生态产业体系构建与发展对策研究》,《中共郑州市委党校学报》2013 年第 4 期,第 93~96 页。

源型加工业，通过充分发挥自然资源优势，发展能迅速提高区域经济总量、污染可控制在规定限度和范围内，通过高新技术产业链条的产业群，实现集约化发展。

3. 新兴产业孵化培育工程

新兴技术产业有别于传统产业，具有技术含量高、经济效益好、市场前景看好、处于发展初期的特点。由于本身所具有的这些特征，新兴产业需要进行孵化才能成长和壮大，如制药、生物等。重点推动发展以咨询、信息、产业孵化、研究开发、环保产业等为主的经济服务业；以传统第三产业、培训等为主的人文服务业；结合生态移民迁出区生态修复工程，以土地、水体、空气等生态环境恢复和维护产业为主的自然生态服务业。

（二）打通“农工商一体化”产业链条

清水河城镇产业带以农业发展为龙头，以水资源为导向，坚持生态优先、严守底线的原则，采取“大范围保护、小面积开发”的方式，并根据资源条件和环境容量选择产业类型和发展方向，科学安排生态、生产、生活空间，促进产业、城镇、人口向河谷川道地区聚集，在公路、国家铁路网基础设施建设方面，特别是在区域水权转换、大型廊道建设、道路连通等方面，实施林下经济、生态庄园以及沿线各项生态修复、保护、基础设施配套建设工程，形成与沿黄城市带的“以工业为龙头，大力发展服务业”的互补协同关系。两带紧密联系相互协作，打通清水河产业带“农工商一体化”的产业链条，带动区域经济社会协调发展。

1. 建设农产品深加工运营设施体系

清水河地区大部分属于集中连片特殊困难地区，且以农业生产为主，因此要立足于当地特色资源，以特色农业生产为龙头，积极扶持、引导和鼓励一批龙头企业到贫困地区建设生产基地，实行“公司 + 基地 + 农户”“家庭农场”等模式，建立与贫困农户对接机制。财政资金可以“以奖代补”重点支持信誉良好的民营企业运营重点物流园区基础设施建设，完善农产品产地市场建设，加快建设农产品冷链设施体系。另外依托高校、科研院所及政府进行技术开发和指导，面向以公司为媒介的加工增值环节与直接消费市场两大消费层面，以实时的科技和市场信号引导农产品产供销过程，实现农产品深加工运营体系现代化。

2. 引导特色农业提质增效

清水河地区农业基础优势明显，二产、三产发展潜力大。按照“一县一业”的产业分工，明确各县区农业主导产业，以县区为单位规划农业集中示范区，重点推广各县区主导产业类型的规模化种植养殖、示范节水农业和设施农业技术，配套建设农产品育苗育种、加工、营销、供应配送、研发和质检中心，培育县区食品加工龙头企业，实现特色农业提质增效。

3. 开发清水河生态旅游带，推动文化产业创新发展

清水河产业带，在进行文化开发过程中，要坚持理性开发，强调“开发中保护”的可持续发展战略。明确文化产业过程中创新什么、保护什么、尊重什么、倡导什么。形成以文化营销推动文化产业的市场品牌的生态互动效应。发挥清水河流域的自然和人文资源的生态链优势，积极构建旅游创意产业的生态链结构。充分发挥红色文化等地区独有的优势，结合独特的自然景观，通过打造旅游产业，大力推进文化产业扶贫示范区建设。强调整体观念，发挥整体优势，把清水河流域旅游资源开发作为一个整体进行可持续发展的统一规划，开发清水河生态旅游带，注重旅游创意产业的发展。

（三）营造水资源可持续开发利用的良好环境

清水河流域是典型的资源性缺水区，水资源供需矛盾十分突出。搞好水资源的规划与管理、充分挖掘地表水和地下水潜力、大力发展和推广节水农业、提高工业用水重复使用率是搞好清水河流域水资源的开发利用的

有效途径[①]。

1. 成立清水河管委会，调配城镇及行业用水

成立清水河管委会，直接负责清水河流域的水资源管理与规划利用。在研究清水河流域水资源承载力的基础上，严格实施水资源供需核算，科学调配城镇与行业的用水量，有效控制水资源的滥用超采、水质污染与环境恶化等问题，积极推广污水处理技术与再利用，全面提高水资源利用率。

2. 加大地表水的开发力度，大力推广高效节水技术

实施清水河流域拦蓄工程，改造、新建水库，最大程度地拦蓄有效降水，进一步开发清水河流域地表水的利用潜力。在水库蓄水的前提下，加大喷灌、滴灌等节水型农业的政策支持力度，鼓励农业龙头企业推广节水技术、平整土地、开发节水型优良品种，调整种植结构，提高农田土壤水分利用效率。

3. 提高民众的生态保护和节水意识

组织专家学者开展清水河流域利益相关者生态行为专项调查研究，通过分析利益相关者的生态行为特征，有针对性地制定宣传和舆论监督制度，使节约水资源和保护水环境变成社会成员的自觉行动；在清水河流域各农业示范区，树立示范区及清水河产业带标识标牌，加大宣传力度，树立营造水资源可持续开发利用的良好环境。

① 常文哲:《清水河流域水资源利用现状及对策》,《甘肃科技》2005 年第 12 期,第 17~18 页。

宁夏实施乡村振兴战略的政策建议

田晓娟

党的十九大报告首次提出，实施乡村振兴战略。农业、农村、农民问题是关系国计民生的根本性问题，必须始终把解决好“三农”问题作为全党工作的重中之重。要坚持农业、农村优先发展，按照“产业兴旺、生态宜居、乡风文明、治理有效、生活富裕”的总要求，建立健全城乡融合发展体制机制和政策体系，加快推进农业、农村现代化。乡村振兴战略是立体式全方位的，是有关农业、农村、农民三位一体的重大发展战略，是继我国提出“社会主义新农村”之后又一个解决“三农”问题的重大战略，是新时期社会主义新农村建设的指引，是落实新发展理念的重大举措，具有划时代的里程碑式的意义。

一、宁夏实施振兴乡村战略需要把握的几个问题

（一）总要求和落脚点不同

2005年10月11日，党的十六届五中全会通过《中共中央关于制定国民经济和社会发展第十一个五年规划的建议》，提出了建设社会主义新农

作者简介：田晓娟，宁夏社会科学院综合经济所助理研究员，主要研究方向为区域经济史。

村的20字要求："生产发展、生活宽裕、乡风文明、村容整洁、管理民主。"党的十九大提出了乡村振兴战略，其要求是"产业兴旺、生态宜居、乡风文明、治理有效、生活富裕"，是对新农村建设的发展与超越。两相对照，有四句话不一样。乡村振兴战略的总要求是农业、农村发展到新的阶段，对农业、农村、农民提出了更新、更高的要求。再者，落脚点不同，党的十九大将"生活富裕"作为乡村振兴的落脚点，认为乡村振兴，关键在人，其着力点就是要调动亿万农民的积极性、主动性和创造性。这个战略的实施将会为宁夏农业、农村的发展注入强大的动力和活力。

（二）土地承包关系延长30年

习近平总书记在党的十九大报告中明确提出："保持土地承包关系稳定并长久不变，第二轮土地承包到期后再延长30年。"事实上，党的十七届三中全会和十八届三中全会都曾提出，土地承包关系要长久不变，但长久不变的具体政策一直没出来，关于土地2028年承包到期后该怎么办的各种讨论很多。中国社会科学院农村发展研究所研究员李国祥认为，党的十九大报告对土地承包关系的定调，即第二轮土地承包到期后再延长30年，保持了现有制度的稳定和延续性，有利于保障农民权益，给亿万农民吃了定心丸；同时促进农村土地市场有序流转，稳定了农业投资者的信心。

（三）城乡统筹与城乡融合不同

党的十九大报告提出要建立健全城乡融合发展体制机制和政策体系。中共十六大提出"城乡统筹"，城乡统筹没有解决城市与乡村两个空间平等发展的问题，农民没有利用土地等资源充分发展经济，平等参与工业化、城市化的权利，农村自身产业窄化，其结果是用城市去统农村，并没有改变城市繁荣、农村衰败的局面。而党的十九大提出的"城乡融合"，其核心是城市和乡村文化共存共荣、相互依赖需求。"建立健全城乡融合发展体制机制"，要解决的就是政府在"统"方面太强，市场作用偏弱，要打破政府单一主体，打破城乡二元体制、发展农村要素市场。事实上，“建立健全城乡融合发展体制机制”，主要体现了政府主导下“以城统乡”思路的转变，城市和农村的发展从来都是互相促进的，城市和农村从来都是互相联系的，城市和农村是命运共同体。

更重要的是，通过实施乡村振兴战略，将工业现代化和农业现代化同步推进，让城镇化发展和村镇化发展更加协调，能够实现更多的资源双向流动，形成更好的城乡良性互动，促使农村跟城市一样美好，推动城乡同步迈向现代化。所以，乡村振兴战略实际上是立体式的、全方位的重大发展战略，是从更高的站位、更广的视角，把“三农”工作放在了与城镇化、工业化、现代化建设同等重要的位置。

二、宁夏实施乡村振兴战略的困境和路径

改革开放40年来，宁夏农业农村经济取得了显著成就，特别是粮食生产实现“十三连丰”，农民增收实现“十三连增”。特色优势产业集聚度提高，提质增效明显，农产品优质率大幅提高，宁夏特色优势农业产值占比达86.5%，农业机械化综合水平和农产品加工转化率分别达到71%和62%。但也存在不少问题，如农村成为老人、妇女和儿童的留守家园，农业经济规模难以扩大，农村出现衰退状态。事实上，乡村衰退已成为全球共同面临的挑战。包括发达国家在内，城市和乡村的差距都在扩大。城镇化要不断吸纳和解决大量农村劳动力转移进城，其已经成为引领经济社会发展的强大动力，农业、农村现代化如何走出困境，这是摆在党委、政府面前的当务之急。宁夏实施乡村振兴战略的困境突出表现在以下几方面：

（一）农业资源环境约束加剧

农业基础条件薄弱，宁夏农田2/3是中低产田；人均可利用水资源量仅为全国平均水平的1/3，农业种植结构不合理，高耗水作物比重较大，农田灌溉水有效利用系数仅为0.48，低于全国平均水平6个百分点；各地

“占补平衡”同量不同质，耕地质量整体呈现下降趋势；农药、化肥使用效率在35%以下，农作物秸秆、畜禽粪污资源化利用率不高，农业面源污染比较严重。全区多种形式的农业适度规模经营面积仅占29.8%；养殖规模化水平仅为53%。随着农村青壮年劳动力大规模向城镇和非农产业转移，关键农时缺人手、现代农业缺人才、新农村建设缺人力问题日趋突出。

（二）农村一二三产业融合松散

长期以来，宁夏农村一二三产业融合松散，农产品生产、加工、流通、消费脱节严重，农业产业链条短，附加值不高。一是农产品加工业发展滞后。宁夏农产品加工产值与农业总产值的比重低于全国2∶1的平均水平。农产品加工企业生产规模小、深加工能力弱，缺乏知名品牌和优势龙头企业带动，宁夏年销售收入10亿元以上的企业只有8家，主要农产品加工转化率60%，低于全国平均水平4个百分点。大部分农产品缺乏稳定的高端目标市场。二是农业产业化规模经营水平较低，宁夏耕地规模化经营面积仅占17.9%，养殖规模化不足50%。农村土地流转面积296万亩，占家庭承包经营耕地面积的26.7%，同期浙江省农村土地流转面积占承包耕地面积50.1%。

（三）新型农业经营主体成长缓慢，农业多种功能发挥作用不明显

一是新型农业经营组织发育缓慢，有带动能力的新型经营主体还很少，一些新型经营主体有名无实，还有一些新型经营主体成长慢、创新能力较差，不具备开发新业态、新产品、新模式和新产业的能力，对产业融合的带动能力不强。二是农村网络通信、仓储物流等互联互通的基础设施和高效的公共服务仍然落后，农村内部以及农村与城镇间互联互通水平还较低。三是农村电子商务、休闲农业、乡村旅游等农业多种功能尚处于起步阶段。

（四）农业科技创新不够

目前，宁夏支撑农产品发展的科技创新和新技术储备不足，应用落

后，良种工程及技术推广体系还不完善，一些农产品品种混杂、品质退化、质量下降，一些制约产业发展的关键技术环节亟待解决。“十二五”末，宁夏农业科技贡献率 57%，而同期上海、天津分别为 70%和 60%，北京、黑龙江在 2012 年就达到了 69%和 70%。

（五）主要农产品效益不高

“十二五”以来，宁夏主要粮食作物生产成本年均增长超过 10%；宁夏玉米、马铃薯、小麦亩均纯收益均比 2010 年下降了 10%以上。牛肉、羊肉和牛奶等成本高于国际市场 50%。2017 年以来，玉米等价格走低，中澳、中新自贸协定生效履行，养殖业和葡萄酒等产业遭受较大冲击，保增产保增收的空间越来越小。人民群众对农产品多样化的需求和质量安全的要求越来越高，保供给保安全的压力增大。

（六）全面建成小康社会任务艰巨

从农民收入总体水平来看，宁夏农村居民人均可支配收入比全国平均水平低 2203 元；山川之间差距超过 4000 元，城乡收入差距在 2.7 倍以上；中南部地区农村居民人均可支配收入 6818 元，与全区平均水平 9119 元相比还差 2301 元；宁夏建档立卡贫困村仍有 800 个，建档立卡贫困人口占全区农业总人口的 17.4%。从农民收入构成来看，工资性收入逐渐成为农民增收的主力，占总收入 39.6%，但增速逐年放缓，较“十一五”期间的平均增速 20.6%下降了 6.8 个百分点；家庭经营性收入仍然是农民收入主要来源，占总收入 42.1%，但较“十一五”末下降 8.8 个百分点；财产性和转移性收入快速增长，但所占份额较小，两项之和仅占总收入 18.3%。

按照党的十九大报告提出的乡村振兴战略，宁夏实施乡村振兴战略的路径有五：一是改善乡村基础设施条件。进一步完善乡村交通、水利、能源、通信和生态环保等设施。二是以深入推进农业供给侧结构性改革为主线，重点发展特色酿酒葡萄和枸杞等特色农业、特色农产品精深加工、乡村旅游和农村电商。三是进一步促进农村一二三产深度融合，提高农业综合附加值。四是培育新型农业经营服务主体。重点是提高农村居民收入，使农民收入结构更加均衡、更加稳定。五是建立城乡要素双向流动机制，进一步缩小城乡公共服务上的差距。深入贯彻以人民为中心的发展思想，推动教育、医疗、文化、水利、社保等基本公共服务资源向农村倾斜，推动公共服务均等化。

三、实施乡村振兴战略的政策建议

（一）加大农业基础设施建设

从根本上破解农业资源环境的制约，促进农业绿色发展。一是实施最严格的耕地保护制度，坚守耕地红线，严格划定永久性基本农田，实施有效保护。二是大力实施农村土地整治，推进耕地数量、质量、生态“三位一体”保护。三是落实和完善耕地占补平衡制度，严格控制农村集体建设用地规模，完善耕地保护补偿机制。四是开展耕地质量保护与提升行动，增加耕地质量建设投入，加大高标准农田建设、扬黄灌区续建配套、中低产田改造、银北盐碱地改良等建设力度。五是大力提高农业资源的利用效率，降低农业资源消耗和面源污染风险，提高宁夏可持续发展能力。

（二）大力培育一二三产业融合的农业龙头企业，带动农村产业发展

一是以全产业链构建为重点，建设一批农村一二三产业先导区，积极探索产业纵向型融合、多元服务型融合、产业聚集型融合、多种功能型融合等融合发展模式，不断壮大产业集群。二是以规模化种养基地为基础，依托农业产业化龙头企业带动，聚集现代生产要素，建设“生产 + 加工 + 科技”的现代农业产业园，发挥技术集成、产业融合、创业平台、核心辐射等功能作用。三是大力发展一村一品、村企互动的产销对接模式，创建农业产业化示范基地，推进原料生产、加工物流、营销服务一体化发展，促进产业链增值收益更多留在产地、留给农民。四是大力推进“互联网 +”农业发展。广泛应用物联网、云计算、大数据、移动互联等现代信息技

术，加快推进“互联网+”农业公共服务平台建设，全面提升农业信息化、服务便捷化和农业生产智能化水平。

（三）增强农产品供给，积极发展酿酒葡萄、枸杞等特色农业，形成品牌化经营

一是以市场需求为导向，以提质增效、增强产品竞争力和品牌影响力为核心，以科技与机制创新为动力，着力构建葡萄酒、枸杞等特色产业体系、生产体系和经营体系。重点坚持“小酒庄、大产区”发展模式，积极打造宁夏贺兰山东麓葡萄酒产区品牌，企业培育酒庄品牌，以产区品牌为依托，实施多酒庄品牌战略。二是着力推动枸杞种植环节绿色化、基地建设标准化、链条拓展生态化、加工转化高值化、机械应用现代化、营销流通网络化、市场竞争国际化、助农增收长效化，走“一特三高”的发展路子，打响“中国枸杞”第一品牌，打造全国高端枸杞之都。三是大力实施农业品牌战略，发挥中国“枸杞之乡、滩羊之乡、甘草之乡、硒砂瓜之乡、马铃薯之乡”品牌优势，鼓励各类生产经营主体积极申报“三品一标”认证，争创中国驰名商标、名牌产品，倾力打造和提升宁夏“原字号”“老字号”“宁字号”特色农产品品牌。

（四）大力培育新型农业经营主体，促进农业产业化联合体发展

近日，农业部牵头六部门联合印发了《关于促进农业产业化联合体发展的指导意见》，指出当前我国农业农村发展进入新阶段。各地顺应新型农业经营主体蓬勃发展的新形势新要求，探索发展农业产业化联合体。农业产业化联合体是龙头企业、农民合作社和家庭农场等新型农业经营主体以分工协作为前提，以规模经营为依托，以利益联结为纽带的一体化农业经营组织联盟。一是加快培育新型农业经营组织的发展，鼓励和支持家庭农场、专业合作社、协会、龙头企业、农业社会化服务组织，开展代耕代种、联耕联种、土地托管等专业化规模化服务。鼓励支持新型经营主体探索产业融合模式，创新商业模式，开展农产品精深加工、培育知名品牌。

在项目资金、基础设施保障、工商登记、品牌认证、融资租赁、税费政策等方面给予新型经营主体优惠政策。二是实施农业人才高地创建计划，加快重点产业、科技领军人才培养。鼓励引导有技能和经营能力的农民工创办家庭农场、领办农民合作社，创立农产品加工、营销企业和农业社会化服务组织。多渠道、多方式加大农村实用人才带头人、现代青年农场主和新型经营主体带头人培训力度，依托国家基层农技推广服务体系改革与建设补助项目、新型职业农民培育工程，在特色产业集中区、现代农业示范区、规模化养殖场布点建设农民田间学校，用3~5年的时间培养造就一批现代农业建设的骨干力量。

（五）加强金融创新和科技创新双轮驱动，服务“三农”经济

一是加强金融创新能力。金融是支持农业现代化建设的关键一环，要逐步扩大农村金融服务规模和覆盖面，加快创新农村金融服务模式，全面提升农村金融服务水平，加快建立多层次、广覆盖、可持续、竞争适度、风险可控的现代农村金融体系。强化激励约束机制，落实涉农贷款增量奖励政策，鼓励支持涉农金融机构立足县域，创新开发金融产品，加大服务“三农”，确保“三农”贷款投放持续增长，解决农业农村发展融资难的问题。如以县为单位，创新农村金融产品的担保抵押，推广农村土地承包经营权抵押贷款和农村住房财产权抵押贷款等新模式。二是推进科技创新能力。科技创新也是服务“三农”的重要推手。大数据技术能够有效缓解信息不对称的问题，且数字技术的发展无疑为银行业服务乡村振兴战略铺平了道路。

（六）学习武汉“三乡工程”，推动公共服务均等化

一是学习武汉“三乡工程”。党的十九大提出乡村振兴战略，关键在于人。武汉“三乡工程”是指市民下乡、能人回乡、企业兴乡。宁夏也可以学习这项工程，这一工程能为农村带去资本、新的思想观念，给农民致富带来新的增长红利，有效助推宁夏农业供给侧结构性改革。二是增加对

交通、水利、医疗、教育、文化等投入，结合美丽乡村、全域旅游等建设，开展新农村建设，推动公共服务均等化。

（七）以脱贫攻坚为抓手，深化乡村振兴战略

将乡村振兴战略与脱贫攻坚工作结合起来。一是发展特色产业脱贫。将精准扶贫与提升特色优势产业有机结合，充分挖掘资源禀赋潜力，加大产业培育、技能培训，不断探索增收渠道，增强产业扶贫“造血”能力。对建档立卡贫困人口中具有劳动能力可以通过发展生产脱贫的 30 万人，采取差别化、针对性措施，通过扶持产业发展实现 30 万人脱贫致富。二是生态保护脱贫。加大退耕还林还草、天然林保护、防护林建设、防沙治沙、水土保持、小流域综合治理等重大生态工程实施力度，提高贫困人口参与度和受益水平，实现 1 万人脱贫致富。三是发展旅游脱贫。实施乡村旅游精准扶贫，建设乡村旅游扶贫试点村和旅游富民工程示范村。加强旅游扶贫村镇和旅游特色村镇的电力、饮水、垃圾污水处理设施和通信网络等公共服务设施建设，加强环境整治和景观设计，营造更加健康、舒适的乡村旅游环境，打造与乡村风情相一致的全景化乡村旅游目的地。以旅游基础设施建设带动乡村旅游发展，以旅游发展提高乡村居民生活质量。

（八）以美丽乡村、特色小镇为载体，加快乡村振兴进程

特色小镇、田园综合体、美丽乡村建设在乡村振兴战略下应整合发展。乡村振兴需要一个强有力的龙头和载体，把乡村优美环境、人文风俗、历史文化、特色资源等在空间上进行集中和集聚，推动特色优势产业发展，打造独具特色美丽乡村和特色小镇承载产业与人口，吸引城市资源要素的流入，承接城市消费的外溢，把小镇融合到乡村中，符合当前中央有关美丽乡村、特色小镇发展理念，也从根本上增强了乡村的内生发展能力。

（九）深化农村产权制度改革，确保农村实现全面小康

一是扩大农村产权确权登记颁证范围，结合空间规划（多规合一）改

革试点，全面完成土地承包经营权确权登记颁证工作，开展草原与承包土地流转经营权、农村“四荒”地使用权、水域滩涂养殖经营权、农业生产设施设备所有权等农村可抵押产权的确权登记颁证试点工作。二是扩大农村产权流转交易市场建设，开展农村集体资产股份权能改革试点。三是在平罗等有条件的县（区），引导在城市有稳定住所和就业的农户自愿有偿永久退出土地承包经营权、宅基地使用权和房屋所有权。开展土地股份合作和经营性资金投改股试点，扩大农村土地承包经营权抵押贷款试点，增强集体经济发展活力和实力。

（十）加强党的基层工作，有效推进农业、农村各项工作

党的十九大报告强调，加强农村基层基础工作，健全自治、法治、德治相结合的乡村治理体系。党的基层组织是确保党的路线方针政策和决策部署贯彻落实的基础。在实施乡村振兴战略的过程中，一定要发挥好基层党组织的战斗堡垒作用，体现出党的创造力、凝聚力、战斗力和领导力，才能有效推进农业农村各项工作，才能有效提高人民的思想觉悟、道德水准、文明素养，才能健全自治、法治、德治相结合的乡村治理体系。

宁夏传统村落保护研究

薛正昌

传统村落建筑，是民俗地理学、文化地理学的重要分支，它涉及主要居住类型、空间分布规律等，包括与地理环境的深层关系。通常，我国分为东北、华北、华中、华南、西北、西南、青藏等7个民俗地理区，就村落文化而言，七大区域之间的分布规律与建筑类型不同，即使相同区域的分布与类型亦有差异，地理环境使然，尤其是居住民俗地理。村落文化的形成与发展经历了一个漫长的历史阶段，它是随着社会生产力的发展和人类文明进步相伴随而来的，由洞穴居、穴居、半穴居进化到地面居，便逐渐有了村落。西安半坡遗址、甘肃秦安大地湾遗址、宁夏菜园遗址，都是西北地区人类早期经历过的居住典型。由于黄土高原特殊的地理环境和作用，穴居的形式一直延续到现在，这就是黄土高原上的窑洞。总体上看，我国幅员辽阔，东西南北自然地理环境差异较大，社会环境变迁亦复杂多样，成就了多种多样的建筑样式和多种多样的民俗居住类型；村落布局，同样受自然环境的影响。

作者简介：薛正昌，宁夏社会科学院历史研究所原所长，研究员，主要从事宁夏地方历史文化、传统村落研究等。

近年，国家对村落文化的保护十分重视，有不少保护完好、文化内涵丰富的村落已进入国家名村保护名录。近两年，笔者对宁夏村落现状做了相对完整的考察调研，有了一定程度的了解。本文仅是在考察与追溯传统村落的基础上，对宁夏村落文化做了宏观上的梳理，并与周边村落做了比较，目的是便于今后做相对深入的研究。在党的十九大报告中，习总书记提出加快生态文明体制改革，号召建设“美丽中国”。在这一过程中，村落文化研究应成为其重要抓手，牢固树立“千年大计”观念，坚持“社会主义生态文明观”，做好“空间格局”的规划与设计，落实“青山绿水，金山银川”的奋斗目标。

一、村落居住形式

在地理方位上，宁夏靠近关中地区，尤其是宁夏南部固原，气候与自然环境不同于北部，受大六盘山生态圈的影响，降水与气温同北部有差异，使得宁夏南北村落建筑样式、村落布局不完全相同。历史上宁夏的民居建筑，除了窑洞之外，就是木梁架构加土墙的建筑形式。普通民居砖瓦与木结构建筑的结合和应运是在明代以后，而且持续的时间相当长。宁夏传统村落居住形式，就其类型看：

第一，是传统的窑洞。窑洞居住分布较为广泛，但大致环绕在黄土高原及其边缘。山西部分地区、陕西北部、甘肃庆阳地区、河南西部、宁夏南部都有分布，这些地方是世界上黄土分布面积最大、覆盖最深的黄土高原，它被众多的深壑切割得支离破碎，但被切割的沟谷崖面却为窑洞的挖掘提供了方便。固原位于六盘山下的黄土高原上，黄土地为早期先民窑洞的开凿提供了天然条件，人类早期的生存与居住得益于窑洞。窑洞修建的过程，就地取材，经济实惠，而且冬暖夏凉。海原县新石器时代晚期的菜园遗址，已是先民们窑洞或半地穴式居住的形式。在黄土高原上，千百年来人们一直保留着这种原始穴居的居住方式。时至今日，窑洞仍是人们居住的形式之一，生命力依旧鲜活。

根据目前的考察看，窑洞分三种类型：

一是崖窑。窑洞是早期宁夏南部主要的居住形式之一。崖窑选址，多利用黄土地上沟谷崖畔的空间，既避开沟谷，又要考虑沟谷取水，还要有足够厚的黄土层利于窑洞开挖。先民充分利用这种自然地理形成的山体开挖窑洞，既节省人力，也可防水患。崖窑是最为普通的一种开挖样式。

二是地坑窑。地坑窑有两种，一种是从平地挖下去一个院落大小的空间，大约两丈深，之后在这个地坑院的崖面上再挖窑洞。由地坑到地面，再挖一个斜坡道，装好大门，成为出行的通道。地坑院落中心或某个位置挖一个圆坑，下雨后的雨水收在这里。另一种类似于崖窑，也在沟谷坡畔的边上，但处理形式与前一种地坑一样，由斜坡通道挖进去形成院落，再挖窑洞，修成地坑院窑，雨天积水可直接流入沟谷。这种地坑开挖较省力省工，挖出的土转手倒入沟谷。

三是箍窑。箍窑没有山体可以凭借，就平地而修建。窑的两面墙体用传统的干打垒（版筑墙）的形式完成，窑顶拱形部分所用材料，是由传统的人工夯筑而成的长方形土块，名为“胡基”（“胡基”的得名还得研究），即土坯。它的制作过程是由一个坚硬木质（榆木或杏木）材料制成的模子来完成的。模子后档是可以开合的，地面铺一块平整的石板，模子平置在石板上，用潮湿的黄土填入模子，再以石杵夯筑而成，“胡基”长约一尺，宽约六寸，厚约两寸。箍窑用的是“胡基”和麦草泥巴。泥巴与长长的麦草融在一起，叫作“杂筋”，它有一种特殊的拉力和凝结的作用，类似于水泥中的钢筋。箍窑的过程中，有一个木制的拱形架子支撑刚刚砌上去的“胡基”，其原理类似于石拱桥上拱形的撑力。当“胡基”与泥巴融在一起，产生胶合作用之后，这个架子再前移。箍窑，就是这样一圈一圈箍起来的。《固原县方言志》里称，就是“用土坯箍成的窑”。此外，还有一种“水胡基”，是用水将黄土和成泥巴，再放置到模子里成型，它比“土胡基”费功，但干后非常结实。这些劳动过程现在已经看不到了。宁夏南部的民居窑洞也是一大文化资源。

窑洞是黄土高原上一大历史悠久的居住景观。窑洞民居在宁夏还未列入保护范围，也没有引起足够的重视，但从历史文化的视角看，是应该高度重视的。民居是一种历史传承，也是一种悠久的文化现象，更是一种社会变迁现象。中国是一个传统民居多类型的国家，宁夏南北地貌不同，民居也呈现不同建筑样式。地处南部黄土高原边缘的固原，窑洞建筑文化独具特色，历史极为悠久。作为文化的重要载体——窑洞文化，是最为古老的民居文化。现在，宁夏南部的一些地方仍保留有漂亮的窑洞。在外国人的眼里，窑洞是非常神奇的建筑样式，我们应该保护和传承窑洞文化，作为物质文化保护的重要内容之一。

由窑洞文化引申开去，对建筑文化的保护应该凸显地域特色，应该学习别人对待传统建筑文化的经验，要遵守自然法则，要将建筑文化的设计完全融合于自然，不要千城一面、千村一面。在北欧，无论是现代建筑，还是古建筑，都讲究建筑物与周边环境的搭配和协调，与周边环境的结合，并注重城市文脉的继承，留下历史印记，这一点至关重要。窑洞文化，就是民居传统文脉的传承。

第二，是传统的房屋建筑，这种建筑样式里包含几种建筑形式。汉唐以前的黄河中上游，气候湿润，森林茂密，覆盖着深厚的黄土；水资源丰富，滋润着充沛的雨水。六盘山下的朝那湫是当时著名的湖泊。这种自然地理环境，影响着人们的衣食住行。《汉书·地理志》记载：天水、陇西“山多树木，民以板为室屋”。安定郡所在的固原，房屋修造大致是同样的习俗。从传承的遗风看，由于南北自然地理环境的不同，宁夏南北房屋的修建样式也不一样。

一类是人字梁建筑。从文化背景看，固原靠近关中，属秦文化的亚文化区。从地理环境看，处在六盘山东西，雨水偏多，气候相对湿润。反映在房屋修建上，屋顶坡度较陡，利于屋顶流水。固原的房屋修建有两种样式，一种是人字梁式，当地人称其为“安架房”或“架子房”。《固原县方言志》称“有人字梁的房”①。这种建筑样式的房子，两根大梁三开间，大梁（又名担子）是竖着平置，有立柱（也叫土柱）在墙里支撑着大梁；檩条横着摆放，椽子与大梁一个方向，是竖着出檐。同样是人字梁式安架房，所用材质也不一样。简陋一点的大梁为当地特有的杨木，椽子也是杨木；讲究一点，大梁是松木，椽子是杨木；最讲究的大梁是松木，椽子也是松木，通常称为“一松到顶”，这就是最好的房子。人字梁斜坡的处理，有的是两道檩，有的是三道檩，最上面的一道名脊檩。门窗造型也不一样，有简单与复杂之别。建造样式，通常为三开间，四门八窗；再讲究一点的是中间一间向里收缩，左右两间向前凸出，成为一个“凹”字形，外围有回廊。这种样式名为“深门浅窗”，家境殷实的人家才有这个条件，现在已很少能看到这种建筑样式。

另一类为斜坡式，或叫一面坡，也叫拱木房。这种房子修建比较简单，修建工序正好与安架房相反，檩条是竖着放，椽子是横着摆，没有三间或两间的要求，与家境有关，通常以三间为多。这种房子后墙高，一面坡到顶，雨水从一坡流。门窗也没有安架房那样讲究，看上去很简单。过去的乡村，一面坡的房子为多数。

第三，是北部的平顶房。宁夏北部，即中部干旱带以北，地理环境与南部逐渐有了差异。黄河穿宁夏平原而过，贺兰山与黄河共同造就了宁夏平原名扬天下的绿洲。但由于宁夏平原外围被腾格里沙漠、巴丹吉林沙漠、库布其沙漠、毛乌素沙漠相环绕，植被较差，干旱少雨，尤其明代军屯无限制地开垦与抛荒，致使黄河以东沙漠化严重。这样的环境同样影响着人们的衣食住行，以住房为例，多居住平顶房，而且简易，以土坯平房

---

① 杨子仪，马学恭:《固原县方言志》，宁夏人民出版社，1990 年，第 196 页。

居多。这里的平顶房修建的基础用料也是就地取材。具体做法是：麦收以后浇水浸泡地表，稍干即用石碾碾压并使其平整，将麦茬融入泥土中，以增加纤维拉力。之后，用一种特制的平板锹分割成长约30厘米、宽约20厘米、厚约15厘米的土坯（当地人称为“垡垃”），一块一块取出来晾晒，透干后即可作为盖房子的基本材料。宁夏平原被黄河灌溉，地表有条件储存水源，人工就地取材，方便形成这种半天然状的修建房屋的用料，其实用价值等同于南部固原的“胡基”，但比“胡基”相对省事。现在，已经很少能看到了，砖头替代了“垡垃”。

实际上，北部平顶房，除气候与环境因素、居住习俗之外，也有经济因素的影响。吴忠市利通区东塔寺乡马月坡寨子就是例证。它是民国时期吴忠回族工商实业家马月坡（1900—1969）修建的私宅，始建于20世纪20年代初期，完工于20世纪30年代。寨内原建筑布局分前后两院，后院又分为东、中、西三院。3个院落是一字排开，均坐北朝南，共有房屋60余间。整个建筑样式，包括高度、用料、工艺等是完全不一样的。

从保存下来的建筑看，堂屋和厢房都是土木结构平顶式建筑，但用料讲究，建筑艺术得以展示在多个层面。廊檐是青砖雕刻，主要雕有磬、剑、戟、棋、花篮、笏板等图案，垂檐以及门窗和院内墙面均为精美的木雕和砖雕，主要图案有五福捧寿、梅、兰、竹、菊等，包括各类诸如缠枝莲花、对头如意等，多采用镂空、浮雕、浅刻等手法。马月坡三合院的装饰艺术集中体现在房屋前檐和走廊的砖雕与木刻工艺上。砖雕工艺精湛，木刻技法考究，是典型的西北回族建筑与传统建筑文化相结合，具有浓郁的地域特色和民族特色。同时，它也吸收了我国南北建筑风格。如檐下走廊立柱上的斜撑拱就是南方建筑艺术的风格，斜撑拱上雕刻有吉祥鸟之类图案造型，亦十分难得。这是目前宁夏北部平顶房建筑物遗存时间最长、建筑规模最大、装饰工艺最为华丽、保存最为完整的平顶房的典型代表。

宁夏中部地区，同心、盐池、海原以北，中宁长山头以南这个空间里，平顶房与人字梁房建筑样式都有，但仍以平顶房为主，多在干旱地区。近二三十年间，随着大量移民搬迁，南部乡村居住文化也融入这一带，房屋修建出现了人字梁样式。人的流动过程伴随着文化的交融，这也是房屋修建样式变化的深层因素。

第四，是高房子。这是西北地区村落常见的一种建筑形式，宁夏中南部地区较普遍。传统干打垒四合院子，院墙的西南角或东南角的位置大多是高房子的位置。《固原县方言志》里称"窑顶上的房子或建在围墙拐角处的房子"，名为高房子。围墙就是传统干打垒院落。高房子，顾名思义就是这个院落的最高建筑。通常，高房子下面是两孔相连的窑洞，空间包括窑洞墙基仅十余平方米。窑洞箍好后，窑顶部垫成平面，大约与院墙高度齐平。窑洞就是高房子的地基，人字梁形的高房子就盖在这个地基上。除正面的门窗外，左右山墙两面也有窗户，比较讲究者，窗户或为圆形或六角形，再加上高出院落两米多的空间，为主人提供了多角度方便处，可以瞭望院墙以外较远的地方。这是高房子的特殊功能，也是一种造型别致的建筑。传统建筑高房子有瞭哨防盗的作用，现在已很难看到了。

总体上看，宁夏南北村落，除房屋建筑有差异外，院墙也有不一样处。南部村落，它是一个个大致相同的方形院落结构，即每家都是一个相对独立的空间。院墙是传统的干打垒。院墙的高度与院墙的厚度，是因主人的喜好而定的。院墙的某一个方向，开一个比较讲究的大门。大门关起来，就是一个封闭独立的小院。这种院落格局，除了它的安全性之外，也体现其封闭性。近二三十年间，传统干打垒式的院墙逐渐淡出人们的视野，旧有的被拆除，新修建房舍，或再不考虑院墙；或者以砖代替传统的干打垒式的土筑院墙。

中北部地区，很少有土筑的院墙。居住的形式也相对集中，是一个一个点的布局模式。这种村落的传承，可能与历史上移民屯田有关。同时，也与宁夏平原地理环境有关，土地金贵也是一个重要方面。

二、村落布局

村落布局是有历史依据和要求的，大到城池，小到村落。中国古代城址的选择，在考虑军事地理的同时，自然地理条件是必须要考虑的。管子说："凡立国都，非于大山之下，必于广川之上，高毋近旱而水用足，下毋近水而沟防省。"聚落的选择，同样是有条件的。"聚落建在丘阜之间，丘阜的源泉可充饮水，丘阜的树木可作燃料，附近河流泛滥之时，丘阜因其地势，可以免受洪水之灾；丘阜的南坡向阳，冬季有较好的小气候条件；而丘阜本身又是一个制高点，有利于攻守。"[①]人类早期村落选择的地理条件是村落布局的基本要求，一直影响着后人村落选取的理念。

宁夏南部固原村落居住布局主要分布在几条水系沿岸，如清水河、泾河、茹河、葫芦河等流域。清水河，发源于六盘山，北流汇入黄河，是连接宁夏南北的重要河流，也是历史上重要的大通道。发源于六盘山的泾水，向南汇入渭河，是通往关中的大通道。清水河、泾河两岸台地是重要的村落聚集地。西吉县境内的葫芦河流域、隆德县境内的好水川流域、泾源县境内的泾水流域、彭阳县境内的茹河与红河流域，包括清水河穿越的同心县，都是村落布局相对集中的地方。古人在长期的生活与生产实践过程中，学会了适应自然环境生存，只要是有水源的地方，就有村落存在。换言之，只要有较大河流穿越，河流两边台地不但有村落布局，而且有的地方还会逐渐形成城镇；有水源必定有村落出现。

北部宁夏平原是黄河流经的地方。黄河是中华文明的象征，也是宁夏人民的母亲河，她不但孕育了宁夏平原农业文明，也孕育并诞生了黄河沿岸的城市。中卫、中宁、青铜峡、吴忠、灵武、银川、贺兰、平罗、惠农、大武口如同城市群一样沿黄河带星罗棋布。黄河两岸的无数村落，就

① 陈桥驿:《中国古都研究》,《杭州师范学院学报》1994年第1期。

是沿黄河两岸的肥沃土地而有序布局的。宁夏平原的黄河灌溉，有主干渠，有支渠，如果把干渠看作是一条条河流水系的话，村落也是沿着这个水系布局的。

三、村落遗存现状

村落是一个传统的概念，一些遗存的建筑物就涵盖在村落里。考察得知，宁夏村落建筑遗存大致可分为四类。

第一类，百年以上的窑洞。宁夏的窑洞主要分布在彭阳、盐池、海原、同心等县，百年以上的窑洞主要集中在彭阳和盐池。这些古老窑洞分布在不同的村落，有的窑洞依旧完好，有少部分还在居住，大多成为堆放杂物的地方。

第二类，是百年以上的仍看得见的老建筑。同心清真大寺、纳家户清真大寺、泾源泾河镇余洋寺和马家寺，这不但是留存下来的古老的清真寺，也是村落文化里的老房子。隆德县奠安乡梁堡村城堡及其老房子，也属于此类，包括一些百年以上的老窑洞。

盐池县麻黄山镇管记掌、贺背洼一带窑洞相对集中，遗存窑洞有三层，窑址清晰，反映了这里人群的生存过程，也记载着窑洞挖掘的变迁。第一代窑洞，只留有窑址；第二代窑洞保存尚好，窑洞上的门窗、方格窗户基本保存完好，但大多已弃置不用，成为装杂物的地方；第三代窑洞全新，窑洞墙面大多为砖贴。近年生态移民，但仍有住户。彭阳县的一些地方大致也是这样。

第三类，50 年左右的老房子。这类老房子的建筑样式、所用材料与建筑工艺都是那个年代的风格和特点。其分布地域多在南部各县区，近数十年的移民搬迁，尤其是近年新农村建设，许多老房子都已不复存在。北部川区乡村，很少能看到 50 年左右的老房子。即使在南部山区，条件相对较好的原州区也很难看到这样原汁原味的房子。

第四类，是特殊的村落建筑群。特殊村落建筑群，涵盖着三层意思，一是地域的特殊，二是村落的形成，三是村落的建筑群，时间在50年左右。这样的建筑群在宁夏是凤毛麟角，中卫香山镇的南、北长滩，地理环境很特殊，它们依赖和利用黄河拐弯所形成的河滩，开垦创业，逐渐发展成为相对完整的村落，尤其是村落的居住形式构成了特殊的建筑群。南长滩空间较大，村落布局相对分散，但为了适应旅游发展，近年对老房子的改建力度较大，损坏了原有的建筑风貌。北长滩虽然空间较小，但房子建筑样式独特，村落构成很有特点，环黄河沿边河滩走向布局，更为重要的是老房子保存完整。南、北长滩的共同特点是黄河水滋润着这个特殊的空间，百年梨树、枣树遮天蔽日，不但带来经济效益，而且成为村落的景观，要加大保护力度。

据北京大学旅游规划与研究中心提供的数据，在过去的十几年里，每天大约有300个自然村落在消失，2000年至今，中国的自然村落由363万个逐渐锐减至260万个，乡村老宅的消失更难以计数。[①]古村落现状，令人甚为担忧。近二三十年间，伴随着移民、新农村建设、城镇化过程，再加上工业文明的推进，村落建筑发生着很大变化。村落院墙或者被砖替代，或者只有房子，没有院墙。房子的传统建筑样式，或者是人字梁房子，或者是水泥盖板式的平房；房子大梁多被钢架构取代，已不是传统意义上的木质大梁，部分门窗用料已被铝合金替代，建筑样式基本呈千篇一律、千人一面之状。

窑洞式村落也在发生变化。变化的背景主要是生态移民，彭阳县、原州区东部、盐池县靠近甘肃镇原的麻黄山一带，人迁出去后留下的崖窑遗址不多，大都推为平地。十年前，厉以宁先生在固原的一次报告会上，讲到宁夏南部的窑洞可以保护下来，比较完整的可以作为独特旅游

① 付鑫鑫:《最后的守望》,《文汇报》2016年6月15日。

资源。传统的平地上的箍窑，偶尔还能看到，但都是几十年前的遗物，早已不住人家，成为荒凉的废墟。现在，已经再没有这种箍窑了，技艺成为历史。地坑式窑洞，在彭阳的个别乡镇还能看到，也有家户居住。考察过程发现，有些家户将古老的地坑窑，连同地坑院落一并填平，变成了耕地，没有从古村落保护的层面来看待它的价值。

四、村落民俗受地理环境影响

民居的变化与形成有其漫长历史过程，也与特殊的自然地理环境和人文地理环境的影响有直接关联。以宁夏为例，南部为什么会有窑洞、两面坡房子，北部为什么是土墙平顶房子，而且没有院落，这些差异都与气候、地形、水文、地质和生物等密切关联。气温有热带、亚热带、暖温带、中温带和寒温带之分，降水量有湿润、半湿润、半干旱、干旱之分，再加上不同地形对民居的造型布局的影响，就影响不同地域的居住形式，房子的修建就会出现结构相异的形式。地质因素为黄土高原建造窑洞奠定了基础，它不但就地取材，而且降低了造价成本。

人文地理环境的影响，表现在社会经济因素与文化因素等方面。人群离不开社会，通常皆聚族而居，相对集中的居住形式逐渐形成了村落。这主要是指农耕民族而言。人文环境的影响，主要表现在两个方面：一是宅基选择过程中往往会考虑地形与水文，如地势相对高爽、向阳的地方；二是修建过程中的习俗，如择吉日上大梁，要在大梁竖立的梁柱上贴上写有“上梁大吉”“白虎架金梁”“青龙绕玉柱”“姜太公在此”字样的红对联，同时还要在大梁上挂红、鸣放便炮等。居住的形式和住房的结构、用料、功能等，是随着社会生产力的提高而不断改进的[①]。由于地理环境和人文环境的差异，每个民族都有本民族的居住形式，包括地域上的发展历史、风俗习

① 高曾伟:《中国民俗地理》,苏州大学出版社,1999 年,第 44 页。

惯、文化艺术等，这些因素都会成为影响居住样式的深层文化背景。

五、与近邻村落比较

固原周边，东部与陕北接壤，东南部与甘肃环县、镇原、平凉市崆峒区接壤，西南部与甘肃庄浪、静宁等县接壤，西北部与甘肃靖远县接壤。通过村落现状的考察比较发现，虽然大文化背景一样，但由于地域上的细微差异，包括经济能力的强弱，在村落布局与房子、窑洞的修建方面也表现出不同程度的差异。

（一）窑洞

考察的过程中，笔者不时地做一些形制与装饰方面的比较。与甘肃镇原、庆阳北石窟周边窑洞相比，彭阳、盐池、原州区东部的窑洞有以下特点：

一是窑洞形制上有细微不同，主要指窑洞外形布局。在镇原县临泾镇段家嘴，可以看到窑洞外形的几种修建样式，有崖窑、地坑窑，还有扇面形窑洞，当地人叫罗圈庄，命名很形象。尤其是扇面形窑，占地面积很大，近乎是利用了一座小山避风港湾的地形。在古代，这是一个大家族的生存空间。这种窑洞，在彭阳县城阳乡也有，但相对于镇原要少一些。再如，窑崖面由上而下，设有通风透气窗、采光窗，再加上窗户，多为三层，盐池、彭阳的窑洞也有透气采光窗，但通常不是三层，用料也不是太讲究。

二是门窗细微处的不同。镇原、庆阳窑洞，在门窗上端用了装饰性石材，诸如垂柱、卷檐之类，形成简单的造型，当地人称为辗转砖，借鉴了木结构门窗的造型特点，提升了窑洞的视觉效果。圆形的透气窗或采光窗上面布有“八卦”造型。

三是窑洞墙面的处理有细微差异。早期的窑洞墙面受制于农家的经济限制，大多都是土崖壁，近数十年开始用砖贴窑洞墙面，但镇原、庆阳窑洞墙面相对要精细一些。在窑洞布局方面，通常正面主窑墙面都是三孔，中间一孔略高于两边，属于主窑。庆阳窑洞外形为圆形，环县为方形。实际上，庆阳市庆城区窑洞外形多桃形，装饰性明显增强。宁夏窑洞相对简约。

四是理念上的差异。环县、镇原、庆城的窑洞，仍是人们乐意为之、住之的所在，包括一些政府的退休干部，也新凿窑洞，门窗讲究，用当下时新的瓷砖贴墙面。从他们的理念看，住窑洞一点都没有过时。宁夏境内的窑洞，近乎要退出人们的视野。旧有窑洞没有得到合理有效的保护，移民迁出、城镇化，再加上理念上的差异，新窑洞的开挖反而成了一种新鲜的期待。

五是文化色彩在窑洞门窗上的展示不同。彭阳、盐池的窑洞外形门窗总体相对简陋，镇原、庆阳的窑洞较为讲究，尤其是早期窑洞，门窗除了券门砖等装饰物之外，门面的中上方还写有文字，如“孝悌忠信”“耕读之家”之类，书法亦见功力，如同现在仍能看到的有些大门楣或大门上写的“耕读为家”“和为贵”之类，传承的文化理念是一样的。

总体感觉，由于当地人们对窑洞这种传统的住宅形式的认同程度不一样，装饰与利用也不一样。无论早期窑洞，还是现在仍在利用的窑洞，其装饰的华丽程度都不一样。庆城区、镇原县的窑洞，胜于环县；盐池、彭阳的窑洞相对简陋。

（二）*房屋*

传统的村落形成是一种自然状态，由地理环境因素所决定。房屋建筑样式，通常是人字梁、斜坡和平顶，建筑风格也不完全一样。现在能看到的 50 年以上的土房子基本废弃，上下有几层砖、中间为土墙码头的房子还能看到一些。这类房子修建样式都很简单，多为斜坡式，檩条竖摆出檐，窗户小而简陋，房门多为单扇。人字梁房子相对讲究一些，有的房子前码头上下由砖头包裹，前墙地基铺三五层砖；有的房子前后砖码皆为砖包裹，前墙也有一半砖砌，横檩竖椽，窗户大而讲究，窗棂则由不同图案构成，门高而双扇，且有简单的线条装饰。平顶房的经历大致相同，这些房舍的建筑样式，基本都是50年前的老房子。之后的房子大都为砖砌墙。当然，另类除外，如前面所涉及的吴忠马月坡寨子。近数十年的发展变化，传承的建筑样式已经发生了很大变化，一些传统的细微元素已经失传，大众化、概念化的形式逐渐在取代传统的文化内涵。

房舍建筑样式的发展变化，与时代相伴随。在这个过程中，经济能力与文化传承至关重要。相较之下，宁夏村落房舍相对还是简陋。甘肃靖远县杜寨柯的房屋粗看上去与近邻海原差不多少，但仔细看还是有差异，主要体现在用料与做工精细方面：屋脊、前檐、四门八窗都讲究。同样是本县的兴隆乡大庙村，不但留下了完整的村落，而且有不少老房子。高高的砖门楼，门楼上的砖雕，古色古香的深门浅窗建筑样式，这些近百年的老房子，承载着厚重的村落建筑文化的历史。由这里，可以看到传统村落和房屋建筑的差异与变迁。

隆德县温堡张家新庄留有不少50年以上的老房子，传承着村落特有的文化气息。与隆德县相邻的甘肃庄浪县岳堡乡张家岔口村不但村落布局有特点，房屋建筑也有特点。再往庄浪县的纵深考察，南湖是一个重要地方。新中国成立前，这里曾是庄浪县治所在地，留下了不少老房子。数百年的关老爷庙里的戏台、百年以上的人字梁、街道两边的老门面等，这些老房子在宁夏已很难见到，可在这里还保存着。通过考察比较，同样会追溯到百年前六盘山（陇山东西）村落与房舍的样式和异同，更多的是保护。

总的来看，村落文化的差异客观存在，村落保护至关重要。保护的深层，实际上还是一种文化在起作用。

六、村落承载着乡愁

（一）乡愁承载的形式

古村落承载着传统文化的根脉。在城乡一体化发展过程中，要注意保留村庄的原始风貌，“让居民望得见山，看得见水，记得住乡愁”。这不仅是从字面上理解，要在深层去体悟和思考。古村落保护，同样与美丽乡村建设有着千丝万缕的联系，具有重要的建筑学价值、文化学价值和民俗学价值。保护好传统村落及其文化，就能留得住乡愁和历史记忆，更有利于重建美丽乡村的生活方式和开展文化乡村建设。

村落文化的保护，是美丽乡村建设的直接承载者，也是美丽宁夏建设的基石。传统村落正在以惊人的速度消失，抢救和保护美丽乡村刻不容缓。中国传统的自然村落与人地关系方面，集中体现了人与自然和谐相处的生存智慧与“天人合一”的自然理念。古村落的保护，不仅是保护着传统的文化建筑，而且承载着多元文化，是宁夏文化保护和传承的重要组成部分。随着城镇化推进、新农村建设和移民搬迁，村落消失很快。一方面，村落文化的保护与研究迫在眉睫；另一方面，却没有引起各方面的关注。

村落文化包括物质文化要素、社会文化要素、人文文化要素，是一个多元载体。对其保护与研究，一是要做实地考察，研究村落文化遗存；二是要研究村落文化深层的文化传承；三是要研究村落文化的活态传承者——民众的当下传承；四是要研究古村落文化与美丽乡村建设的内在关系。

传统村落中的乡土文化，包含着物质文化和非物质文化、生产和生活文化，这就是乡愁。每一个传统村镇都有它的特殊的历史经历，它都会深深地打上地域文化的印痕，都承载着地域文化的基因，它是一个充满生命信息的整体。窑洞为什么会出现在北方而不是南方，平顶房屋为什么会在宁夏北部而不是南部，这是地域上历史文化和自然环境综合影响的结果。因此，一座青山，一条小溪；一条古巷，几棵古树；几孔窑洞，几幢老屋……就是一段传说，它承载着故事。这些司空见惯的意象或者生活的静物，往往就是一个村庄的独特符号。它是村落的个性，它是童年的记忆，它是心灵的故乡，它浸润着浓浓的乡愁。传承了数千年的乡土气韵、桑梓情怀、家风家训，包括独有的“非遗”传承，在这里都能感觉得到。

村落，能留得住这一切，也是美丽乡村建设的根脉所在。所以，村落的发展，不能成为城市的“翻版”，更不能成为文化的荒漠。乡村的保护和发展，要充分顾及地域文化因素、乡土风情和特色符号。在总体思路上，要始终致力于传承既有农耕文化的底蕴，保护村落文化的载体，保存活态的乡村记忆。同时，也要与现代文明生活方式接轨，即在兼顾两者的同时，传承一种精神，让美丽乡村有美丽的村落文化支撑。生态好，村庄才能美丽。保护村落文化的过程中，要做好两件事：一是村落口述，二是还原生态。

（二）乡愁保护的理念

当前，国家高度重视村落文化及其保护，一大批村落列入国家名录或正在申报当中，全社会对传统村落的保护和认知在逐渐觉醒。截至目前，全国已有 276 个中国历史文化名村（宁夏 1 个）、2555 个国家级传统村落（宁夏 4 个）[①]。虽然如此，但村落如何保护，仍是一个难题。近两年，不同层级和地域的村落文化保护学术研讨会相继召开，在国家村落保护政策的大背景下探讨对策。2015 年末，由“古村古镇文化遗产数字化传承”湖南省协同创新中心等单位举办的“中国传统村落协同保护与发展南岳论坛”，提出了“协同保护古村古镇，构建村落命运共同体”的新理念，提出了与村落文化密切关联文化研究对策和相对切实可行的保护措施。这就涉及多学科研究和协同保护的问题。

传统村落是我国数千年文明的积淀和结晶，是传统文化的另一种重要载体，有着巨大的资源优势和研究价值。“历史与文化不仅存在于书本以及风土人情之中，也蕴含在历史建筑之中。每个地区有每个地区的建筑风格，这是由当地的地理环境和人文历史所决定的。历史不能割断，文化需要传承。”[②]真正的建筑，必须承载与表达所在地域的环境特点和文化特征，这是村落文化研究的根本。宁夏村落文化研究就是要充分挖掘和

① 杨渊，郭志清等：《古村落大会探讨古村落文化之路》，《中国文化报》2016 年 6 月 14 日。

② 李国忱：《向古村镇学文化传承》，《光明日报》2016 年 1 月 18 日。

研究宁夏地域环境与独特的文化。随着经济社会的快速发展和城市化进程，一些传统村落已逐渐被现代村落所取代，一些村落已经边缘化。目前，宁夏的传统村落相对集中分布在经济相对落后的地区，保护古村落与当前国家精准扶贫、精准脱贫的任务和要求高度契合。生态建设与村落文化保护是一个问题的两个方面，离开原生环境谈古村落保护是背离本原的保护；生态建设与村落文化保护又是精准扶贫与脱贫的核心聚焦。乡村聚落的原真性与景观基因，与未来乡村游、智慧游密切关联。

传统村落保护与发展，从客观空间看任重道远，目前仅仅是开始，其保护价值和意义让不同层面上的人认可还需要时间。“协同保护与发展”理念的提出，还需要做很多工作。保护与发展是一对矛盾，协同保护可通过调和来不断化解和推进。第一，要加大村落保护宣传力度，让不同层面上的人了解和认识到村落保护的意义与价值。第二，村落的保护与开发要从整体上规划，对于有保护价值的古村落，要修复文化、修复生态、修复建筑。第三，传统村落的发展以保护为前提，兼顾各个参与方的利益，确保居民产权利益，发挥政府在科学规划、资金投入、政策扶持等方面的主导作用，包括建立居民、社区、企业利益共享的协作机制。第四，村民参与保护，根据国内外传统村镇保护经验，村民参与是传统村落协同保护与发展的决定因素，让当地村民真正参与到村落保护与开发过程中至关重要。每个村落都有自己的个性，都有自己的文化要素，保留地方特色，凸显村落个性，就会避免村落的千篇一律，凸显一村一特色。这是保护乡愁的根本理念。

六盘山，是国家级连片扶贫试验区；六盘山，也是古村落相对保存较多的地区，更是传统文化积淀厚重的地区，要留住乡情、乡音和乡愁。六盘山生态环境、人文积淀、村落遗存等都有特点，要将村落文化保护与旅游开发相结合，在体现美丽乡村的同时，注重历史文化资源、名人文化，包括剪纸、泥塑、雕刻、书画、编织等非物质文化产业的发展，经济效益也在其中。冯骥才先生写过一篇名为《半浦村记》[①]的文章，结尾时写道："敬畏自身的历史与传统，不急不躁，量力而行，先把精华做好抓在手里，再步步为营地做下去。首先是环境清净，有山有水。不仅有珍贵的遗存，还有鲜活的文化传承，更要有渐渐好起来的生活，有自己的特色与追求。这一切是从哪里来的，不是来自当地老百姓自己的'文化自觉'吗？如果老百姓明白了，何愁保护与传承。"这里既涉及村落文化，也涉及生态环境，更关乎每个人的"文化自觉"。这是村落文化保护的根基。

① 冯骥才:《半浦村记》,《文汇报》2016 年 1 月 15 日。

宁夏传统村落文化遗产保护与开发研究

郭勤华

宁夏传统村落，具有丰富的文化遗产资源，是传承地域文化之根、承载城市居民乡愁的重要载体。目前，宁夏已开展对传统村落的全面调查和规划保护工作，对于改善当地农民生活具有重要现实意义。

传统村落具有丰富的文化遗产，不仅有各具特色的精美建筑，而且还有蕴含着民族精神及地域文化的无形文化遗产，是地域文化和建筑艺术的物化档案，记录了宁夏社会发展和历史文化的脉络。

现代社会，高楼林立、污染严重、交通堵塞以及工作、生活的节奏，使身处城市的人们倍感紧张、烦躁。随着传统村落文化遗产保护日益重视，乡土建筑、风土民情以及乡村舒缓的生活步调与田园自然风光等，对久居城市的人们有着强烈的吸引力，从而带动乡村各种传统产业及休闲旅游业的发展，改善民生，以便赋予精准扶贫更丰富的内涵。

一、宁夏传统村落文化遗产现状

传统村落是指村落形成较早，拥有较丰富的文化与自然资源，具有一

作者简介：郭勤华，宁夏社会科学院地方志办公室副编审，研究方向为地方历史文化。

定历史、文化、科学、艺术、社会、经济价值，应予以保护的村落。

近年来，由于工业化、城镇化进程的加快，以及农民为改善居住生活环境的需要，宁夏许多传统村落或拆除、或重建、或改建，传统村落遭受严重破坏。2012年，宁夏传统村落调查工作小组组织文物与保护、建筑与规划、民俗与文学等方面的专家，召开专家评审会，依照《传统村落评价认定指标体系(试行)》(建村〔2012〕125号)，对全区上报的村庄进行质量审核，确定了固原市隆德县城关镇红崖村一组、奠安乡梁堡村一组，中卫市沙坡头区迎水桥镇北长滩村、香山乡南长滩村4个村为国家级传统村落。截至2015年，列入全国历史文化名村及全国特色景观旅游村的仅有4个，占全区自然村落的3/10000。

（一） 红崖村一组①

红崖村一组属隆德县城关镇所辖。村落形成于清代，几百年村民自然居住形成，依山傍水，环境清幽。村域面积1平方公里，村庄占地面积800亩。主要产业有中药材、苗木、经济作物、农家乐、旅游。从村落整体风貌特征、传统建筑集中连片分布和保存的情况考察，红崖村距县城1公里，全村住户300户，户籍人口402人，常住人口350人，主要居民是汉族。其中老巷子占102户。主体建筑依山就势，分散居住，多为传统三合院结构，部分为四合院结构，保存现状良好。村落2012年被列入国家历史文化名村，主要村落遗迹为老巷子（民居）建筑，其建筑规模为8000平方米。属于县级文物保护单位，老巷子传统建筑占整个村庄建筑总面积的35%。从主要传统建筑建造工艺特点和文化内涵考察，该村历经百年，保存完好，对研究当地建筑形式和文化提供了十分重要的实物依据，具有较高的文物史料价值。

村内有一条长200米的老巷子，占地面积1万平方米，现存十余个农

① 参见刘世友:《中国传统村落 宁夏隆德 红崖村 梁堡村》，宁夏人民教育出版社，2016年。

家乐院落，有老戏台、老磨坊、老水井等古乡村建筑。历史上，红崖村曾数次成为争夺隆德县城的战争指挥中心，其中宋金争夺德顺军之战、成吉思汗攻德顺州、李自成攻占隆德城等，都曾在红崖村周边安营扎寨，指挥战事。2010 年，依托红崖村厚重的历史文化、独特的建筑风格，以“千古隆德县，百年老巷子”为主题，以打造“红色旅游景区，保护历史文化名村”为理念，保留古村落原始特征，整合文化旅游、建筑环境、林业、水利、交通等方面资源优势和新农村建设等项目资金，建设红崖泉、古钟石阶、红二十五军先遣团党委会议遗址、红军小广场、民俗文化墙、景观雕塑、造型、园林小品、红军墙等景观造型及园林小品 20 处，改建成目前老巷子一条街。2011 年，六盘人家红崖民俗文化村揭牌开业，主要开展戏曲展演、农家餐饮（特色菜肴、地方小吃等）、家庭客栈、茶馆、酒吧等经营活动。2012 年，按照住房与城乡建设部、文化部、国家文物局、财政部《关于开展传统村落调查的通知》要求，按照村落选址具有传统特色和地方代表性，反映特定历史文化背景，村落格局鲜明，体现代表性的传统文化、鲜明传统生产和生活方式，非物质文化遗产活态传承良好等评选标准和要求，被传统村落保护和发展专家委员会评议认定为第一批中国传统村落，被农业部公布为“中国最美休闲旅游乡村”。红崖村建筑风格主要表现在采用石碾子、石磨、石墙、石村门、石板路、石桥等民居公益建筑，代表了宁夏南部山区民居特点。

（二） 梁堡村一组[①]

梁堡村一组属隆德县奠安乡一自然村，位于奠安乡梁堡村梁堡堡址内。经考古部门鉴定，村落形成于元代以前，近百年来村民自然居住形成。村域面积 12.1 平方公里。村庄占地面积 170 亩。户籍人口 320 人，常住人口 320 人。地形地貌特征表现为台地，依山就势，建筑格局为传统三

① 参见刘世友:《中国传统村落 宁夏隆德 红崖村 梁堡村》,宁夏人民教育出版社,2016 年。

合院结构。主要居民是汉族。主要产业有中药材、苗木、经济作物。从村落整体风貌特征、传统建筑集中连片分布和保存的情况考察，梁堡村一组居梁堡村中，主体建筑坐落于二级台地，村落布局依山就势。堡址内居住17户人家，多为传统三合院结构，部分为四合院结构，保存现状良好。2012年该村落被列入国家历史文化名村，主要文物古迹有2类：一是防御性建筑（梁堡堡址），建筑规模1190平方米，梁堡堡址2009年公布为县级文物保护单位；二是民居（世德堂），属于宋明建筑。全部传统建筑占村庄建筑总面积的35%。从主要传统建筑建造工艺特点和文化内涵看，梁堡堡址历经千年，仍保存完好，在当地乃至周边地区非常罕见。民居（世德堂）木建筑风格属于明代皇家建筑设计模式，大门外观雕琢精美，室内家具陈设古旧。两处传统遗迹，对研究当地建筑形式和文化提供了十分重要的实物依据。

梁堡村的民居院落多呈四合院式布局，房屋地基和围墙为夯土墙与土坯连接砌筑，草泥抹平，屋顶呈构架状，梁、檩条、椽等为木结构，一般为“四梁八柱”的土木结构，梁堡堡址院落沿路两边对称，一般院落北面正中为三间堂屋，是房主的主要居室，堂屋左右各建一至两间房屋，比堂屋整体低50厘米左右，当地人叫“耳房”，耳房两侧对称建有两至三间厢房，做厨房或他用。院落里还有房门向北的下房，与堂屋相对，高度高于其他房屋，房檐下的地面均铺有砖石走廊，院门向南开，门前都砌有三至四级石台阶，大门门槛较高，约高30厘米、宽20厘米的样子。

堡址里有民居世德堂的木建筑风格最为古老，也是村落中独有的一座古民居。经房主介绍，他们家族祖居此处，距今已有400年左右。主建筑坐北朝南，由门厅、左右厢廊、正殿组成。门厅进深2.4米，宽2.2米，抬梁式梁架。屋面盖小青瓦，瓦口施勾头滴水，清水脊，脊上刻有莲花窗。门额镶有“世德堂”牌匾，长1.65米，宽0.7米，上书“世德堂，岁在乙卯浦月上浣之吉 / 表弟薛梦麟赠”字样。其余房屋村民在原有基础上基本都翻建成砖木结构的房屋。

（三）北长滩村

北长滩坐落于崇山峻岭中的黄河北岸，与黄河南岸的南长滩遥遥相望，是一处充满自然风光魅力和原生态民居诱惑的自然村落。在这里，可以看到久违的古朴民风，保持完整的族姓延续。笔者在考察中遇到一位 70 多岁的张姓老人说在这里他的家族已经生活了六辈子，也就是说他的家族是从他的曾祖父时期就来到了这里的。走进北长滩，就是走进了历史中的西北农村。

北长滩村形成于明代，是早期水路贸易流通集散地，后来形成村落。村域面积 20 平方公里，村庄占地面积 1000 亩。户籍人口 450 人，常住人口 360 人。北长滩地貌为中卫黄河西部祁连山余脉构成的丘陵、基岩山地，属于黄土高原与北部沙漠过渡地带。岩石裸露，土壤贫瘠。主要居民是汉族。主要产业有果树种植、旅游、养殖。2012 年入选中国传统村落，2015 年入选全国特色景观旅游名村，被自治区党委、政府认定为宁夏历史文化名村。主要为发展旅游和服务业，以博物馆的方式进行保护利用，村民居住较少，没有特别的保护措施。传统建筑遗存有 4 处，一是村南沿河而建的明长城；二是清代建造的商铺，建筑规模 180 平方米；三是民国时期前后建筑的民居，约有 3200 平方米；四是明代城堡，建筑面积达 600 平方米。商铺及其民居属于国家级文物保护单位。从村落整体风貌特征、传统建筑集中连片分布和保存的情况考察，北长滩的传统民居建筑群保存现状较好，绝大部分保留完整，是当地的主要特色建筑群，其规模占到了整个居民建筑的 95%以上，而且建筑群整体依山逐层分布，严格依照我国古代的风水学理论所建，背靠大山，南面茂密的园林和滔滔的黄河，巷道相通，密林相伴，鸡犬相闻，从各个角度都可以显示出山村民居古朴、原始的风貌。目前，保存较完整的有清代民居、商铺。其余房屋均为民国时期和 20 世纪 50—80 年代所建，都是当地传统的土木结构房屋。房屋地基均用黄土铺垫平整，随后构架柱、梁、檀条、椽子等木结构，后用土坯砌筑，草泥抹平。村落巷道不规则，窄长而交错，高低相连，每家相通，有的可通一车，有的仅人畜可通过，大部分巷道边的院墙基础为石块垒砌，有的在石墙之上添加土坯墙体，高 1~2 米，保持了传统乡土街巷原有的建筑风貌。

（四）南长滩村

南长滩地处中卫最西头的深山里，距离中卫市区 70 多公里，是黄河流经宁夏的第一个村庄，黄河穿越黑山峡流经小观音，在北岸一个叫黄崖闸的山峰处形成“几”字形的一撇，在河南岸形成了一个月牙形的河滩地，人们叫它南长滩。

南长滩村落形成于元代以前，是元明时期或更早人们寻水而居迁移至此定居下来，从事农业及水运，便形成了这里的村落。村域面积 15 平方公里，村庄占地面积 800 亩左右。户籍人口 882 人，常住人口 420 人。南长滩地貌为中卫黄河南部祁连山余脉构成的基岩山地，属于黄土高原与北部沙漠过渡地带，多由东西向排列的鱼脊状弧山高峰组成，逶迤连绵，河谷发育切割多呈“几”形，岩石多裸露，土壤瘠薄，但由于生态植被及地形之别，气温的变化表现出大陆性兼沙漠性气候特点。主要居民为汉族。主要产业有山羊、羊绒。2008 年，由国家文物局、住房和城乡建设部认定为中国历史文化名村。2012 年，由住房和城乡建设部、文化部、财政部三部委联合公布为中国传统村落。2015 年入选全国特色景观旅游名村。传统建筑有 2 处：一是清代民居，建筑面积为 800 平方米；二是明长城，宽 6~8 米，自村东向西南环绕而过。从村落整体风貌特征、传统建筑集中连片分布和保存的情况考察，村落中央建有学校和村部，总分布面积约 850 亩。近些年，除学校、村部、医务室及部分村民在旧址上建有砖木结构房屋外，大部分仍保留以前的土木结构，也还有保存较完整的清代民居3处，均为土木结构式。该村落现有房屋1360多间，其中传统“四梁八柱”土木结构式占60%左右，每家院内都种有果树并兼养殖业。村落巷道不规则，但巷道狭窄，长而交错，高低相连接，每家相通，有些巷道为石垒砌，高达2米左右，保持了原有的建筑风貌，也有个别的民房在旧址的石垒砌基座上改建现代民房，多为土木式。民居院落多呈四合院式布局。北面正中为三间堂屋，是房主的主要居室；堂屋左右各建耳房一至两间，主要作为厨房和储藏粮食杂物；耳房向南建对称的两至三间厢房；有些院门向南开，有的没有正式的院门，只用矮墙砌筑院落或用栅栏围护后留开简易门，还有部分房屋没有院门；有些院落院门的两侧或一侧还建有下房，下房门向北，与堂屋相对。堂屋高度一般都高于其他房屋，所有房屋前与屋檐同宽的地面上，都铺有相互连通的走廊，走廊稍高于院子的水平面。房屋均为传统的“四梁八柱”式土木结构。

黄河从村落及园林南部蜿蜒流过。这里的人们和睦相处，夜不闭户，民风淳朴。早已形成一个安详、稳定、文明、和谐、环境优美、完整的古村落。这里有开发旅游的潜力。

从传统村落要素看，4个传统村落中既有传统建筑保存较好的村，也有村落选址和格局保持传统特色、非物质文化遗产传承较好的村庄，还有村庄同时具有以上两种要素，个别村庄具备三种要素。从传统村落保护看，固原市隆德县城关镇红崖村一组、中卫市沙坡头区香山乡南长滩村是传统建筑风貌保存较为完整的村庄。传统建筑保存较好，中卫市沙坡头区迎水桥镇北长滩村、固原市隆德县奠安乡梁堡村一组村落格局保持传统特色完整。固原市隆德县奠安乡梁堡村一组、中卫市沙坡头区香山乡南长滩村非物质文化传承较好，如梁堡村的高台马社火、刘氏民居“世德堂”、刘氏正骨术等，其中高台马社火最为有名，被誉为民间文化“活化石”，2012年获“国家级非物质文化遗产优秀传承基地”称号。南长滩村的羊皮筏子制作工艺、烤馍馍、民间传说等，其中名曰“浑脱”的羊皮制作工序，是黄河泛舟的靓丽风景。总的来说，4个传统村落都属于传统建筑保存、非物质文化遗产保存较好的村落，既有保存良好的传统建筑和传统村落格局，同时还能更好地传承非物质文化遗产。

二、宁夏传统村落文化遗产保护

村落在宁夏南部及中部较为普遍，但传统村落尚属稀缺资源，加大对传统村落的保护，既是传承地域文化的根本、承载城市居民乡愁的重要基础，也是增加农民收入、改善民生，做好精准扶贫工作的有效途径。近年来，随着城乡一体化建设进程的加快，全国部分省份已全面启动传统村落文化保护研究工作，宁夏村落文化的保护与传承也引起了各界人士的重视，并逐步开展传统村落文化遗产保护的研究性工作。

（一）建立传统村落档案

2013—2014年，宁夏文物局按照住房和城乡建设部的要求，组织区、市、县三级文物保护单位及其主管部门，对列入中国传统村落名录的4个村落和省级传统村落，按“一村一档”要求，对村域环境、传统建筑、村落选址及格局、非物质文化遗产、文献资料、保护发展基础资料等内容进行了现场调查和资料整理，以文字、图纸和照片等多种形式进行记录建档，传统村落档案制作工作已经完成，不仅将档案成果上报住房和城乡建设部，而且还反馈给市、县（区）、镇村，作为村庄档案的重要组成部分，为后期传统村落文化保护开发做参考。

（二）编制传统村落保护规划

为加强传统村落保护工作，全国其他省份都由专门机关单位承办，启动传统村落保护规划编制工作。“十二五”期间，宁夏在积极推进新农村建设和生态移民工程进程中，曾由自治区建设厅承办委托宁夏社科院对为数不多的重点传统村落进行了保护规划编制工作。“十三五”期间，在城镇化建设中围绕美丽乡村建设、精准扶贫和生态环境治理，按照自治区文物局的要求，对一些传统建筑和具有历史文化遗迹遗址的区域加以保护，对村庄中的非物质文化遗产进行了相应的设计规划处理，对生态移民迁出区和传统村落在以往修复保护的基础上，将其进行保护性开发，以达到保护与开发相结合的成效。

（三）利用媒体和培训等方式，加强传统村落保护宣传工作

首先，依托报刊和网络等媒体渠道，对传统村落的历史沿革、传统建筑特色、文化内涵等进行多渠道宣传。

其次，组织宣传培训。在没有专门机构的情况下，文物保护单位和宣传文化部门，如旅游局、文化局、文物局、民间团体等也模仿全国其他地方邀请国内知名专家，针对乡土建筑及传统文化价值、传统资源档案制作、传统村落保护发展规划编制、文物保护利用、产业发展、防灾减灾以及相关案例分析等内容，对市、县（区）和乡镇的主管人员以及传统村落党支部书记或村主任等进行培训，以提高基层干部对传统村落价值以及保护发展的认知，增强保护意识。

（四）传统村落文物古迹、民居建筑和基础设施等得到基本修缮保护

宁夏的传统村落，包括已列入中国历史文化名村的南长滩、红崖村和梁堡村，其文物古迹、基础设施及民居建筑等已先期进行了修缮保护，对传统建筑（含古民居）、井泉沟渠堡、古树名木等历史文化传承要素进行了修复和整治，挖掘整理传统村落非物质文化遗产，保护和利用好山水林田等自然景观和农村特色风貌。如沙坡头区的南长滩村和隆德县红崖村的开发保护工作较为完善。

三、传统村落文化遗产保护与精准扶贫良性互动机制

对于传统村落，最好的发展是保护。传统村落之所以留存下来，是因为其自身居偏僻的乡村，交通道路不发达，生产生活条件相对滞后，

社会文化生活单调，民风淳朴，在某种意义上就是落后的代名词，“三农”问题较为突出，在保护中既推动当地社会经济发展，增加农民收入，又把“活态”的传统文化基因传承下来，地方政府的核心管理是实现传统村落可持续发展保护中发挥主导作用，传统村落中生活的人群是保护传统村落的主体，社会各界参与是传统村落保护的外在动力。各级政府要提高认识，在做好传统村落保护利用规划，进行保护性修复的同时，要着眼于精准扶贫，从改善民生做起。近年来，宁夏按照“保基本、全覆盖，稳提升、可持续”的思路，促进基本公共服务向农村延伸、向贫困人口覆盖。在继续加大民生投入工程中，不断完善传统村落基础设施和服务设施建设，逐步完善传统村落居民的基本医疗保险，提高乡镇公办卫生院医疗技术水平，切实改善了传统村落中的群众生活。

(一) 在保护中改善传统村落生产生活环境

坚持“修旧如旧，已存其真”的原则，按照“历史真实性”“生活真实性”“风貌完整性”对传统村落进行分类保护。围绕传统建筑保护利用、防灾减灾设施建设、水电和卫生等基础设施完善，以及村落自然生态环境维护等民生工程，带动一大批相关行业的增长，稳定并扩大当地农民就业，同时也改善了农民生存生活环境。

沙坡头区的北长滩，依托秀丽的乡村自然环境、深厚的历史文化底蕴，经过多年来的生产实践，因地制宜、科学定位，发展乡村旅游产业、现代生态农业，是中卫市的休闲农业与乡村旅游示范村，呈现出一派旧貌换新颜的景象，成为名副其实的宁夏历史文化名村。

在诠释生命的四月，北长滩村以媚眼的春光、飘落的花瓣，还有那山抱水环的仙境吸引了大量有意选择这里的人们。这个背山面水的好地方随着城镇化进程的加快，近年来由于地理位置较偏僻，孩子读书上学，青壮年劳动力外出务工等多种原因，在较长时间经济发展比较薄弱。为了改变这种发展缓慢的窘迫状况，在广泛征求意见的基础上，北长滩村提出了“生态立村”的理念，在推进新农村建设中，北长滩村没有大拆大建，也没有生硬植入城市化建筑，保留了原汁原味的塞北乡村风情。

南长滩村位于宁夏、甘肃两省区交界，和北长滩一样属于黄土高原与北部沙漠过渡地带。南长滩拓姓家族庞大，相传是党项族作为一个民族实体消失后仅存的一支，成为隐藏在黄河岸边700年的西夏村落。笔者在走访中也看到了有旅游公司开发的具有西夏风格的寨楼，里面有小手工业摊点和餐饮部。据村落中健在的老人说，2012年开发旅游时，因为村中有拓姓人家，加之西夏国灭亡时的各种传说，便在这里提出了西夏后裔来此居住并繁衍发展的推断。据专家考证，西夏后裔并非人们想象的已全部被蒙古大军灭亡，部分党项族人在这场屠戮中隐姓埋名生存了下来，并且繁衍后代，逐步与其他民族融合，但没有专门文献和资料能证明他们就是中卫南长滩的拓姓人家。但无论怎样，这里的“党项人家”迎来了一批又一批来观光旅游的客人，他们给这里带来了无限生机和活力。

南长滩、北长滩得益于黄河水的滋润，这里有史前岩画、古代水车、秦代长城等，成为村落周边的靓丽风景。大山阻隔，使这里保持了原生态的农耕文明。沿黄河的百年梨树、枣树遮天蔽日，不仅是当地农民经济收入来源，也是吸引外来游人的自然资源。随着乡村旅游继续升温，长滩村凭借传统村落和历史文化名村的优势，对黄河水文化加以开发，在游客旅游观光的同时，领略黄河文化的内涵。“一个村庄，如果村民留不下来，只会越来越空心化”，北长滩一位张姓老者的话道出了经济发展不能靠牺牲村民生活来获得的硬道理。要让村民愿意留在村里，为村民留住乡愁，就必须有一个更加美好的生活环境。要建立活动广场、将山涧彼岸就地取材修整，村道上安装太阳能路灯。家家户户的院子要修旧如旧，有菜地、小院，并用各种造型各异的栅栏围成人们驻足留影的景点。

（二）发展休闲观光旅游和文化创意产业，增加农民收入

宁夏对传统村落的开发，政府定位在发展休闲观光文化旅游上。“所谓文化旅游，如果只有自然景观，没有文化，那就少了底蕴和味道”。

隆德县梁堡村的民居是宁夏南部山区传统村落民居建筑的一个代表。梁堡村以村堡为圆心，东西为轴线，呈扇形向两侧沟谷展开，俯瞰全貌形似“叶形”。梁堡村民居多以黄土窑洞为主，其村落属于西北乡村聚落中的一部分，其发展演变是一个动态历史。村落经历了从无到有、从封闭到开放、从穷到富的一个历史变迁，其院落和房屋建筑从窑洞到窑洞兼房屋的院落、再到简易或较为讲究的四合院落，逐渐形成和发展成为今天较为完整的格局。这些房屋建筑遵循山水文化“山南水北为阳”的古训，造屋通常坐北朝南，北依山体，南临水或路。村落之间距离很近，可以炊烟相望，鸡犬相闻，各家又自成院落，互为邻里。梁堡村除具有村落的基本形制外，还具有军事古堡特色，是丝绸之路西出河西走廊的大通道。梁堡村依托六盘山自然风景和丝绸之路的关系，传承历史上商业贸易发达灵活的特点。在古代，梁堡村依山就势，西出可达陇右。穿越梁堡村的范家峡通道，是网状丝绸之路的走向之一，官方经营过这条通道，沿途有驿馆店铺，供商人之用，独特的地理位置生成了古丝绸之路的走向，曾商贾云集，也是一处商贸集散地，在“一带一路”建设发展中，这种商贸集散地获得了新的生机。据不完全统计，通过梁村堡，甘肃天水、陕西宝鸡等地的农产品源源不断涌入宁夏固原等地，给当地人民带来了不薄的收入，宁夏的畜牧产品也通过这个通道走向甘肃、陕西以及更为广阔的地域。无论是城堡，还是村寨，人们生存发展的历史以其居住的窑洞、房屋得以记录，并将其孕育的特有文化渗透在这无言的物证之中，传承着这里亘古如期的颖悟和灿烂。

中卫市的南、北长滩，集山、水、人、梨花、枣树、黄河石，以及几百年的房屋建筑遗存、村庙等，这些历史文化遗存像珍珠一样被一颗颗发掘并串联起来。居住在这里的人们，只知道成片的枣树在责任田里已经有些年头了，不清楚大梨树、大枣树是什么时候长出来的，谁种的，但这里的软梨和红枣却给他们祖祖辈辈带来了日月轮转中的希冀。在这里，老人坐在小板凳上，狗、羊、鸡扎堆在他身旁，谁都显得很自然。鸡顺从地趴在脚下，狗亲切地摇着尾巴向你投来温和的眼光，小羊发出咩咩的叫声，在你腿上依偎着不走，老人在前门嘴唇喔瘪着问这问那，不时露出慈祥的笑容。不远处有捡枣儿和软梨的人们，说话声、笑声一浪一浪随风袭来。既有自然景观，又有文化底蕴，“秀外慧中”的长滩村每年接待观光游客近 2 万人次，最高峰时，每天的游客接待量超过 2000 人次。纷至沓来的游客，给长滩村带来了无限商机。每年的各个大小节假日，基本都是客满的状态，那里有专门经营农家乐的老板接待着外来游客。有的游客会在村里住两三天，享受捡石头、摘软梨、捡红枣的乐趣，同时感受安静舒适的“世外桃源”，村里的居户虽没有联合成立的乡村旅游专业合作社，收入除了外销软梨、红枣，加之自产的玉米等农作物外，没有其他收入，却也天然的殷实。每年有商贩来村里收软梨、大枣或其他，再加上近年来政府各种投资政策的落实，这里的住户开始搞一些绿色栽培、观光休闲于一体的农牧生态园，他们的收入确实不薄。

环境好是标，民风好才是本，标本兼治才是真正的美丽乡村。令人称道的是，隆德县红崖村在建设文化新村活动中，用本村的历史文化名人事迹或新思想在村民中引导文明新风建设；南、北长滩村在美丽乡村建设中，每年的梨花节已成为宁夏境内黄河段上一道靓丽的文化盛宴。通过打造“一村一品”文化特色，形成旅游服务型、文化保护型、田园风光型等新农村建设类型。游客不仅可以近距离观赏到书画、古筝、古埙、戏曲、剪纸、瑜伽表演，还可在梨园内野营、踏青、赏花、烧烤，住农家屋、吃农家菜，真正体验到宁静、纯美、超脱的世外桃源生活。

此外，传统村落文物古迹是过往行人和游客观光游览的必去之处。农业文明时代，由于人们对超自然力的顶礼膜拜，庙宇建筑成为人与神灵沟通的场所，也是人们精神的寄托，如关帝庙、二郎庙、娘娘庙等，旧日村民求财到关帝庙，求子到娘娘庙，求平安到观音庙等。对久居喧闹都市的人来说，到传统村落走一走，发思古之幽情，兴怀旧之遐想，可以享受回归自然、天人合一的田园生活。

在建设美丽乡村中，这些传统村落正以独特的地域环境、物产等资源美了乡村，富了乡亲，还为当代和后世留住了美好的乡愁。

（三）保护和传承传统技艺，发展文化产业，拉动社会经济发展

传统村落拥有内容丰富、种类繁多的传统技艺，如砖雕、刺绣、传统烹饪、书画、社火、祭祀活动、戏曲表演等，保护传承这些传统技艺，发展文化产业，对传承宁夏地域文化，拉动经济社会发展，具有重要意义。

村落中的民俗活动以高台马社火最为有名，被誉为民间文化“活化石”，每年自腊月开始，借助于畜力在街头村落集体表演的社火，艺术形式多样，内容多为古装折子戏中最精彩的故事人物，表演者穿戴传统戏剧服装，扮成各种戏剧人物角色骑在马上，手持各种道具，摆成各种姿态，表演不同人物。剪纸也是村民装饰生活的主要手段，每到节庆，婚丧嫁娶，妇女就会用手中的剪刀把凝聚着原始文化精神和古老民俗观念的各种剪纸张贴在窗户、炕围、水缸、粮囤等上面。刺绣内容丰富多彩，民间传说、历史故事皆可作为刺绣的故事内容，实心绣、空心绣、藏针绣等技法可交替使用。绣品有小香包，也有相对较大件的挂饰。剪纸、刺绣这些小手工技艺，给人们的生活增添了无限的乐趣和喜悦，也带动当地民间剪纸与刺绣工艺的传承和发展。

传统建筑“世德堂”，是四合院建构的传统深门浅窗式建筑结构，在

梁堡村建筑群中有代表性。其建筑样式（局部）、选用材料、雕刻技术等都有研究价值。其建筑艺术中的垂拱、房簪、门楣、砖雕、木雕、马头墙、家具摆设、绘画等，或粗放、或细致，尤其是砖雕技艺精湛，从主房东面码头的原始雕刻就看得出来，砖雕与泥塑六盘山地区早有传承。

民间艺术内容传承丰富，表现形式多样，其历史渊源十分悠久，而且得到了传承发展与创新。梁堡村、红崖村每年正月的庙会活动，除了烧香拜佛，还有自己组建的戏班子搭台唱戏，进行民俗演艺和商业贸易。每逢节庆，就有扭秧歌、踩高跷、敲锣打鼓、舞狮子、跑旱船等民间艺术活动，与之相配套的许多民间艺人的技艺得到传承，这对发扬当地民间艺术发展起到积极的作用。剪纸、刺绣、砖雕和泥塑，是传统民间艺术的精华。民间刺绣异彩纷呈，鞋垫、枕头顶、虎头鞋、挂饰件等惟妙惟肖；剪纸或人或鸟，或草或木，或山水鱼石，皆栩栩如生，尤其是以剪纸的形式反映地方历史文化，是这里剪纸艺术的一大创新；书法更是红崖村民的最爱，他们往往在闲暇之余，挥毫抒情，抒写人生。

传统文化底蕴深厚，人才辈出，人杰地灵。村落中部分民居的门头多装饰“耕读”二字，体现了“耕读传家”的农耕文化思想。红崖村张姓宗族历代崇奉耕读传家的理念，该族近现代入仕或为国家做出贡献者有之。张维岳（1872—1946），字仲武，号南凤山人，宣统乙酉科举拔贡，官任甘肃化平知县，廉洁勤政爱民，后任教十余年，擅长书法。张东让，曾任西北军政委员会机要处秘书。张新学，在1979年对越自卫反击战中壮烈牺牲，烈士英名长存于这里。张玉的篆刻被列入宁夏固原市非物质文化遗产名录。知名学者庞毓秀，毕业于北京师范大学，先后在中央党校、清华大学任教。这些都彰显出中国历代读书人孜孜追求并为之奋斗的“修身、齐家、治国、平天下”的儒家思想。

（四）构建和谐社会，培养民族信仰，提升传统村落公共道德基因

我国传统节俗文化中蕴含着丰富的人文精神，需要大力挖掘和弘扬。

节俗文化是中华民族传统文化的精华，是民族精神的集中体现，也是人们集体认同的产物，在构建和谐社会和弘扬公共道德等方面发挥着重要作用。利用传统村落中独领风骚的历史英雄人物事迹，对激发村民昂扬向上、积极自信的深厚动力，传承数千年的自强基因，帮助建立村规民约，宣传思想道德建设，构建农村思想道德新高地，消除小农思想、封建残余和旧风陋俗等有重大的现实意义。

宁夏传统村落传统技艺表现最为突出的是隆德县奠安乡梁堡村，该村传承了农耕生产技艺，民间信仰崇拜神灵，儒、释、道皆有。梁堡村一般大小事务以姓氏为聚，其他姓氏在主姓人手不够或需要帮忙时以“庄间(同村的人)”身份参与祭祀等活动，通常公共祭祀，村民集体在堡西南拐角的庄庙里进行，这是该村的公用空间。每逢去世老人三年忌日，“庄间”要邀请时任政府首席官员，一般是县长为去世的人题写匾额，以寄托全村人对亡人的尊敬与感念，由村里德高望重的长老悬挂于主人家中堂，两边悬挂娘舅和女婿外甥题写的匾额。从这些匾额中我们深切感受到乡规民约对生死人间的警示与馈赠。虽然贫瘠，但这里的人民礼俗皆有，崇文重教，注重礼仪，儒家文化的影响较深。

隆德县红崖村是丝路古道上具有悠久历史的传统村落。历史上抗金英雄“吴家军”的故事发生在隆德境内的宋金争夺德顺军之战中，吴玠、吴璘率领的吴家军，战功卓著，是留给后人的一份宝贵精神财富，是地方精英在历史舞台上抒写国家层面上的历史。这里至今传唱着吴家军之歌：三吴功业入凌图，屡战屡捷川陕路；父子两战治平寨，一举收复水洛堡；金矢如猬争瓦亭，活捉敌酋肝脑涂；璘帅临阵亲督战，以一当十战岗阜；父老拥马迎吴督，回师河池万民哭。传承几百年的历史故事，吸引广大民众参与、共享，其根源在于它是美好人性的体现，它承载着中华民族的思想精华，是世界观、人生观在中华民族道德价值观的体现。成吉思汗攻隆德城，控制六盘山，奠定了未来元朝灭金统一南宋的战略格局。

“和”文化成为传统村落中人们对生活的追求和向往。“和”是中国传统文化的主流思想和核心价值观，在中国传统社会一直占有主导地位的儒家思想，将“和”作为其进行政治、伦理及个人修身、处事的准则。“和为贵”“天人合一”“和而不同”“求同存异”等等，体现了中国人对“和”文化的追求和向往。中卫南长滩传唱有乡愁歌：家乡是座天然城，自古住过天上人；玉皇大帝与王母，九天仙姑七姊妹；金木哪吒三兄弟，脚踏峡谷通火道；河东巨兽龙须虎，活似观音祈洪福。这种传颂中的坊间民谣，是传统“和”文化在宁夏传统村落中的具体体现。

（五）充分发掘本土文化资源，丰富农民文化生活

据2016年统计，在政府的主导下，旅游业成为宁夏建设的先导产业、支柱产业、富民产业、绿色产业。宁夏全域休闲旅游人数近五年来比例大幅增长，与2012年相比，截至2016年底，全区接待游客总人数从1340.89万人次跃升至2159.95万人次，首次突破2000万人次，年均增长12.22%；旅游总收入从103.39亿元增长到210.02亿元（旅游总收入占全区GDP的6.73%），首次突破200亿元，年均增长20.63%。①

农村经济发展了，农民的精神文化生活也得到了最大程度的满足。结合文化休闲旅游，发掘本土文化资源，指导并丰富农民文化生活。

第一，传承乡土文化，充分发掘具有本地特色的文化资源，如诗词歌赋、书法、音乐、雕刻、绘画、舞蹈等，使本土文化发扬光大。隆德县红崖村的“秦腔文化艺术中心”“剪纸坊”等充分展示了本土文化资源，增强了传统村落中的文化自信。

第二，各级政府尤其是乡镇政府，一定要高度重视农民的精神文化生活，乡镇干部要支持、鼓励、引导并参与民间自发的文化活动，如中卫南长滩在农历七月举办的拓跋登岸祭拜活动和民间建筑中的起梁仪式等。节

①《宁夏旅游业五年发展回顾：从“景点旅游”走向“全域旅游”》，国家旅游局官网，2017年6月9日。

俗期间参加隆德县书法、绘画、彩塑等民间艺术活动。

第三，乡镇文化站发挥作用，定期组织农民在农闲时间举办农民文化体育艺术活动，开展乡镇间的文化交流活动，培养一批热衷公益的民间文化艺人，传承本土文艺知识。如节庆期间依托文化宣传、团委、妇联等部门组织各村社火表演、书法竞赛、民间剪纸比赛等，促进传统村落的和谐、健康发展。

因此，政府在精准扶贫、改善民生的同时，要开展传统文化遗产遗迹保护的宣传教育，唤起公众对传统村落重要地位和多重价值的社会认知，认识到保护利用传统村落是人类社会进步、文明发展的必然要求，是现代村镇建设的重要组成部分，是促进当地经济社会可持续健康发展的重大举措。要积极引导广大民众自觉参与传统村落保护和致富奔小康的农村改革热潮中。

宁夏建立农村宅基地有偿退出机制研究

张耀武

随着中国经济发展进入新常态，新型工业化、信息化、城镇化、农业现代化持续推进，农村经济社会发生着深刻的变革，农村常住人口大幅减少，出现了大量的“空心村”“空心房”，但由于现有法律法规对农村宅基地使用权的处置有诸多限制，造成了农村宅基地的闲置和严重的浪费。因此，积极探索建立农村宅基地有偿退出机制，对于盘活农村大量闲置宅基地，完善农村宅基地制度，优化城乡建设用地配置格局，解决农户宅基地取得困难、利用粗放、退出不畅等问题，促进城乡一体化发展具有重要的现实意义。

一、我国现行农村宅基地制度安排

（一）现行农村宅基地管理制度

我国现行的农村宅基地管理是依据1986年颁布、后经两次修正的《土地管理法》等法律法规的规定进行管理的。《土地管理法》第四条明确规定农村宅基地属于建设用地，并规定“严格限制农用地转为建设用

作者简介：张耀武，宁夏社会科学院分院联络办公室主任，综合经济研究所研究员，主要研究方向为农村经济、区域经济、产业经济、扶贫开发等。

地，控制建设用地总量，对耕地实行特殊保护”；第六十二条规定“农村村民一户只能拥有一处宅基地，其宅基地的面积不得超过省、自治区、直辖市规定的标准” “农村村民出卖、出租住房后，再申请宅基地的，不予批准” “农村村民住宅用地，经乡（镇）人民政府审核，由县级人民政府批准”；第七十七条规定“农村村民未经批准或者采取欺骗手段骗取批准，非法占用土地建住宅的，由县级以上人民政府土地行政主管部门责令退还非法占用的土地，限期拆除在非法占用的土地上新建的房屋”。1999 年 5 月，国务院办公厅《关于加强土地转让管理严禁炒卖土地的通知》规定，“农民的住宅不得向城市居民出售，也不得批准城市居民占用农民集体土地建住宅，有关部门不得为违法建造和购买的住宅发放土地使用证和房产证”。2004 年 10 月印发的《国务院关于深化改革严格土地管理的决定》规定：“改革和完善宅基地审批制度，加强农村宅基地管理，禁止城镇居民在农村购置宅基地” “妥善安置被征地农民”。2007 年实施的《中华人民共和国物权法》第一百五十二条规定“宅基地使用权人依法对集体所有的土地享有占有和使用的权利，有权依法利用该土地建造住宅及其附属设施”；第 42 条规定“为了公共利益的需要，依照法律规定的权限和程序可以征收集体所有的土地和单位、个人的房屋及其他不动产” “征收单位、个人的房屋及其他不动产，应当依法给予拆迁补偿，维护被征收人的合法权益；征收个人住宅的，还应当保障被征收人的居住条件”；第一百八十四条规定“耕地、宅基地、自留地、自留山等集体所有的土地使用权”不得抵押。

（二）现行农村宅基地管理特点

根据现行农村宅基地管理制度规定，现行农村宅基地的管理具有如下特点：一是农村村民宅基地，只有农村集体经济组织的成员才能申请，并经乡（镇）人民政府审核，由县级人民政府批准，无偿取得，不得非法占用。二是实行一户一宅，面积不得超标，严格限制农用地转为建设用地。

三是禁止农村宅基地买卖，禁止城镇居民在农村购置宅基地。农村村民出卖、出租住房后，不再批准分配宅基地。四是宅基地使用权人依法对宅基地使用权享有占有和使用的权利，有权依法在宅基地上建造住宅及其附属设施。五是为了公共利益的需要，征收个人的房屋可给予拆迁补偿；征收个人住宅的，可保障被征收人的居住条件，妥善安置被征地农民。六是宅基地的使用权不得抵押。

二、农村宅基地管理中存在的突出问题

随着城镇化的加快发展，大量农村人口进入城镇居住，农村闲置宅基地由于缺乏有偿退出机制，现行制度对农村宅基地的处置又有诸多限制，导致农村宅基地管理中出现了诸多突出问题。

（一）农村房屋闲置现象普遍

随着农村劳动力转移就业、农家子弟大中专学校毕业后选择在城镇就业，大量农村人口向城镇迁徙，使得大量农村住宅闲置。据保守估计，在我国工业化、城镇化快速发展过程中，伴随着农村人口的历史性迁徙，全国 2 亿亩农村宅基地有 10%—15%处于闲置状态[①]。宁夏同样有大量农村宅基地闲置，据 2013 年普查数据，全区共有 56908 宗闲置宅基地，面积 38102 亩，平均每宗宅基地面积 0.67 亩，宅基地闲置率 5.98%[②]，虽低于全国农村宅基地闲置平均水平，但呈现三个明显特征：一是中南部山区 9 个贫困县区农村宅基地闲置率远高于沿黄经济区 13 个经济发达县区；二是农村闲置宅基地分布由市区向周边镇村及偏远农村递增，县城周边乡镇闲置宅基地数量很少，而离县城、乡镇政府驻地越远的农村居民点，闲置宅基地越多；三是随着城镇化的加速，农村闲置宅基地呈现逐年上升趋势，

① 赵玉红:《城镇化进程中农民宅基地退出机制研究》,《辽宁经济》2014 年第 2 期。

② 宁夏国土资源厅办公室:《自治区国土资源厅精心组织全面摸清我区农村闲置宅基地现状》,宁夏回族自治区国土资源网,2013 年 8 月 22 日。

如平罗县截至2015年底，全县农村房屋空置率近40%，公共服务设施难以配套[①]。

（二）违规用地现象屡禁不止

由于农村宅基地使用权的取得是基于农村户口的身份界定，作为一种福利性质的无偿分配方式，无限期地向农民免费提供，加之“重批轻管”，导致农村宅基地一户多宅、批少占多等违规现象屡禁不止，特别是城郊地区由于征地拆迁机会多，有些村民为了获得更多拆迁补偿而违规建房，往往导致大量拆迁补偿矛盾发生。

（三）农村宅基地用地矛盾突出

近年来，由于国家严格控制村庄规划建设用地规模，各地对农民建房从严控制，城郊农村农民建房甚至暂停，村民结婚成家、添丁加口、分户立室等需要新批宅基地建房的合理需求难以满足，农村宅基地用地矛盾突出[②]。特别是宁夏生态移民宅基地分配指标卡得很死，新分户不能得到宅基地，一户多代家庭宅基地不能满足实际需求。

（四）农村宅基地退出形式单一

目前，农村宅基地符合法律法规规定的退出方式主要以政府处置为主。处置方式一是统一建设安置房集中安置。由政府对征地农民统一建设安置房，对征地拆迁户按拆迁房舍面积进行集中安置和补偿，除给予相应的房屋置换安置外，还给予一定的货币补偿，将原宅基地和建筑物转换拆除。这在城镇化建设拆迁安置、水库建设移民安置、工程建设移民安置、旧城改造拆迁安置等拆迁中均采取类似方式安置。二是生态移民安置。全国各地在实施生态移民工程中，大多采取易地新建移民村，搬迁移民缴纳一定比例的建房费，由政府统一无偿划拨宅基地，统一建

---

① 朱剑：《平罗县：深化农村综合改革 释放农村发展活力》，《宁夏日报》2016年2月29日。

② 张如勇：《构建农村宅基地有偿退出机制研究》，《新农村》2015年第1期。

设一定面积的住房，统一搬迁安置，将原住房拆除、原宅基地收归国有。三是易地新建置换处置。在新农村建设、美丽乡村建设、撤庄并村建设和危房危窑改造中，有些地方采取村民筹资、国家补助、集中易地新建的办法，进行统一建设、集中置换安置，将原住房进行拆除、宅基地进行集中处置。

由于农村宅基地置换处置方式单一，一方面，地方政府在获取大量城市和工业建设用地的过程中，往往以低成本占用农民宅基地，赚取巨额土地出让收益，这虽有利于加快城镇化和工业化的发展，但却降低了农民的财产性收益。另一方面，征地安置补偿“一夜暴富”的神话比比皆是，被征地农民反复与基层政府博弈、争取最大的利益补偿，“种楼”等现象层出不穷。

（五）农村宅基地隐形交易普遍存在

由于大量农村人口进入城镇，对住宅需求大增，但由于城镇商品房价格高昂，进城农民难以承受，而城中村、城镇近效宅基地和房屋就成了进城农民的首选，虽然国家对宅基地的流转在法律上有着严格的限制，但实际上各种形式的宅基地隐性交易一直存在。特别是在城市郊区和发达地区宅基地隐性交易非常普遍，主要有房屋租赁、房屋买卖、合作建房等形式，形成了以自发流转、交易为特征的农村宅基地隐形市场[①]。

（六）农村宅基地收益权不落实

我国法律规定农民对其房屋拥有占有、使用、收益和处分的权利，但由于宅基地使用权流转的限制性直接影响到农民房屋的可处分性，导致农民房屋财产收益权的沉淀，农民房屋财产难以转化为资产进而转化为资本，制约了农民房屋财产收益权的实现。

---

① 韩启德：《寻找宅基地有偿退出机制的切入点》，《中国房地产业》2015年4期。

三、宁夏建立农村宅基地有偿退出机制的可行性

（一）国家改革政策的支持

2008 年 10 月，党的十七届三中全会通过的《中共中央关于推进农村改革发展若干重大问题决定》提出："完善农村宅基地制度，严格宅基地管理，依法保障农户宅基地用益物权。"2013 年 11 月，党的十八届三中全会通过的《中共中央关于全面深化改革若干重大问题的决定》提出："保障农户宅基地用益物权，改革完善农村宅基地制度，选择若干试点，慎重稳妥推进农民住房财产权抵押、担保、转让，探索农民增加财产性收入渠道。建立农村产权流转交易市场，推动农村产权流转交易公开、公正、规范运行。"为落实十八届三中全会精神，2014 年 12 月 31 日印发的《关于农村土地征收、集体经营性建设用地入市、宅基地制度改革试点工作的意见》，决定在全国选取 30 个左右县（市）行政区域进行试点。2015 年 2 月，全国人大常委会审议相关决定草案，拟授权国务院在北京市大兴区等 33 个试点县（市、区）行政区域，暂时调整实施《土地管理法》《城市房地产管理法》关于农村土地征收、集体经营性建设用地入市、宅基地管理制度的有关规定。2015 年 11 月，中共中央办公厅、国务院办公厅印发的新一轮农村产权改革的指导性文件《深化农村改革综合性实施方案》，进一步明确提出了农村宅基地制度改革的基本思路："在保障农户依法取得的宅基地用益物权基础上，改革完善农村宅基地制度，探索农民住房保障新机制，对农民住房财产权作出明确界定，探索宅基地有偿使用制度和自愿有偿退出机制，探索农民住房财产权抵押、担保、转让的有效途径。"这就明确赋予了农村宅基地依法享有使用权、转让权、收益权和金融功能。2016 年 2 月出台的《国务院关于深入推进新型城镇化建设的若干意见》提出："探索农户对土地承包权、宅基地使用权、集体收益分配权的自愿有偿退出机制，支持引导其依法自愿有偿转让上述权益，提高资源利

用效率，防止闲置和浪费。深入推进农村土地征收、集体经营性建设用地入市、宅基地制度改革试点，稳步开展农村承包土地的经营权和农民住房财产权抵押贷款试点。”

这些政策的出台和改革措施的落实，将有力地推动农村宅基地有偿退出机制的建立。但是，从目前中央关于推进农村宅基地制度改革的基本思路来看，必须把握以下三个基点：第一，推进农村宅基地制度改革的目的是为了增加农民的财产性收入，而不是为了解决城市建设的用地指标，不是让城市居民到农村购买宅基地盖房子；第二，农村宅基地制度改革，关系重大，既要积极又要稳妥，需要在中央统筹安排下先搞试点；第三，农村宅基地制度改革不能损害农民的基本权益。

（二）全国农村宅基地有偿退出机制的试点

目前，安徽、浙江、广东、宁夏等多个省区已经对宅基地退出机制进行了不同程度的探索。

1. 安徽省探索建立宅基地退出机制

2014 年 2 月出台的《安徽省人民政府关于深化农村综合改革示范试点工作的指导意见》明确提出：一是实行宅基地占用农用地备案核销制度，保障农村村民的宅基地权利；二是坚持自愿、有偿原则，探索建立宅基地退出激励机制，农村村民主动退出依法取得使用权的宅基地的，由农村集体经济组织予以补偿或者政府予以奖励，并采取经济或其他手段予以激励；三是探索宅基地流转制度，允许农村村民通过流转方式使用其他农村集体经济组织的宅基地。

2. 浙江省探索建立“宅基地权票”制度

浙江省已上报国土部的宅基地改革试点方案提出，在土地完成确权的背景下，将借鉴重庆“地票”制度，将宅基地使用权量化为“宅基地权票”，通过权票交易、流转实现农民宅基地自由、有偿退出，显化农民住房财产权益。与此同时，逐步探索在不改变宅基地集体所有性质的前提下，允许符合条件的宅基地及农房突破村级集体经济组织的边界，在全县农业人口范围内进行置换、转让、继承、入股[①]。

3. 广东省进行宅基地分配制度改革探索

以建立宅基地固化制度为试点，探索宅基地分配制度改革。宅基地固化，就是按照到某一时点的实有人口数量，一次性下达村民住宅建设用地指标，逐年安排建设，指标使用完毕，不再审批单家独院式村民住宅用地。也就是说，通过由政府一次性提供一定批量的宅基地，把未来可能发生的、零星且难以管控的农民住宅用地需求纳入政府用地规划统一管理。另外，村民获得固化宅基地必须缴纳一定数量的土地补偿费和劳动力安置补助费等，才能获得相应面积的固化宅基地，而所收费用统一返还给村集体，用于固化宅基地区域的水路管网等基础设施配套建设。此外，对于取得新分宅基地后不打算建房者，还允许储备部门或集体经济组织统一作价收购，也允许村民间协议转让[②]。

4. 宁夏平罗县农村宅基地有偿退出试点

2012 年以来，平罗县开展了农村土地经营管理制度及配套改革，形成了“平罗经验”；2016 年平罗县又承担了全国新型城镇化综合试点和农村“两权”抵押贷款试点，取得了显著成效。一是拓展产权确权登记颁证范围，全面完成了农村集体土地所有权、农民土地承包经营权、宅基地使用权、农民房屋所有权确权的登记颁证工作。二是挂牌成立了全区首家县级农村产权流转交易中心，在全县 13 个乡镇设立了农村产权流转交易服务站，建立了平罗县农村产权交易信息网站，实行县、乡产权流转交易网络化管理。三是在全国第一个结合生态插花移民探索建立了农民“三权”（农民土地承包经营权、宅基地使用权和房屋所有权）自愿有偿永久退出机制。截至 2016 年底，全县自愿有偿转让耕地 11280 亩，收储农民退出

①② 王政，梁倩：《多地探索建立宅基地流转制度》，新华网，2014 年 6 月 6 日。

宅基地2056宗，安置移民1638户、村集体成员之间交易418户。四是建立了农村产权流转及抵押贷款机制，全县流转土地39万亩，占耕地总面积的43.8%；农村各种产权可捆绑抵押贷款，激活农村各类资产，累积抵押贷款1.75万笔8.41亿元，解决了农业发展融资难题。

（三）全国农村宅基地有偿退出机制试点的特点

从全国各地推行农村宅基地有偿退出机制试点的情况看，此次开展的农村宅基地有偿退出机制试点的共同特点如下。

一是加快推进农村宅基地使用权登记确权颁证。将农民房屋纳入确权登记颁证范围。在坚持农村宅基地集体所有性质不变的前提下，将宅基地和农房纳入全国统一的不动产登记体系，探索解决农村宅基地和农房确权登记中出现的各类问题和矛盾。

二是严格控制农村宅基地用地指标。修订完善农村宅基地用地控制标准和农村居民点人均建设用地控制标准，探索超标准宅基地处置办法。

三是探索落实农村宅基地使用权人在宅基地占有、使用、收益和处分上的权能，赋予宅基地使用权人更多权益。

四是探索建立农村宅基地有偿使用和有偿退出制度。在充分尊重农民意愿前提下，建立宅基地有偿使用和退出中土地收益分配机制和激励约束机制，探索农房抵押担保转让中宅基地占有权和使用权转移方法。

五是农村宅基地有偿退出机制试点刚刚开始，有偿退出方式单一，仅以政府收贮、转让为主。农村宅基地有偿使用仅有广东省个别县区进行试点。

四、宁夏建立农村宅基地有偿退出机制的对策建议

宁夏平罗县已开展了建立农村宅基地有偿退出机制的试点，并取得了较好成效，应进一步加大改革试点力度，总结成功经验，推进宁夏农村宅基地有偿退出机制的建立，减少全区农村宅基地的闲置浪费，提高农村宅基地的利用效率。

（一）完善农村宅基地使用权登记确权颁证制度

目前，全区农村宅基地使用权登记确权工作快速推进，但由于部分农村宅基地因不符合登记发证条件，只进行统计备案，未进行登记发证。因此，要进一步完善农村宅基地使用权登记确权颁证制度，明晰农村宅基地的内涵、包含范围和标准，明确附属的房屋、圈舍等用地的标准与归属，解决好超占面积宅基地、自由流转宅基地的登记等问题，完善宅基地登记档案，赋予农民具有法律效力的农村宅基地使用权和房屋产权证书，不登记不生效，使宅基地使用权人的权利得到明确。持证农户享有完整的宅基地用益物权，可以依法进入土地市场进行交易、抵押流转、担保、有偿退出等，可有效避免各种权属争议纠纷，实现农村宅基地用益物权的转移。

（二）探索建立宅基地使用权流转制度

认真贯彻党的十八届三中全会以来党中央关于有关深化农村土地制度改革的精神，将农村宅基地建设用地纳入城乡统一的建设用地市场，逐步放开农村宅基地使用权的流转市场，探索建立农村宅基地使用权在非本集体成员（城镇居民或其他农民）之间的流转机制，明确宅基地使用权流转双方的权利和义务、流转的程序，确保稳妥有序流转。建立建设用地指标储备交易平台，设立农村宅基地整治项目专项资金，通过对农村闲置宅基地的综合整治，形成“整治、复垦、节余、流转”高效利用的局面。

（三）探索建立农村宅基地有偿退出机制

坚持农户自愿退出宅基地必须有偿的原则，通过建立农村宅基地使用权的收贮机制、交易机制和严格的自愿退宅程序，实现农村宅基地用益物权的财产化收益。农户退出宅基地使用权，可获得货币补贴，或获得进入城镇、社区购买经济适用房、公租房、保障性住房的优惠。同时，对于进入城镇居住的退宅农户应享受医疗、就业、社保、住房、教育等一系列城镇待遇。对于在城市化进程中被动退出宅基地的农民，在补偿地上房屋损失的同时，还要连带补偿宅基地的损失，进行宅基地置换安置。对于自愿放弃农村闲置宅基地使用权的农民，应合理测算不同地域退出宅基地的补偿价格，由收贮机构给予相应的货币补偿或进入市场交易，以维护农民合法的财产收益权。对于农民退出农村宅基地，必须坚持自愿的原则，建立严格的退出程序，进城落户农民宅基地是否退出、怎样退出，完全由农民自己决定。进城落户农民对宅基地可选择保留、在村内流转或者退出并获得收益。对同时满足征地安置政策或退宅政策条件的，由退地农户自主选择其中一种方式进行退宅安置。

（四）探索建立农村宅基地有偿使用制度

建立农村宅基地有偿退出机制，就预示着农村宅基地可有偿取得。由于我国农村宅基地长期实行一户一宅、无偿取得、禁止买卖的管理制度，一方面对因历史原因形成超标准占用宅基地和一户多宅等情况无法处置，造成大量闲置浪费；另一方面对因子女成家分户、自发移民搬迁所需农村宅基地又无法审批供给。因此，有必要严格“一户一宅”原则，探索建立农村宅基地有偿使用制度，定额面积以内无偿使用，超出部分累进缴费，严格限制占用耕地转为建设用地。一是对因各种原因形成的超标准占用宅基地和一户多宅等情况实行有偿使用制度，在严格执行自治区现行农村宅基地标准的前提下，制定合理的超标准宅基地有偿使用费标准，逐年收取，以遏制超标准占用。二是改革农村宅基地“无偿取得”的审批分配制度，建立宅基地固化制度，村民获得固化宅基地必须缴纳一定数量的土地补偿费等，才能获得相应面积的固化宅基地，并获得农村宅基地使用权证。三是通过实施宅基地有偿使用制度，促进农村宅基地资源配置市场化，把农村隐性宅基地市场导向公开化和规范化，有利于加快农村土地制度改革。四是分类建立农村宅基地使用期限制度，根据宁夏山川不同区域的实际情况，对人多地少、经济发达地区农村宅基地的使用可建立农村宅基地使用期限制度，对原无偿取得的农村宅基地在无偿使用期满后，续期时需缴纳一定数量的土地补偿费，方可继续使用。

（五）完善退出宅基地农民的社会保障和就业机制

对于完全退出宅基地、承包地、林地的农民，政府要加大扶持力度，将其全部纳入城镇社会保障体系，保障退出农民与城镇居民享受相同的医疗、就业、社保、住房、教育等一系列社会保障待遇，解除进城落户农民的后顾之忧，保障其长远生计，使他们安心进城落户。同时，完善产业布局，搭建农民进城就业平台，更好地促进进城定居农民市民化，有房住、有工作、有社保。

宁夏设区市立法权实施问题研究

李保平

法律是法治的前提和基础，早在古希腊时期，亚里士多德就提出了法治乃良法之治的命题。党的十八届四中全会通过的《中共中央关于全面推进依法治国若干重大问题的决定》（以下简称《决定》）指出：法律是治国之重器，良法是善治之前提。由此可见良好的法律对法治国家的意义。我国是单一制国家，从 1954 年宪法颁布开始，除民族自治地方的地方立法权外，国家几乎垄断了对法律的制定，地方立法权包括设区市的立法权被取消。这种情况一直延续到改革开放时期。1979 年赋予省级人大及其常委会一定的立法权，1986 年赋予省级人民政府所在地的市和经国务院批准的较大的市可制定地方法规。后又以特别授权方式于 1992 年、1994 年、1996 年分别授予深圳、厦门、汕头、珠海四市立法权，截至《立法法》修改前，总计有立法权的设区市 49 个。目前全国设区市总数有 284 个，除上述 49 个市有地方立法权外，有 235 个设区市没有地方立法权。十八届四中全会《决定》要求在明确地方立法权的权限和范围的基础上，依法赋

作者简介：李保平，宁夏社科院法学社会学研究所所长，研究员，主要研究方向为法理学、民族法学、法学社会学和宁夏社会稳定问题。

予设区市的地方立法权。2015 年 3 月，全国十二届人大三次会议对《立法法》进行了修改，规定设区市的人民代表大会及其常委会根据本市的具体情况和实际需要，在不同宪法、法律、行政法规和本省、自治区的地方性法规相抵触的前提下，可以对城乡建设与管理、环境保护、历史文化保护等方面的事项制定地方性法规。宁夏总共有设区市 5 个，除银川市作为自治区首府城市早已有立法权外，尚有石嘴山市、吴忠市、固原市、中卫市 4 市以前没有地方立法权。《立法法》修订后，按照《立法法》七十二条三款的规定，自治区人大常委会分别于 2015 年 11 月 26 日、2016 年 3 月 24 日分别确定石嘴山市和吴忠市、固原市、中卫市可以开始制定地方性法规。至此，宁夏设区市均实现了制定地方性法规的历史跨越，实现了立法权的全覆盖。

一、赋予设区市立法权的必要性

设区市地方立法权的实施，是宁夏政治生活中的一件大事，是实现国家治理体系与治理能力现代化的重要方式。就宁夏设区市立法权的实施而言，对推动宁夏经济社会建设有着重要的意义。

首先，设区市立法权的赋予与实施，是发挥法治引领改革的现实需要。地方改革是全国改革的重要组成部分，也是国家顶层设计的实践基础。十八届四中全会《决定》要求实现立法和改革决策相衔接，做到重大改革于法有据、立法主动适应改革和经济社会发展需要，对地方改革而言这些论述同样适用。

其次，设区市立法权的赋予与实施，是宁夏各地经济发展的必然要求。从世界范围看，经济发展好的地方往往法治都比较健全，其背后的逻辑是法治对生产要素、生产环境的支持，包括明晰的产权、劳动力自由流动、合同的执行、知识产权的保护、社会环境的塑造、公民法人的守法诚信等都离不开法治。当年深圳、珠海、汕头等城市花费大量精力获得立法权，正是看到法治对推动地方经济社会发展的重要影响。宁夏是经济发展相对落后地区，特别是固原市，是全国著名的贫困地区，地方立法权的赋予，必将对地区经济社会发展起到巨大的推动作用。

再次，设区市立法权的实施，是有效解决社会矛盾的重要手段。当前社会矛盾凸显，依法化解社会矛盾是解决问题的根本出路。社会矛盾往往都具有地方性特征，地方立法权的赋予，可以为地方解决社会矛盾纠纷提供具有针对性的法律依据，可以有效避免大闹大解决、小闹小解决、不闹不解决、花钱买太平的无序现象，有利于维护地方社会长期稳定与和谐。

最后，设区市立法权的赋予，可以有效弥补国家立法的原则性、普遍性与地方实际需要之间的矛盾。十八届四中全会《决定》赋予设区市地方立法权和随后《立法法》的修改，实际上是在立法权的赋予上改变以往的特惠制而实行普惠制。它的最大好处是可以克服国家立法带来的原则性有余而无法顾及地方实际的困境。实际上，即使再缜密的法律都无法涵盖所有的问题与情形，总是会留下一些空间由地方去根据实际来处理，这就为设区市立法权的实施预留了空间，也有效克服了国家立法的短板，丰富了社会治理的规范资源，对推动地区法治化进程有着重要的意义。

二、宁夏设区市立法权实施中应注意的几个问题

（一）要准确理解设区市立法范围与立法权限问题

《立法法》七十二条规定，设区的市的人民代表大会及其常务委员会根据本市的具体情况和实际需要，在不同宪法、法律、行政法规和本省、自治区的地方法规相抵触的前提下，可以对城乡建设与管理、环境保护、历史文化保护等方面的事项制定地方性法规，法律对设区的市制定地方性法规的事项另有规定的，从其规定。表面上看起来，相较于以前较大市的

立法权，现在设区市的立法范围有所减少，但实际上，设区市的立法权范围并没有人们想象的那样有较大的压缩，除立法中在罗列了三种立法权范围外，还在结尾加了一个“等”字，实际上为立法范围的扩容预留了空间。另外，正如《〈立法法〉修正案审议结果报告（草案）》所说的，“城乡建设与管理、环境保护、历史文化保护等方面的事项范围是比较宽的。比如，从城乡建设与管理看，就包括城乡规划、基础设施建设、市政管理等；从环境保护看，按照《环境保护法》的规定，范围包括大气、水、海洋、土地、矿藏、森林、草原、实地、野生生物、自然遗迹、人文遗迹等；从目前49个较大的市已制定的地方性法规涉及的领域看，修正案草案规定的范围基本上都可以涵盖”。这就提出了一个问题，设区市地方立法权的范围到底如何界定，法律的弹性规定再加上较为宽泛的立法解释，使得《立法法》中看似清楚的设区市立法权限问题又变得扑朔迷离、莫衷一是，在实践中必然也会引起争议。特别是当地方政府把立法权作为行政扩权的工具试图突破《立法法》的立法规定时，这种冲突会显得尤为明显。另外，从城市建设与管理看，也有一些深层次的问题需要解决，比如市政管理中，肯定会涉及对公民权利的必要与合理限制，而这些问题，按照《立法法》第八条的规定，均属法律规定的事项，使得地方立法权在具体制定、执行中面临一些实际的法律障碍，而这些障碍，会影响地方立法的实施绩效。上述两个问题实际上是设区市立法权实施中必定会遇到的问题，需要引起我们高度重视并对上述问题加强研究力度，理清立法意图，力求找到解决问题的路径。

（二）关于既要保持立法的地方特色，又要维护国家法治统一，防止法治碎片化，杜绝利用立法权使地方保护主义合法化的问题

立法权的扩大，是国家治理体系现代化的必然要求，总体来讲符合国家利益的需要。由于我国是单一制国家，法治的统一是国家立法的基本要求，也是国家能力的重要体现。设区市立法权的赋予，如果处理不好统一

与特色之间的关系，极容易造成法治的碎片化，甚至影响国家法治的统一，使得国家法治现代化的努力会蜕变为地方保护主义的工具，从而走向立法设计和立法目的的反面，这是我们不愿意看到的，也是一定要高度重视的一个问题。

（三）机构设置与人员编制问题

机构设置与人员编制是设区市行驶立法权的前提和条件。法制委员会是《立法法》规定的统一审议机构，法制工作委员会是常委会工作机构，两者互相配合，缺一不可。所以，从《立法法》的规定看，设立法制委员会和法制工作委员会是人大行驶立法权的前提条件。从宁夏4市的具体情况看，虽然有些市如固原市法制委员会的机构设立较早，但由于没有立法权，实际上法制委员会履行的是内务司法委员会的职责。2015年底，石嘴山市率先成立了法制委员会，2016年初，吴忠市、固原市、中卫市先后陆续设立了法制委员会，但法制工作委员会的设立由于受机构编制的影响，除银川市外其他4市还没有设立。法制工作委员会是人大常委会的专门工作机构，人员机构编制没到位，不同程度影响立法的进程。从我们调研的情况看，各市均向自治区人大和自治区政府编制管理部门提出申请，但该问题直到现在还没有解决。各市具体设立情况见下表。

宁夏设区市法制委员会和法制工作委员会设置情况一览表

宁夏设区市	法制委员会设立情况	设立时间	法制工作委员会设立情况	设立时间
银川市	设立	2000年9月	设立	2000年9月
石嘴山市	设立	2015年初	无	
吴忠市	设立	2016年初	无	
固原市	设立	2016年初	无	
中卫市	设立	2016年初	无	

（四）立法队伍建设的问题

长期以来，人大工作服务于地方政治经济社会建设，自身建设存在较大的短板，特别是专业性不足的问题较为突出。在新的历史时期，特别是强化人大法定职能的背景下，人大工作人员的组成结构以及知识与能力结构与人大职能的不匹配性就表现得非常明显。以设区市立法权为例，由于长期没有立法权，人大机构中法律背景的专业人员较少，设区市立法权赋予后，我们面临的一个重要问题是缺少立法人才，特别是在人大代表中法律人才严重不足，导致法制委员会的组成人员中缺少一定比例的法律专家和法律人才。在我们对宁夏 4 市立法调研中，普遍反映法律人才缺乏，有的市缺少法律背景的人大代表，影响了法制委员会的履职能力。实际上，人才特别是法律人才的缺失已经成为影响宁夏设区市地方立法权实施的瓶颈。

（五）立法质量问题

先有良法，然后才会有善治，良法是善治的前提。制定一部高质量的地方法规，是地方政府推进社会治理的基础工程。由于宁夏各市地方经济社会文化发展水平有较大的差异性，地方立法水平必然存在参差不齐的情况，加之在缺乏科学立法、民主立法理念的氛围下，地方立法权极易蜕变为地方领导的扩权工具，领导一句话、一个不成熟的想法催生一部法律的可能性不是没有。我们在调研中大家普遍反映设区市立法权赋予后，不知道怎么立法、怎么实施。虽然一些市也制定了立法程序规则，但对如何立法、立什么法、什么时候立还是不太清楚，甚至存在畏难情绪。立法质量不但关乎法律的优劣，而且也与人民群众的生产生活密切相关，高质量的法律是推进经济社会改革的重要方式和社会治理的有效手段，一部劣法不仅不能发挥治理的功能，还会引起社会的不满与抵制，激化社会矛盾，削弱人们对法律的信仰。所以，面对设区市立法权赋予后宁夏各市机构、人员、编制等实际现状，如何保证立法质量便成为我们不得不关注的重要问题。

三、对进一步加强宁夏设区市立法权实施的几点政策建议

（一）各级党委、政府要深刻领会和认识地方立法权赋予对促进地方经济社会发展的意义和价值，重视立法工作，抓紧落实有关规定，用好该项权利

长期以来，由于没有立法权，宁夏各地主要依靠政策推动改革，对依法推进改革的优势缺乏体认。所以，十八届四中全会《决定》赋予设区市立法权后，许多人包括一些领导还没有意识到该项权利对于地方经济社会发展的意义。回顾改革开放初期，深圳作为改革的前沿，较早认识到立法权对深圳发展的作用。1992 年深圳经过艰难的努力才获得地方立法权。原深圳市委书记王荣在回答特区之特时明确地说：特区立法权仍是深圳有别于其他城市的特之所在，仍然是新时期特区最大的制度优势。2007 年，时任深圳市委书记李鸿忠在总结深圳发展经验时也认为，中央对经济特区的最大支持就是特区的立法权，依靠税收的优惠政策和特区的立法权，深圳建立了极为重要的制度平台。所以，深圳的成功在很大程度上应归功于深圳的立法权的取得和法制建设的成就。地方立法权的赋予不但可以使地方治理有了较大的自主权，更加符合地方实际，也可弥补政策执行带来的短期性和随意性，对培养政府、公民的法律意识也有重要作用。在运用设区市立法权的问题上，我们一方面要明确立法边界，自觉维护国家的法治统一，做到不越位，另一方面也要用好用足这项权利，不使这项权利虚置，充分发挥立法在推进各项改革、发展经济、推进社会建设中的作用，做到不缺位。

（二）加强设区市立法制度机制建设，是保证立法权顺利实施、保障立法质量的有效措施

立法工作是为政党、政府、社会、公民立规则、树导向的工作，也是一件牵涉面广、影响大的系统工程。因此，审慎的态度是必需的。就设区

市立法权而言，由于缺少经验和人才，在实施立法权的过程中切忌追求速度效应，在立法项目的选择、立法规划的制定上要遵循先易后难、先简后繁的原则，成熟一个确定一个。在条件不成熟时，宁愿放一放、等一等、看一看，也不要当作政治任务去完成。立法不同于经济建设，错了可以改，推倒了可以重来。法律的神圣性、稳定性决定了它绝非朝定夕改的玩物，也非一时一地的政绩工程，对此我们一定要有清醒的认识。从目前宁夏的实际情况看，除各市已经制定的立法程序规定外，我们至少要在以下制度建设上取得突破：其一，立法项目征集、调研和论证制度；其二，多元化的法规起草制度；其三，立法过程的公众参与制度；其四，人大审查批准制度；其五，立法后评估制度；其六，政府规章的审查备案制度。

（三）机构设置、立法人才队伍是立法质量的前提和保证，应加强各级人大立法机构、政府法制部门建设，加大人、政府法治队伍培养力度

从《立法法》的修改解释看，法制委员会和法制工作委员会的设立及其人员的配备是设区市立法权实施的先决条件。宁夏 4 市基本都没有完成人大常委会法制工作委员会的机构设置和人员配备，因此，按照《立法法》的相关规定，宁夏 4 市实际上还不具备实施立法的条件。但鉴于自治区人大已经批准 4 市可以实施立法权，所以加快法制工作委员会的机构设立和人员配置便成为一项刻不容缓的工作。希望自治区人大加大与自治区政府协调，尽快将该问题解决。在人员编制有限的情况下，各市也要积极协调沟通，包括从内部调剂编制人员，尽快完成法制工作委员会的设立，使设区市立法机构建设符合《立法法》的要求并尽快启动立法工作。

长期以来，我国人大的机构功能和人员配备主要是从政治角度考虑的，较少从专业角度考虑机构设置和人员组成。由于省以下地方政府此前大多没有立法权，因此，在机构设置、人员配置方面存在的问题更加突出，使得人大在遇上专业性较强的问题时无法有效应对，影响了履职的能力。如何解决立法机构的代表性与专业性的矛盾与冲突，西方发达国家有

一些成熟的做法，可以为我们提供一定的借鉴。有些西方国家是通过将与立法机关审议监督有关的专业技术部门比如审计部门附设在立法机构内部，使其成为立法机构的咨询机关；有些国家议员有自己的咨询服务团队，专门解决议员在履职时碰到的专业技术问题。这些措施，都可以有效克服议员专业知识不足所带来的问题。从我国目前的情况看，我们尚不具备这些条件，但可以考虑以后人大在工作人员的调配中，适当增加一些专业技术人员的比例，为人大履职提供专业咨询，这也是今后随着人大职能的强化，人大履职必须具备的能力要求。目前就宁夏 4 市的调研情况看，人大代表中法律专业人才不足，影响了法制委员会的履职能力。人大工作人员中，法律专业人才缺乏，有立法实践经验的人才更是稀缺。所以，加强人大法律人才的配置与培养，已成为刻不容缓的一项工作。

（四）要全面理解人大的立法主导作用，把法规制定、审查、监督贯穿人大立法的全过程

自治区人大应设立专门机构重点加强对设区市立法的合法性审查，维护法制统一，保证立法质量。设区市政府法制部门要加强对规章的审查力度，确保规章的质量。

十八届四中全会《决定》提出“要健全有立法权的人大主导立法工作的体制机制，发挥人大及其常委会在立法工作中的主导作用”。人大的立法主导作用应贯彻整个立法的全过程，包括立法规划、立法过程、审议、审查、立法后评估等，而不是仅仅局限在某一个方面。要重点加强人大对立法草案的审议、审查功能，加强政府法制部门对规章的审查力度，按照十八届四中全会《决定》要求，建立健全法规、规章在制定过程中征求人大代表意见制度，增强立法的民主性和科学化水平。在当前宁夏 4 市立法能力、立法经验不足的情况下，要重点加强自治区人大对设区市立法的指导和法规的合法性审查力度，自治区人民政府法制部门也要加强对设区市规章制定的指导与备案审查，保证规章质量。立法后评估是目前许多地方

通行的有效解决立法质量的重要方式，宁夏设区市立法权、政府规章制定权实施后，可以通过第三方机构对法规、规章进行评估，及时发现法规、规章在实施中存在的问题，提出意见建议，为修改完善法律积累创造条件。

（五）创新工作机制，建立健全立法机关与社会公众沟通渠道，开展立法协商，建立立法论证咨询机制，探索委托立法的方式，通过完善立法公众参与机制，凝聚社会共识，提高立法质量

立法机关主导立法并非意味着人大在立法中包揽一切，按照十八届四中全会的要求，各级人大要健全立法机构主导、社会各方面有序参与立法的途径和方式。探索委托第三方起草法律法规草案。宁夏一些市虽然建立了立法咨询机构，但面临目前人才、机构短缺的局面，立法咨询机构的作用有限，设区市人大重点还要在委托第三方立法上下功夫，出实招，形成立法工作者、政府相关部门、专家学者共同参与地方立法的新模式。在确定一个立法项目后，可尝试由政府有关部门、专家学者分别制订草案，人大在征求各方意见后汇总各方意见，最后确定立法草案文本。这样既发挥了国家机关、社会团体、专家学者的论证咨询功能，防止了政府立法的利益部门化弊端，也拓展了立法渠道，规避了人大立法力量不足带来的立法质量无法保证的问题，有效提升了立法的科学性和民主化水平，为制定一部好的法律打下坚实的机制基础。

宁夏创新社会主义核心价值观传播方式研究

鲁忠慧

培育和践行社会主义核心价值观是党的十九大报告中坚持社会主义核心价值体系的重要内容，同时也是新时代坚持和发展中国特色社会主义基本方略的重要内容。联合国教科文组织专家欧文·拉兹格认为“区别一个社会与另一个社会的不仅仅是金钱或自然资源的财富，而首先是它的人民的价值观念、积极性和创造力”。人们在认识和改造世界、创造和实现价值的过程中，必然要形成一定的价值观念，一个国家、一个民族、一个社会必然要有自己的核心价值观，并居于整个社会的核心地位，起着主导和统领的作用，成为社会得以运转和维持的基本精神依托。“富强、民主、文明、和谐；自由、平等、公平、法治；爱国、敬业、诚信、友善”作为中国社会主义特色的核心价值观确立以来，一直是我们精神文明建设的核心任务，并紧紧地与我们的“中国梦”的实现联系在了一起，成为我们国家、社会和公民个体共同追求的价值目标。

一、盘点宁夏传播社会主义核心价值观的基本方式

要让社会主义核心价值观入脑入心，并且切实地融入到每个人的日常

工作和日常生活的行为之中，传播方式和传播途径对培育和践行社会主义核心价值观有着无可置疑的重要作用。宁夏在培育和践行社会主义核心价值观方面主要有以下几个途径。

（一）典型引领示范，传播社会主义核心价值观

长期以来，宁夏坚持通过开展各种活动发现我们身边的好人好事，树立先进典型和道德模范，以群众身边的先进典型为时代航标和社会榜样，以榜样的力量引领社会价值导向。坚持开展选树乡镇、县、市、自治区、全国不同层级的道德模范，选树县、市、自治区、全国不同层级的身边好人，选树“感动宁夏”十大人物，选树“美德少年”，选树“为宁夏建设做出突出贡献英雄模范人物”等活动，以各种形式传播宣扬选树的典型和榜样。全区各级各类道德典型选树数量多，宣传声势大，社会反响热烈，价值导向鲜明有力，好人建设热在基层。

（二）通过各种媒体和媒介，全方位、立体式传播、阐释社会主义核心价值观

为推进社会主义核心价值观建设，凝聚社会共识，充分发挥宁夏媒体的资源力量，将核心价值观融入到老百姓生活和工作能接触到的任何媒体和媒介，从报纸、电视、广播等传统媒体，到网络、手机等新兴媒体，再到更广泛的文化传播、专业的学术研究，构建立体化传播体系，积极传播社会正能量。以“传递正能量、共筑中国梦”为主题，充分利用建筑工地围挡、公交站牌、公共宣传栏等载体，广泛开展“讲文明树新风”公益广告宣传活动。在广场、路口、机场车站、公园普遍设置了宣传标语和提示牌，引导市民积极践行社会主义核心价值观并融入到身边的生活。在村居醒目位置绘制社会主义核心价值观宣传文化墙，刷写墙体宣传标语，发放宣传资料，在广大城乡、社区设立“善行义举榜”。积极发挥文艺作品的熏陶作用，对弘扬优秀传统文化的舞台剧目的创作生产、演出活动进行奖励。

（三）针对不同群体开展不同类型的践行活动，传播和培育社会主义核心价值观

针对大、中、小学生群体，以各级各类学校为重点，推动社会主义核心价值观进教材、进课堂、进学生头脑的“三进”活动，把社会主义核心价值观入大、中、小学各学科课程标准、教材编写、考试评价之中；利用好重大节日、纪念日，传播主流价值。针对城乡群体，将传播社会主义核心价值观与建设美丽乡村和文明城市创建活动紧密结合起来。

（四）围绕三个倡导，开展丰富多彩的活动，传播社会主义核心价值观

一是广泛开展社会主义核心价值观进机关、进学校、进医院、进企业、进村居、进家庭“六进”活动。二是以学雷锋活动为抓手，组织开展“学雷锋奉献在岗位”“雷锋进社区”“雷锋进农村”“雷锋进学校”等系列活动。三是持续推进道德讲堂活动。四是以“我们的节日”主题活动为载体，传播社会主义核心价值观。以春节、元宵节等中华传统节日为契机，开展“我们的节日”主题活动，弘扬爱国主义精神，发挥优秀传统文化怡情养志、涵育文明的作用。

（五）以家庭教育为最基础的重要平台，传播和育成社会主义核心价值观的三个倡导

近年来，自治区妇联发挥自身的优势，创新提出“抓两头，带中间”的家庭文明建设工作思路并积极加以实践。“抓两头，带中间”，即一头抓示范引导，主要开展寻找“最美家庭”活动，培树、宣传典型，一大批“最美家庭”润物细无声般影响着身边的人，以良好家风家训传递向上向善的社会力量；一头抓关爱帮扶，主要开展“和谐家庭”创建工作，帮助不和谐因素相对集中的五类家庭（经济困难家庭、刑满释放人员家庭、零就业家庭、闲散青少年家庭和单亲母亲家庭）解决实际问题，逐步消除不和谐因素。

（六）以促志愿服务制度化为契机，传播和弘扬社会主义核心价值观

开展志愿服务是培育和弘扬社会主义核心价值观的重要途径。目前，宁夏各类志愿者服务队达到1300多支，到2015年上半年，全区登记注册的志愿者有42.8万名，志愿者参与志愿服务总人次达到20余万人次。宁夏志愿服务工作已初步实现了志愿者队伍由青年为主向全体社会成员共同参与转变、志愿服务活动由阶段性为主向经常性转变、志愿服务管理由松散型向规范化转变。

二、宁夏在传播社会主义核心价值观方式上的薄弱点

近年来，自治区在传播社会主义核心价值观方面构建了立体化的传播体系，积极传播社会正能量，为“四个宁夏”建设提供了强有力的精神支撑。宁夏在社会主义核心价值观传播渠道和方式上，虽然采取各种办法，有传统形式的，也有网络形式的，但从传播效果看，传播方式上还存在枯燥、无趣、灌输式、被动式以及模式化、形式化等薄弱点，无法保证传播效果的有效性。

（一）传播方式生动性、互动性有待加强

在社会主义核心价值观传播和思想道德教育过程中，常常采用自上而下的“单向灌输式”宣传教育方式，传播模式、教育方式和宣传内容较为单一，缺少一种寓教于乐、寓教于学的氛围，在教育过程中缺少有效的交流互动，常常出现传播和教育中的“一头热”现象，导致传播主体组织开展活动轰轰烈烈，被传播群体处于被动接受状态，存在“要我学习”状态。新闻媒体等在传播社会主义核心价值观时往往是进行枯燥、乏味的解读，导致群众对24个字的具体含义难以吃透。

（二）传播方式大多显得较为抽象化、模式化

传播效果是指社会主义核心价值观传播能引起受众群体的心理、态度和行为上的变化。社会主义核心价值观的宣讲、传播，大多是生硬的说

教，抽象的墙体文字，不太接地气，传播效果不理想。社会主义核心价值观传播和道德教育过程中主要采取理念传播的模式，教育内容与受众群体认知特点紧密度不够，人们对空洞的价值理念和说教的道德教育理解认知认同较为困难，容易使价值理念内容被仅仅当成口号，而起不到核心价值观的精神引领作用。

（三）党员干部的不当行为削弱了价值观的传播效果

在社会主义核心价值观的宣传上，党员领导干部有着不可推卸的责任。任何社会核心价值观的建立首先要有执政阶层人士的身体力行与知行合一，将自己的人格魅力转化为效仿的对象，才能形成长远且积极的影响。而当今社会生活中，一些党员干部行贿、受贿等不当行为给社会带来了不良的影响。因此，在社会主义核心价值观的宣传上，党员干部要起到良好的宣传引导作用，自然能达到“其身正，不令而行”的效果。

（四）社会主义核心价值观宣讲以及媒体的解读能力有待提升

媒体以及宣讲者作为社会主义核心价值观的传播主体解读能力直接影响着核心价值观的传播效果。目前，核心价值观的宣讲者，其宣讲语言的生动化需要进一步提高，宣讲形式单一，需要创新；媒体传播的解读力显得枯燥、乏味，深入的解读和让大众认可的释读还停留在文字的表面形式上，深入浅出的解读能力还有待提高。

三、创新社会主义核心价值观传播方式的建议

为了更好构筑中国精神，为人民提供精神指引，为了适应人们接受社会主义核心价值观浸润的心理期待，让社会主义核心价值观入脑、入心并融入到日常行为中，提高核心价值观传播的有效性，形成习近平总书记所说的“使核心价值观的影响像空气一样无所不在、无时不有”的氛围，引领“美丽宁夏”建设，就必须高度重视传播手段建设和创新。

（一）变“无趣、枯燥”为“有趣、生动”

在传播核心价值观的过程中，一切要从受众者的角度出发，以他们最易最愿最能接受的传播方式，有效利用媒体、活动、教育等方式，追求传播实效的最大化。建议：一是根据农村受众群体多为老人、儿童的特点，墙体宣传应结合当前文明乡镇创建和美丽乡村建设活动，可以以漫画的形式讲故事，以有趣、生动的故事情节吸引百姓，以美观的图画亮化乡镇、农村。二是依据中小学生年龄特点以及他们判断是非能力的程度，结合“进教材”的活动，将“三个倡导”用漫画故事具象化。如在解读友善等核心价值观的12个词汇时，通过漫画故事告诉青少年，在什么情况下，怎样去做，才应该是友善，怎样做不是等。还可以探索围绕着“三个倡导”，编辑出版相应的三个系列的适合青少年阅读的漫画小人书。三是围绕社会主义核心价值观讲好“劳模故事”“好人故事”等。为此，首先，语言表达上要生活化、通俗化和生动化。如在开展道德模范巡回演讲、道德讲堂等活动时，要切实避免大话、套话，有的时候，还可以使用幽默诙谐的语言，让话语表达贴近生活、百姓、人心。其次，所选的故事要有情节、要生动，力戒“空架子”或“花架子”，能够让听众随着故事情节的叙述自然而然地接受故事所要讲的价值理念。再次，在讲道理时要深入浅出，故事性叙述，细节性呈现，于细微处见精神，让核心价值观蕴含于故事之中，使受众者从情感上、心理上真正能认知和认同核心价值观。最后，让公益广告更接地气。学习中央电视台社会主义核心价值观公益广告的创作模式，制作语言生动、手法新颖的，既通俗易懂又有深刻文化内涵的核心价值观的公益广告。

（二）变“灌输式”为“互动式”

互动是指一种相互使彼此发生作用或变化的过程。日常生活中的互动是指社会中的个人与个人之间、群体与群体之间等通过语言或其他手段传播信息而发生的相互依赖性行为过程，是一种使对象之间相互作用而发生积极改变的过程。互动式传播是指在传播的理念与策略上，摒弃“单打独斗”“灌输式”的传统做法，充分运用已经存在的传播平台、传播媒介、传播方式，实现主客体之间的互动，实现讲者与听者之间的互动。在传播社会主义核心价值观的时候，采用“互动式”进行传播，因为受众者参与其中，与“灌输式”相比，传播效应会更加有效。一是要加强社会主义核心价值观的宣传、引导工作和构建的主客体之间的互动。自治区各级党政部门和全体党员干部作为社会主义核心价值观的宣传、引导工作和构建的主体要与人民群众这一客体有效互动起来，要通过互动交流的方式传播、构建和引导社会主义核心价值观。改变主流传播媒体、传播主阵地，侧重于信息的传达、上传下达的一种状态。主流媒体在宣传社会主义核心价值观这一主流意识时，必须充分尊重受众的主体地位，不能高高在上地单向灌输。有学者认为，社会大众对偏向宣传引导的新闻传播已经普遍失去兴趣，职业新闻传媒若是依旧以居高临下的权威方式，用单调的思想灌输大众、单一的舆论引导大众，结果只能是曲高和寡，自娱自乐。二是要加强社会主义核心价值观“进课堂”、劳模宣讲、好人巡讲以及道德讲堂等传播形式的互动性，把“灌输式”变为“互动式”。如，课堂讲授时，在老师对核心价值观进行解读后，可以让学生以多种形式演绎自己理解的核心价值观。劳模、好人讲演时，可以加入主持人与劳模、好人之间的问答模式以及听众向劳模或好人提问的模式，活跃气氛，提高听众的兴趣度、兴奋点，以改变人在会场而心不在焉的有名无实的传播状态。道德讲堂更可以采取灵活多样的方式。如传授者可以回答听者自己心中的疑问，让百姓感到你讲得很真实、很生活，让百姓更易接受，在“解惑”中强化对核心价值观的认同。宁夏南部山区可以以秦腔的形式演绎劳模故事，既可以是社区、文化大院百姓自编自演的小剧，也可以是“文化下乡”时带到农村的大剧。

（三）用“互联网+”的思维模式，创新传播方式

互联网快速发展，持续深刻地改变着人们的工作和生活方式。以微博、微信为核心的交流、社交和沟通，已经成为中国人日常生活的重要内容。2015年7月，中国互联网络信息中心发布的第36次统计报告显示，截至2015年6月，我国网民规模达6.68亿，互联网普及率为48.8%。手机网民规模达5.94亿，所占网民比为88.9%。由此可以看出，手机上网成为一种潮流。微信自2011年1月到2015年4月，已拥有6亿多用户。2015年1月，腾讯企鹅智库发布《微信平台首份数据研究报告》指出，平均每天打开微信10次以上的用户占55.2%。据统计，微信公众号自2012年推出到2014年底，数量已超800万，近八成微信用户关注了公众号。2015年4月，新闻出版研究院公布第十二次全国国民阅读调查结果显示，2014年，34.4%的成年国民进行过微信阅读，微信阅读接触群体人均每天微信阅读时长为40.98分钟。面对这样的发展新趋势，就需要自治区新闻宣传等部门及时做出调整，顺应发展潮流，提高新闻舆论传播力、引导力、影响力、公信力，就需要用“互联网+”的思维模式，以“创新+用心”的精神，创新传播核心价值观的方式。

一是直面大数据，靶向传播。利用大数据，准确把握网民的思想意识动态，适时调整传播方式。大数据最核心的价值就是在于在第一时间能从大量互联网数据中快速获取有益于核心价值观传播的最有价值的信息，在分析、研究大量数据的过程中寻找网络传播规律，可以帮助我们更好地适应变化，并做出更明智的传播方式的决策，实现精确定位，靶向传播。二是直面微时代，有效利用微文化。微时代造就了微文化这一新兴的文化形态。微文化起源于微博，成熟于微信、微小说、微电影的汇聚融合。目前，微文化正以其“微言大义”的内涵和“无微不至”的外延，潜移默化地从细微之处影响着人们的思维轨迹。自治区应该很好地利用微文化的传

播途径，有计划、有步骤地创排有关核心价值观的微小说、微电影和微公益广告等，将劳模、好人事迹等故事化、文学化和电影化，借助微平台传播给微信用户。有效利用微平台互动性强、传播面广、传播速度快的特点，弘扬核心价值观，形成微合力。

（四）强化父母、教师以及领导干部“身教”的示范作用

在传播社会主义核心价值观时，除了利用媒介、宣讲活动等“言传”之外，“身教”同样也担负着重要的传播作用，是非常重要的传播途径。在一定程度上，身教是胜于言传的，因为人们常说，言传不如身教、说得好不如做得好以及榜样的力量是无穷的等。身教过程就如美国著名的新行为主义心理学家班杜拉的观察学习理论观点认为的那样：观察学习就是个体不必直接参与学习活动，通过观察他人（或榜样）的行为及其后果中获得信息，获得示范行为的象征性表象，并引导学习者做出与之相应的行为过程。党的十九大报告中指出，培育和践行社会主义核心价值观，要坚持全民行动、干部带头、从家庭做起，从娃娃抓起。社会主义核心价值观以“身教”方式的传播，可以归纳为三类，即父母对孩子的身教、老师对学生的身教以及领导干部这一“关键的少数”对普通大众的身教。核心价值观的“身教”应该寻找到与当下开展的一些活动之间的契合点，突出核心价值观传播的时代感和现实感。一是与良好家风培育相结合，强化父母身教在传播核心价值观过程中的重要作用。家庭是人们最早也是终生接受教育的场所。父母是孩子的第一任也是最永久的教师。父母的道德示范作用对青少年道德判断和道德行为的形成具有重要的作用，家庭教育对其品德修养的影响更为直接和深刻，也是良好家风形成的关键因素。家风，是一个家庭或家族长期以来形成的能影响家庭成员精神、品德及行为的一种传统风尚和德行传承。习近平总书记指出，“家风是一个家庭的精神内核，也是一个社会的价值缩影”。每个家庭的家风汇聚起

来也就形成了这个社会的民风和社风。二是与师德培育活动相结合，强化老师身教在传播核心价值观过程中的重要作用。突出教师对核心价值观的示范表率。学高为师，德高为范。习近平总书记指出，教师的人格力量和人格魅力是成功教育的重要条件。只有占据理想信念和道德品质的制高点，立志成为践行社会主义核心价值观的楷模，教师才能真正发挥好示范引领学生的作用。三是与“三严三实”专题教育活动以及反腐倡廉相结合，强化领导干部的身教在传播社会主义核心价值观过程中的重要作用。传播社会主义核心价值观，领导干部是“关键的少数”。“官德”是影响社会环境、社会道德风尚和社会主流价值观的主导性因素。领导干部能不能以身作则、率先垂范，关系到全社会传播社会主义核心价值观的实际效果。“道不可坐论，德不可空谈”。领导干部作为核心价值观的宣传推动者，他们的价值取向、精神境界、道德良知状况如何，直接影响到民风乃至整个社会风气，其信仰状态和素质能力是社会主义核心价值观能否大众化的关键。

（五）以生产影视文化产品为突破口，在讲好宁夏故事的同时，传播好核心价值观

核心价值观是国魂，也是文艺作品的灵魂，如何在文化产品开发中自然嵌入核心价值，创作出有魂的文艺作品是核心价值观大众化的重要途径。习近平总书记指出：“文艺是时代前进的号角，最能代表一个时代的风貌，引领一个时代的风气。”文化产品的开发需要市场推动，也需要价值引领。事实证明，文化产品的持久竞争力与核心价值竞争力是正相关的。文学、戏剧、电影、电视、音乐等文化产品不仅要愉悦感官，更要陶冶情操、撼动灵魂。根据英国文化学家汤普森的观点，今天的意识形态早已不是一种直接表述的学说，而是一种大批量生产的大众文化产品，这些产品供人们娱乐，人们在消费这些产品时就再现了这些产品所忠实反映的社会现实。党的十九大报告中指出，要繁荣文艺创作，坚持思想精湛，制

作精良相统一，加强现实题材创作，不断推出讴歌党、讴歌祖国、讴歌人民、讴歌英雄的精品力作。我们必须不断创新核心价值与大众文化的结合方式，讲品位、将格调、讲责任，将社会主流价值观内嵌在文化产品中，推动核心价值由理念形态向文化产品形态转化，实现文化的创造性转化、创新性发展。

近年来，《乔家大院》《闯关东》《潜伏》《亮剑》以及《中国合伙人》等就是大众文化与主流价值观相结合的成功影视文化产品，这种既能反映地方特色文化，又能充分表现出民族精神的影视作品，颇受大众欢迎。这些文化产品既契合了人们日常休闲娱乐的需求，又使其浸润了核心价值，是核心价值观文化化的不错选择。自治区应以影视业感性化、生动化为突破口，在讲好宁夏故事的同时，传播好核心价值观。用政策与机制大力推动宁夏影视业的发展壮大，特别是要扶持与鼓励具有宁夏风格、宁夏气派的影视作品的创作、制作与播放。好的影视作品的社会效益与经济效益是大家有目共睹的，其强大的传播力、市场占有率也是无可置疑的。近年来，我国影视传播公司的不断上市，体现了大众文化消费的趋势与文化市场的潜力。中国国产电影的票房从十多年前的 10 亿元上升到 2014 年的 296 亿元，2015 年上半年，国内电影票房达到了 202 亿元，中国电影市场正在高速扩容。电影作为文化消费品，是具有区别于其他消费品的特点，要用电影特有的方式传递核心价值观，电影才能让消费者在喜欢看的同时被核心价值观潜移默化影响着。习总书记要求我们的文艺作品要“有温度”，即是此意。一部有温度的电影应该是生动的、鲜活的、有趣的、丰满的。而后，“筋骨”存焉。

（六）在“落实”上下功夫，创新传播方式

在培育社会主义核心价值观的过程中，我们要特别关注“现实的个人”的利益。历史唯物主义认为，人们在思想观念与价值观方面的对立和冲突，不过是现实社会关系中人们的利益尤其是经济利益之间对立、冲突的回声和反应。所以马克思和恩格斯将利益特别是经济利益作为自己研究的基础。反对离开“利益”这个根本去空谈“思想”，认为“‘思想’一旦离开‘利益’，就一定会使自己出丑”[①]。可以说，利益是人类一切社会活动的最终动因，“人们奋斗所争取的一切，都同他们的利益有关”[②]。

一种核心价值观只有能够实现人民群众的利益需求、反映人民群众的利益诉求才能获得民众的认同。因此，社会主义核心价值观的宣传、引导和构建工作要与满足和解决与百姓利益联系在一起的实际问题紧密结合起来。“切中利益的关注点，核心价值观才更有吸引力。如果要发展不要环境、讲政绩不讲民生，公众会怎么理解富强文明？如果办事情都得找关系、打官司也要走后门，老百姓又从何感受平等公正？夯实‘三个倡导’的社会基础，必须关切人们的利益诉求和价值愿望。只有把培育和践行核心价值观落实到经济发展和社会治理中，形成有利于弘扬核心价值观的良好政策导向、法治环境和体制机制，才能进一步增强核心价值观的向心力和感召力。”[③]

将社会主义核心价值观与人们日常生活实践结合起来，找准二者的契合点，通过具体实践、具体问题、具体情况的解决与改善等来影响和改变广大群众的价值判断和价值选择，这就需要从人民群众最关心、最直接、最现实的生活问题出发，努力缩小核心价值与日常生活的间距。当前，在民众日常生活中，大众最关心、最直接的现实问题莫过于民生问题、贫富差距、利益分化等等，这些问题的存在不仅严重违背了社会主义“自由、平等、公正、法治”的核心价值诉求，而且与社会主义“富强、民主、文明、和谐”的价值目标背道而驰，按照美国学者诺斯的观点:“当人们的经验与其思想不相符时，他们就会改变其意识形态观点。”因此，自治区主

---

①《马克思恩格斯全集》第2卷，人民出版社，1957年，第103页。

②《马克思恩格斯全集》第1卷，人民出版社，1956年，第82页。

③《以人为本提升价值认同度》，《人民日报》2014年3月3日。

流媒体在传播社会主义核心价值观之际，一定要融入自治区政府在建立健全利益分配、平衡机制，完善利益表达协调、保障机制，维护社会公平正义等方面的内容，并且要把受益者或收益的集体事件细节展现给大家。传播时一定要与关乎宁夏百姓利益的问题结合在一起谈核心价值观，离开百姓的实际需要，只会流于空谈。比如说，2015 年借力国家鼓励“大众创业，万众创新”新形势下，自治区在就业方面做了哪些事，有什么样的效果等，将社会和谐与就业相结合进行传播。

宁夏地方志文化资源发掘利用研究

贾虎林

文化资源是指人类文化中能够传承下来，可资利用的那部分内容和形式，是人们从事文化生活和生产所必需的前提准备。文化资源从对人们的贡献力量来看，有广义和狭义之分：广义上的文化资源泛指人们从事一切与文化活动有关的生产和生活内容的总称，它以精神状态为主要存在形式；狭义上的文化资源是指对人们能够产生直接和间接经济利益的精神文化内容。文化资源的丰富程度和质量高低直接对当地文化经济的发展产生影响。文化资源的发掘利用是政府公共文化服务的重要内容。

一、地方志与文化资源的发掘与利用

地方志是政府文化服务的内容之一，地方志资源的开发利用是文化资源发掘利用的重要内容，是向社会提供地方志产品和服务，服务社会公众的有效途径。国务院副总理刘延东在 2014 年全国第五次地方志工作会议上指出，“要把地方志工作纳入公共文化服务体系建设当中，加快方志

作者简介：贾虎林，宁夏社会科学院地方志办公室助理研究员。

馆、地情网站、数据库等基础设施建设，以喜闻乐见的形式，利用地方志、传播地方志”。2015 年，国务院办公厅印发的《全国地方志事业发展规划纲要（2016—2020）》指出：“提高地方志资源开发利用水平。加强对地方志资源的深加工，拓宽服务渠道，增强服务功能，创新服务手段，更好地贴近经济社会发展实际，贴近人民群众需要。做好《中国地情报告》《中国方志发展报告》《中国年鉴发展报告》编纂工作。发挥地方志资源在地方公共文化服务中的重要作用，利用各类媒体广泛宣传地方志成果，推动方志文化进机关、进农村、进社区、进校园、进企业、进军营，推动城乡方志文化建设，培育地方历史记忆。”

宁夏地方志资源开发利用的现有成绩如何？问题何在？怎么提高地方志资源转化为文化产品的水平？怎样发挥地方志资源在宁夏文化资源发掘与利用中的重要作用？从而更好地服务宁夏地方经济社会文化发展，这方面的研究目前甚少，这便是本文所要探讨的问题所在。

二、宁夏地方志资源开发利用的现状与问题

（一）地方志文化服务的供给不足，文化产品尚未满足社会公众需求

公共文化服务，是政府公共服务的重要内容。根据《公共文化服务保障法》草案，公共文化服务的概念界定是指由政府主导、社会力量参与，以满足公民基本文化需求为主要目的而提供的公共文化设施、公共文化产品、公共文化活动以及其他相关服务。由此可知，公共文化服务是政府提供的以财政为基础的服务，目的是为了保障人民的文化需求。公共文化服务体系建设是中共十八届三中全会制定的《中共中央关于全面深化改革若干重大问题的决定》中提出的重要任务，2015 年，中共中央办公厅、国务院办公厅印发了《关于加快构建现代公共文化服务体系的意见》（中办发〔2015〕2 号），要求加快构建现代公共文化服务体系，维护公民基本文化权益，满足人民群众基本文化需求。自治区党委办公厅、政府办公厅印发

《关于加快构建现代公共文化服务体系的实施意见》（宁党办〔2015〕45号），这是自治区党委、政府贯彻落实中央精神的具体举措，也是今后一个时期指导和推动宁夏公共文化服务体系建设的纲领性文件。该文件结合宁夏区情，针对公共文化服务体系建设存在的突出问题和薄弱环节，明确了宁夏加快构建现代公共文化服务体系的指导思想、基本原则、发展目标、重点任务和具体措施，同时，随文下发了《宁夏回族自治区基本公共文化服务实施标准（2015—2020年）》，为宁夏公共文化服务体系建设指明了发展方向和实现路径，为加快公共文化事业发展创造了有利条件，提供了坚强保障。中国是历史悠久的文明古国，编史修志的传统深厚，是民族文化特产，是中国文化宝库中的瑰宝。地方志传承记载了全国和地方的历史，覆盖面广，历代续修不间断，发挥了不可磨灭的贡献。改革开放以来，宁夏地方志事业取得了巨大的成绩。开展了两轮新方志编修和地方综合年鉴编修，已经编纂完成了首轮志书，二轮志书正在编修过程中，大部分市县已经完成，没有完成的部分市县预计将于2020年完成。在此基础上，为推动宁夏地方志资源的开发利用，编撰出版了一系列反映各地民情特色的地情书。现将宁夏改革开放以来主要的地情书出版情况统计如下：

类别	序号	书　名	编写单位	作　者	出版单位	出版时间	备　注
通史类	1	宁夏通史	宁夏社会科学院	陈育宁等	宁夏人民出版社	1993年平装版，2008年精装版	
	2	石嘴山史纲	石嘴山市志办	李文章	宁夏人民教育出版社	2010年	
	3	西海固史		徐兴亚	甘肃人民出版社	2002年	个人著作
	4	西海固通史		徐兴亚	宁夏人民教育出版社	2012年	个人著作

续表

类别	序号	书　名	编写单位	作　者	出版单位	出版时间	备　注
专题史类	5	全民抗战与宁夏	自治区地方志办公室		宁夏人民出版社	2005 年	
	6	宁夏地方史话丛书	自治区地方志办公室	张进海	宁夏人民出版社		此为系列丛书
	7	宁夏历史图经	自治区地方志办公室	吴忠礼	宁夏人民出版社	2009 年	
	8	历史银川	银川市志办	戴　亮	宁夏人民出版社	2015 年	
	9	中卫往事	中卫市地方志编纂委员会办公室	李福祥 张发盛	宁夏人民出版社	2015 年	
	10	中宁历史大事记(1924—2014)	中宁县史志办	万永芳	宁夏人民出版社	2015 年	
	11	中宁枸杞史鉴绪编	中宁县史志办	苏忠深		2011 年	内部资料
	12	银川移民史	银川市志办	戴　亮	宁夏人民出版社	2015 年	
	13	银川移民史资料汇编	银川市志办	戴　亮		2015 年	内部资料
	14	纳家户村志	永宁县党史县志办公室		宁夏人民出版社	2011 年	
	15	崖堡村志		高荣峰	宁夏人民出版社	2014 年	
	16	麻黄山乡志	麻黄山乡		中国文史出版社	2015 年	
	17	惠安堡镇志	惠安堡镇		宁夏人民出版社	2015 年	
	18	大水坑镇志	大水坑镇	徐永生	宁夏人民出版社	2015 年	
	19	陈袁滩镇志	青铜峡市陈袁滩镇			2015 年	内部资料
	20	大坝镇志	青铜峡市大坝镇			2015 年	内部资料
	21	瞿靖镇志	青铜峡市瞿靖镇			2015 年	内部资料

作为地方志资源开发利用的基本载体，地情书通过对宁夏历史和现实的记述，弘扬地方历史文化，增强了宁夏人民的凝聚力和认同感。通过调查访问可知，公众对“宁夏地方史话丛书”系列及其配套的连环画等地情书籍的需求是很大的，但总体而言，宁夏地方志文化产品在内容和表达形式上还有很大的改进空间，需要进一步加大开发力度，才能满足社会公众的精神文化需求。

（二）地方志文化服务基础设施滞后

方志馆是集展览教育、典藏、借阅、交流培训、地情资讯服务于一体的地方志文化服务场所，是读者查阅志书的资料库。目前，自治区方志馆在规划中，银川市方志馆和固原市方志馆正在筹建中，只有吴忠市有吴忠方志馆，于 2014 年 9 月利用吴忠市博物馆的部分场地陈列布展，全区其他市、县（区）仍无方志馆。

（三）地方志信息化建设处于初级阶段，地方志文化服务的网络平台匮乏

地方志信息化建设是形势发展的必然要求，通过网络为公众提供地方志文化服务，是推动地方志事业可持续发展的重要途径。宁夏地方志信息化建设比较薄弱，存在经费匮乏、人力不足、机制不健全，网站及移动新媒体数量少，缺乏数据库，影响力有限等问题。与中指组及发达省市相比，信息化建设工作是相对滞后的，需要加强和提升。

目前宁夏全区没有形成覆盖自治区、市、县三级的地方志公共文化服务网络平台，已经建成的地方志网站和地方志数据库数量非常少。在自治区层面，自治区志办多年来一直有建设宁夏地方志网（宁夏地情网）的计划，但因故未能实现。自治区志办在 2016 年 2 月 26 日正式开通了官方微信公众号“方志宁夏”，为区内外地方志工作者、史志爱好者及社会公众建立了一个资讯及交流平台。在市、县（区）层面，目前只有银川市志办、吴忠市志办、平罗县志办（平罗县档案局）三个机构开通运营网站。银川市志办的官方网站“银川方志网”为银川市政府官网的子站，其域名

为二级域名，吴忠市志办的官方网站“吴忠之窗”挂在中央编办事业发展中心的网络红页上，不是独立域名。平罗县志办（平罗县档案局）的官方网站“平罗档案信息网”为独立域名，但网站内容以平罗县档案工作为主，地方志内容为其中的一个栏目。在移动新媒体方面，目前有银川市志办的政务微博“银川市志办”和近期开通的微信公众号“方志银川”。

宁夏全区地方志系统编修的志书、年鉴及地情资料，有相当部分随书附有PDF版的光盘，可供检索。自治区方志办编的《宁夏年鉴》及主持编纂的宁夏第二轮省级通志《宁夏通志》，除个别卷外，基本都附有PDF版的光盘。宁夏各市、县（区）志办编修出版的志书、年鉴随书附光盘的占一定比例。近年来宁夏全区地方志系统和中国知网“中国年鉴网络出版总库”（CYBD）合作，公开出版发行宁夏地方综合年鉴的网络版，扩大宁夏地方综合年鉴的传播和阅读范围，提升年鉴的应用价值。但是问题是中国知网是个商业机构，它的数据库都要付费阅读，一般都是高校、科研机构购买，高校教师、学生以及科研人员下载阅读使用，基本上社会上的普通个人没法看到。

宁夏的地方志数据库及数字方志馆建设尚在萌芽中。宁夏目前只有银川市志办的地情数据库建设取得一定进展，其官网的“市情书籍”栏目中可阅览查询《银川市志》及2006年以来的《银川年鉴》全文，以及银川市所辖区、县的部分志书及年鉴全文，但使用的并不是专业数据库，没有检索功能。

三、加大宁夏地方志资源开发利用，促进文化资源发掘与利用的对策建议

（一）领导重视，健全保障机制

地方志资源开发利用是政府公共文化服务职能的一部分，要发挥这一功能，各级党委和政府领导对地方志资源开发利用的重视程度有待提高。

要坚持“党委领导、政府主持、地方志工作机构组织实施、社会各界广泛参与”的地方志工作机制，贯彻落实“一纳入、八到位”（即把地方志工作纳入国民经济和社会发展规划、各级政府工作任务之中，做到认识到位、领导到位、机构到位、编制到位、经费到位、设施到位、规划到位、工作到位）的原则，编列地方志资源开发利用的专项经费投入，充实专业人才队伍，培训专家型、复合型人才。

（二）强化修志为用的理念，从官本位转变为民本位，提升地方志文化产品和服务的品质

提升地方志文化服务水平，关键在于转变视角，提升地方志资源开发利用的品质。2015年国务院办公厅印发的《全国地方志事业发展规划纲要（2015—2020年）》提出：“坚持修志为用。发挥地方志资源优势，全面提升开发利用水平；拓宽用志领域，提升服务大局能力，为党政机关、社会各界和人民群众服务；加大宣传力度，提高全社会读志用志水平。”以新的视角，从读者角度出发，在地方志书的基础上，进行二次开发利用，挖掘具有时代特色、地方特色、民族特色的题材和内容，彰显宁夏特色，加强公共服务功能。

地方志作为地域历史文化传播的主要载体，是有关地方历史知识的基本读物，但是地方志书也存在着一些问题，比如专业性很强，体例有些呆板，内容有些艰深，语言有些枯燥，可读性不强，受众面比较狭小，读者多为具有较高知识水平的人士，如党政领导干部、专家学者等社会精英。专业的地方志容易脱离社会大众，难以满足普通大众的阅读需求，普通读者对地方志敬而远之，束之高阁。因此，我们需要转变过去重视编修、轻视开发利用的老观念，更新观念，在地方志书的基础上，将宁夏地方志资源开发为各种精神文化产品，编纂出版简本、普及本、多媒体影视片等多种方式的地情资料，这样可以更好更有效地实现地方志的固有价值，推动宁夏地方志事业可持续发展。

（三）眼光向下，加大乡镇村志、行业志、山川志、企业志等特色专业志书的编修力度

2014年，宁夏地方志编审委员会（扩大）会议指出："要编用并举，服务发展。要努力把地方志资源更好地利用起来，为当今发展服务，为现实生活服务，为政府决策服务。要积极主动编纂一些乡镇村志、厂矿志、文化志、企业志等特色专业志书，力求满足社会各界的需求。要编写专门志书既彰显历史传承，又服务当前发展需要……打造独具特色的'宁夏方志文化名片'。"一分规划部署，九分贯彻落实，宁夏地方志工作机构应该把握住这一良好的机遇，有所作为。

乡镇村志、行业志、山川志、企业志编纂是适应社会形势发展需要，充分发挥地方志的存史、资政、教化功能，拓展地方志事业发展的重要途径，逐渐成为当前地方志事业发展的亮点和增长点，势头良好。宁夏地方志系统因势利导，将其纳入地方志业务指导的范围，从民间行为拓展为政府行为。乡镇和村是基层社会，随着城镇化和新农村建设的推进，乡村的传统乡土风俗习惯发生了巨大的变化，过去的乡村历史记忆需要保存铭记下来，乡村的发展变迁需要以文本形式记载下来，以免被后人遗忘。通过乡镇村志的编修展示乡村面貌，充分反映乡村自然环境、地理环境、历史沿革、姓氏源流、人口、民族、民系、方言、民居、家谱族谱、家规族规、风俗习惯、宗教信仰、文物遗址、历史事件、掌故传说、人物等多方面的历史和现状，激发民众热爱家乡的乡土情怀。随着市场化改革和国企改革的推进，越来越多的国企重组整合或者破产，很多企业面貌发生了变化，或者不复存在，企业的档案资料流散，唯有加大企业志的编修，才能将宁夏企业的历史发展历程记述下来，总结国企改革的经验和教训，为企业改革发展提供参考和借鉴。

（四）加大地方志文化服务基础设施建设

基础设施体系是服务体系的基础，方志馆是展示地方志资源的窗口，

是陈列布展、地情咨询服务、地方历史文化教育、地方文献典藏的基本场所，也是提升城市文化品位和重要指标。目前全国很多地方都建立了方志馆，在此形势下，宁夏的自治区、市、县三级地方志系统中，鉴于实际情况，县级机构力量薄弱，可以以自治区和五大市为重点，先行建设自治区级和地市级的方志馆，争取有条件的县逐渐建立县级方志馆。

（五）顺应“互联网 + 地方志”的发展趋势，构建地方志文化服务的网络平台，推进地方志信息化建设

以云计算和大数据挖掘处理技术为支撑，构建“宁夏方志云”数据平台，加快地方志行业和互联网的融合发展。当前，信息革命正在蓬勃发展，信息技术创新应用快速发展，“互联网 +”引发社会经济结构和各行各业的深刻变革。地方志系统的信息化建设是形势发展的必然要求，是推动地方志工作全面协调、可持续发展的重要途径。2014 年宁夏地方志编审委员会（扩大）会议指出：“要开展地方志数字化、网络化建设，加快地情网站、数据库建设，以人们喜闻乐见的方式利用地方志、传播地方志。”2015 年 8 月 25 日，国务院办公厅印发的《全国地方志事业发展规划纲要(2015—2020 年)》对“十三五”时期全国地方志信息化建设已给出明确要求，加快网站等信息基础设施和数据资源是地方志信息化建设的主要任务之一。中国地方志指导小组规划的“十大工程”中，信息方志与数字方志工程即是其中之一。

宁夏需要以应用需求为导向，以重点工程为抓手，按照集约发展的思路，开通地情网站，加快建设宁夏地情数据库以及数字方志馆，按照统一的技术标准规范，对宁夏全区的方志、年鉴、地情书、旧志、期刊等资源进行数据加工处理和智能标引，通过购买、共建、共享等手段，以云计算的方式，确保信息安全，依托专业的云计算企业构建“宁夏方志云”数据平台，开展大数据分析处理，逐步建设宁夏自治区、市、县三级方志全文数据库、年鉴全文数据库、地情书全文数据库、地方志影像数据库、地方

志书目数据库，以及旧志数据库、地方志期刊数据库等各种专题数据库。在借鉴先进省市经验的基础上，科学设计检索界面，提供目录查询、联机检索、个性化链接及网上专题信息等公共文化服务功能。加强地情网站信息的采编和发布，加快网站内容的更新，提高网站的访问量和社会影响力。使得社会公众可以通过网络查阅、检索、分析地方志和地情资料，扩展地方志的应用范围，扩大社会公众的参与方式和体验方式，将地方志普及到普通民众的工作和生活中，进而促进地方志行业的信息公开，传播宁夏地方历史文化，发挥地方志在宁夏文化资源发掘与利用中的重要作用，推动宁夏文化资源发掘与利用体系建设。

建设智慧宁夏研究

廖 周

“智慧宁夏”建设是一个大的概念，从政府公布的范围看，主要包括“一网一库一平台”“八朵云”应用和“千村电商”等工程。从建设内容上看，可以主要分为两个板块，一是以大数据云基地和电商为主导的智慧产业建设，二是以政务民生“8+N”朵云建设为中心的智慧城市建设。前者以产业为主，对后者有支撑作用，亦有产业聚合的趋势，后者带有明显的公益性质，是新时期城市治理现代化建设的重要组成部分。当前城市建设规模越来越大，无论是城镇化还是逆城市化①，人们的居住地与各城市功能区距离越来越远，而智慧城市的发展将城市突破行政区发展成为可能，居家办公、居家办事、居家医疗等都将成为可能。智慧城市的建设和发展，也必将带来城市治理理念的变革。城市治理是指在城市系统内，通过政府、市场与社会的互动，围绕城市运行和发展，采用法律、经济、行

作者简介:廖周,宁夏社会科学院宁夏历史研究院助理研究员,主要研究方向为中国当代史。

① 逆城市化,大城市的就业人口向小城镇迁移的分散化过程。随着一线城市生存压力加大,许多人对大城市失去了兴趣,这种现象现在已在东部一些发达地区城乡间出现。有研究人员认为“逆城市化”的根本原因在于农村与农民牵动的利益链条越来越长,可进入城市后的获益却不多。参见刘玉红:《当前城镇化中为何出现逆城市化现象》,《上海证券报》2015 年 12 月 24 日第 3 版。

政、技术等手段进行的决策引导、规范协调、服务和经营行为[①]。科学发展观要求，城市治理的目标不是单纯追求经济增长，而是要通过有效的城市治理，把城市引向经济繁荣、社会公平、环境友好的发展状态。既然城市治理的参与方是多元，这就存在沟通与互动，而信息技术是目前沟通互联的最有效手段。

智慧城市体系的建立，将改变城市治理中的集权和分权的关系，政府和市场的关系，政府与社会的关系，还有包括社会与市场的关系。“智慧”的实质是让城市更聪明，要求城市的管理者和运营者把城市本身看成一个生命体，要求人们认识到，城市本身不是若干功能的简单叠加，而是一个系统，城市中的人、交通、能源、商业、通信、上下水等建设领域都是普遍联系、相互促进、彼此影响的整体。

一、智慧宁夏及智慧城市建设现状

2011 年，自治区政府办公厅印发《关于支持中国移动宁夏公司沿黄经济区无线智慧城市群建设意见的通知》，要求加快各市的无线网络、移动民生、移动电子政务、移动电子商务的建设步伐。2013 年 10 月，宁夏回族自治区政府信息化推进办公室发布《智慧宁夏应用体系建设规划》，提出“一大中心、两大平台、四大领域、五大体系”作为智慧宁夏建设的框架，即以智慧宁夏云计算数据中心建设为中心，以满足电子政务、运行管理、产业发展、民生服务四大领域应用需求为导向，同时建设智慧宁夏综合运行管理平台和智能门户服务平台，构建智慧基础设施体系、智慧服务决策体系、智慧应用体系、智慧产业支撑体系和保障机制体系[②]。2017 年 5 月，自治区人民政府办公厅出台了《关于加快新型智慧城市建设的实施意见》，对城市管理服务和满足人民群众信息化需求提出了更高的要求。

---

①廖加固:《快速城市化背景下的中国城市治理模式创新研究》,武汉大学博士论文,2014 年。

②《〈智慧宁夏应用体系建设规划〉发布》,《人民邮电》2013 年 10 月 11 日第 1 版。

（一）智慧宁夏建设的技术和基础设施

从技术的角度看，智慧宁夏建设对于城市治理，好比就是一个将城市的各个部分整合为一个“以IT为基础的创新型的城市生态系统”，信息和通信技术是这个系统的核心技术，也是未来城市运作的核心。一是中卫市“网上丝绸之路宁夏枢纽工程”建设。截至2016年4月底，中卫市建成亚马逊、奇虎360两个超大型新一代绿色（PUE为1.1）云计算数据中心。世界云计算龙头企业亚马逊AWS在宁夏中卫已建成新一代云计算数据中心，较传统数据中心节能50%以上，达到国际领先水平。该项目计划总投资150亿元，周期5年，建筑面积30万平方米，容量为1.08万个机架、40万台服务器，边建设边投产。一期900个机架、3.5万台服务器于2016年3月测试投运。云创公司云数据中心项目计划投资62.8亿元，在中卫工业园区A3基地由云创公司规划建设8栋机房，建筑面积约20万平方米，容量为1.92万个机柜、20万台服务器。同时，按照李克强总理《关于网上丝绸之路宁夏枢纽工程建设情况汇报》的批示，中国电信、中国联通、中国移动三大运营商的数据中心和骨干网络升级工程已全面建成投运。二是银川iBi育成中心软件园建设。截至2016年底，iBi育成中心累计培育了500多家“互联网+”领域的企业，业务领域涉及软件研发、文化创意、物联网应用、系统集成、电子商务、云计算、影视动漫、农业信息化、生物科技、科技成果转化等，主营业务收入达40多亿元。园区企业在互联网+工程流程再造、+农业、+物流交通、+卫星、+能源、+服务、+贸易、+医疗等领域发挥着“智慧”核心作用，在大数据采集、存储、加工、应用和分析处理等方面均有涉及，在工农业、服务业以及人口、医疗、住房、金融等民生领域构建起了一批大数据服务体系。三是“一网一库一平台”和“八朵云”应用建设情况。自治区信息化建设办公室以政府按需购买服务方式建设“一网一库一平台”。截至2016年4月底，全区电子政务外网已完成区、市、县、乡四级骨干网建设，接入各级党政事业单位3700

多家，网络覆盖率达到52%。电子政务公共云平台完成银川和中卫云中心建设，建成3000台虚拟主机和1600T存储空间，50多个部门的110多个业务系统和网站已部署上线，市县业务系统对接全面展开。2015年启动人口库和地理空间库一期工程建设，整合各地各部门人口和地理信息资源，为政府、企业和社会公众提供统一的数据服务。在重点推进与人民群众生产生活密切相关的“八朵云”应用方面，政务云、政法云、教育云和旅游云已基本完成系统建设。政务云对各级政府审批事项进行全面清理和流程再造，实现400多项行政审批事项和30多项公共服务事项在网上办理。此外，网络课堂、智能旅游、案件查询等多种服务延伸到基层。社保云、卫生云、民政云和商务云正在加快推进。

（二）城市治理新模式与民生服务

智慧宁夏建设是一个系统工程，既包括智慧产业、技术平台建设，也包括利用互联技术推进城市治理和民生服务的建设内容。这里与“八朵云”应用系统息息相关。一是宁夏行政审批与公共便民服务系统（简称“政务云”）。该系统自2015年7月起实施，计划2017年底建成覆盖全区，集行政审批与公共便民服务事项网上办理、移动终端、数据交换等多应用于一体的行政审批与公共便民服务系统。企业、社会公众实现申报材料网上填写、提交，为民办事全程代办点实现网上办理、审批，证照在线盖章、打印，短信通知受理、取证等功能。截至4月底，已完成自治区行政审批与公共便民服务和网上办事大厅系统开发，在部分县（区）开展试点应用。二是城市服务平台建设。宁夏自2015年8月起，陆续通过“小事儿”、微信、支付宝、微博、手机淘宝等平台，推出各类“城市服务”。比如通过智能手机上的支付宝、微信、淘宝等APP软件，就可以查询公交路线、城市热力①、交通违章、公积金、各类人事考试成绩，实现手机预约

① 城市热力图是利用获取的手机基站定位该区域的用户数量，通过用户数量渲染地图颜色，实现展示该地区人的密度的数据，可一定程度地实时反映该区域的拥挤程度。

医院挂号及购买水、电、汽车票、景点门票和车辆加油等服务。三是中卫市智慧城市建设。2016 年 6 月，中卫市与北京千方科技股份有限公司开展 PPP 合作，共同推进智慧城市云平台、城市协调联动指挥中心、城市综合数据中心、公交首末站及智慧枢纽、出租车智能管控、公交智能管控服务、运营车辆政府监管、智能物流以及商用车联网产业等项目建设。

（三）银川市“智慧城市”建设

2014 年，银川市政府与中兴集团整合优势资源，成立中兴（银川）智慧产业有限公司。计划投资 30 亿元，分三期建设“智慧城市”。该中心位于银川滨河新区，目前已进入二期项目实施阶段。智慧银川采用“一云、一网、一图”网络架构，即大数据中心云平台、全城 8000G 全光网络、城市空间地理 GIS 系统。建成后，根据政府、企业、个人需求，超宽带安全网络将自动适配，大数据业务云端快速生成，城市空间地理三维图形化直观展示，实现智慧银川的全景展现。银川“智慧城市”建设是在国内智慧城市建设中第一家引入大 PPP 模式，即由政府购买服务，社会资本投入，专业公司运营。其建立的大数据分析、挖掘系统，利用云计算，将采集来的大数据进行分析、挖掘，做到监控影像即时化、分析数据可视化、地图三维化、模拟动态化，为政府管理城市提供研判、预判的建议与支持。在智慧政务建设方面，运用大数据等信息技术支撑行政审批改革和简政放权，实现了不同审批业务、多个服务窗口数据共享，该市“156 项行政审批事项办理时限已由法定的 4080 个工作日减少到 880 个工作日，170 多项审批事项一天即可办结”[①]。在智慧社区建设方面，重点打造了观湖壹号样板，该社区配套建设了智能面部扫描门禁系统，智能垃圾桶、智能快递柜和保鲜柜等设施和免费体检服务。

①《摩洛哥考察团点赞银川智慧城市建设》,《银川日报》2016 年 4 月 28 日。

（四）智慧宁夏综合展示中心建设

位于宁夏国际会堂的智慧宁夏综合展示中心于2015年9月建成一期工程，接入18个区直部门和9家区内信息企业的应用系统，中阿博览会期间如期展示并举办了“网上丝绸之路暨云计算技术和应用展”。2016年2月2日，李克强总理在智慧宁夏综合展示中心进行考察，对宁夏信息化发展总体思路、“8+N”朵云应用建设效果给予了充分肯定。未来，展示中心将进一步拓展数据研发功能，将展示中心打造成政府决策、企业研发和百姓应用的数据支撑中心。

二、智慧宁夏及智慧城市建设中存在的问题

一是数据中心、云基地建设缺乏国家层面的支持。中卫云基地通过三年多的建设，已达到一定的规模，其市场拓展在与国家部委、央企对接上存在一定的难度，部分项目进展较慢，影响项目的可持续性。一些企业的云计算数据中心上线运营还存在信息安全政策问题。二是资源集约共享程度和技术标准的统一有待进一步提升。各市提出的智慧城市建设合作不够，缺乏借鉴全国其他城市的成熟模式，存在重复建设，各行业在“十三五”规划中均提出了诸如“智慧水利”“智慧环保”“智慧农业”“智慧旅游”等建设目标，各自为战，缺乏交流合作和统一的技术标准，为下一步的集约共享埋下隐患。三是数据应用水平低，便民服务打折。由于城市信息资源共享不够，数据“残缺”，很多应用形同摆设。比如医院挂号服务目前只有医科大附属医院、心脑血管医院和口腔医院等，其他医院不能提供网络挂号服务；与民生联系最为紧密的电费购买服务至今仍未开通。为民服务的重要平台街道和社区，尚未纳入移动应用平台中。四是推进智慧宁夏建设缺乏硬性措施。因为思想观念没有转变以及缺乏制度性约束，一些地方在试点智慧应用时，即使有数据支撑，也不能达成共识，不能形成充分互动，使智慧应用平台作用不能得到充分发挥。还有一些行业、部

门因经费、内部运行机制以及数据庞大冗杂和对安全及工作习惯的考虑，不愿将信息数据对“云平台”开放。一些部门、单位把“红章子”和手中的权力看得过重，不愿意下放审批事项。本来完全可以让信息数据来回跑，但因为社区没有审批权限，只能让居民靠双腿来回跑。五是支持智慧宁夏建设的监管体系不够健全。目前建设智慧宁夏公私合作模式的过程中监管体系还不完善，存在监管风险。特别是大数据信息安全和公民隐私保护等问题，有待于进一步加强信息管理、信息保护和安全审查的制度性安排。

三、在智慧宁夏建设中进一步提升城市治理能力的几点建议

城市化的快速推进，必然要求城市治理的“智慧化”，在此过程中，政府主导是首要，体制和制度创新是保障，商业驱动是推手，技术创新是手段，不断提升公共管理和服务水平、优化和改善人民生活是目的。

（一）智慧城市建设应以问题为导向

智慧城市建设出发点和落脚点应以人为本解决城市问题，而不是某些商业公司所描述的高科技项目或“流行”模式。在智慧城市建设中，并不是所有问题都需要重新开发一个新的应用来解决，有时候简单的技术也能解决复杂问题。例如，在过去的几年里，以“@问政银川”为代表的政务微博，就解决了许多公共服务和社会治理中的问题，而这种技术是免费的，几乎没有什么开发成本。解决问题的首要是发现问题。通常，政府一般不愿主动公开自身的问题，即使要征求专业意见，一般也限于小范围内咨询，缺乏公众和各利益方的参与[①]。所以，智慧城市建设首先要解决的，就是要建立一个更加智慧的发现问题和寻找解决方案的机制，让城市的各利益方能够充分地参与进来。现已开通的“宁夏电子政务公共云平台（云

① 杜竞强:《智慧城市——从城市问题出发优化城市治理》,载《城乡治理与规划改革——2014中国城市规划年会论文集(04城市规划新技术应用)》,内部资料,2014年。

惠宁夏)”，虽然将各部门的行政审批和公共服务推上了网络，实现了办事效率的提升和部分部门数据的共享，但作为智慧城市建设的核心之一的“互动平台”，在“八朵云”中没有很好地体现。自治区政府可按照国务院《关于印发促进大数据发展行动纲要的通知》（国发〔2015〕50号），进一步制定实施细则，在推动政府部门数据共享的同时，在依法加强安全保障和隐私保护的前提下，优先推动信用、交通、医疗、卫生、教育、科技等民生保障服务相关领域的政府数据向社会开放。建立政府和社会互动的大数据采集形成机制，通过政务数据公开共享，引导企业、行业协会、科研机构、社会组织等主动采集并开放数据。只有数据的充分开放，才能使得政府、企业、机构、公民从中发现问题、解决问题，激发商业模式创新，催生新业态，提升政府服务和监管能力。

（二）在智慧城市建设中应明确PPP模式的适用范围

政府和社会资本合作PPP模式是指政府为增强公共产品和服务供给能力、提高供给效率，通过特许经营、购买服务、股权合作等方式，与社会资本建立的利益共享、风险分担及长期合作关系。智慧宁夏建设及银川、中卫等市的智慧城市建设多采用此种模式，如“宁夏政务云平台”由中国电信宁夏公司与阿里云计算公司共同建设；银川市与中兴通讯股份有限公司的“智慧城市”合作；中卫市与北京千方科技股份有限公司合作智慧城市和智慧交通建设；石嘴山市、吴忠市与中国电信股份有限公司宁夏分公司的合作等。PPP模式是近年来受国家鼓励的一种建设模式，但同时，国家相关部门对该模式项目的适用范围也做了较为明确的规定，一些把原本属于政府分内的事情交给企业，或将原本由市场完成的事情由一个企业垄断，都不是真正的PPP。借力大公司的资金实力和成熟的技术，打造城市的管控、服务、运营等平台，有助于加速智慧城市建设，但在合作过程中，应明确政府与企业的责权利，实现风险共担，风险可控，各方利益明确。尤其涉及数据安全问题，要有明确的政策文本，这既是保护公共安全的需要，也是保护合作企业自身发展的需要。

（三）智慧城市建设要坚持人性化设计

“以人为本”是智慧城市建设的终极目标。真正的“智慧”不仅是技术上的更新换代，也并非只是效率的提升，而是以人为本目标的实现，我们的设计要紧紧围绕人的诉求和人的需求。只有这样，智慧城市的建设才能够拥有更多人的支持。例如，在杭州市的马路上，想上厕所，打开杭州市城管部门开发的贴心城管 APP，不仅能查到哪儿有公厕，甚至厕所有多少便池、是否提供手纸，都一清二楚。除此之外，该软件的“找找车位”“无主犬认领”“寻找附近的修鞋修伞配钥匙”等都是老百姓所需要的好应用。要实现更多的人性化设计，单靠政府和合作企业是远远不够的，智慧城市工程不应由政府单一主导，或演变成另一种形式的政绩工程。智慧城市的衡量标准也不只是采取了多少先进科技，而是要看是否发挥了民众的自治力量，是否促进了城市的多元共治，是否促进城市管理方式走向多元化、扁平化，是否有助于政府服务职能的转型。政府要创造有利万众创新的环境，设计好收纳意见建议的平台，鼓励、奖励各类组织和市民参与城市管理，开展实用 APP“金点子”“好主意”大赛，让更多市民参与城市规划，并最终成为规划主体，因为只有他们才更熟悉本地区的资源格局和自身需求，城市管理的智能化革命才能真正实现。

（四）注重借鉴成熟模式与做法，加大中小企业的参与力度

在我国，城市与城市之间，虽然存在这样或那样的差异，但城市问题大同小异，国内外有关智慧城市推进城市治理方面有很多成熟的做法，我们应善于采取拿来主义，比如杭州、青岛、无锡、厦门、宁波、威海等典范城市的经验我们应积极采用，降低自主开发成本。在顶层构架方面，对系统应留有余地，不能指望一套系统就能够解决所有的问题，在设计的框架内，应增加中小企业参与智慧城市建设的入口。许多城市问题的解决并不都需要庞大的计算机群和巨大的管理系统，中小企业能够更加灵活地生

产定制产品，同时，智慧城市相关项目对创新能力要求很高，这正是众多中小科技型企业的强项，针对解决具体城市问题而产生的项目，有关部门应制定相关奖励政策，鼓励在设计、服务、建构方面拥有高精尖人才和丰富小项目经验的中小型企业参与建设合作。参与主体的多元化既避免了把鸡蛋放在一个篮子里，形成利益垄断，又能促进市场竞争，使经济结构更趋健康合理。

（五）大力推进社会组织的“智慧化”建设

社会组织是政党、政府之外的各类民间性组织，社会组织在促进经济发展、繁荣社会事业、提供公共服务、增强社会自治等方面发挥着积极作用，在促进城市治理现代化中具有重要作用。对于社会组织参与智慧城市建设的，要制定鼓励社会中介组织进入公共服务领域的专门制度条款，可以采取政府向社会组织购买服务，财政补贴、项目补助，贴息等方式予以支持。比如，支持社会组织开发“智能养老终端及平台”“慈善公益APP”等，鼓励各类协会、学术团体的APP应用及“交互式网络平台”建设，通过政府引导、各方参与，让全社会受益，多元化的“智慧宁夏”使我们日常的工作、学习和生活更加高效、便捷、现代。

（六）注重智慧宁夏建设对城市治理标准化的推动

伴随着智慧城市的发展，各类技术的创新，必然带来城市制定标准化的步伐。因此，预先设定一个行之有效的治理框架，将有助于智慧建设的可持续运转，提高城市的管理效能。比如在公共安全体系建设方面，利用“城市热力图”实时监控的数据，决定是否启动应急管理；“智能交通系统”的标准设定有助于改善区域出行状况；城市大气数据的标准有助于是否启动环保预警或进行除尘工作预案。在食品安全溯源、社区网格化管理、防灾减灾救灾、信访维稳等智慧建设方面都应力求标准化，实现可复制、可推广。

（七）实施智慧宁夏“知识更新工程”

城市管理者和建设者的观念意识决定智慧工程的建设水平。当前，以互联网为代表的新一代信息技术迅猛发展，与城市建设、运行、管理、服务深度融合。在机遇与挑战面前，创新城市发展模式，提升城市发展品质，增进城市居民福祉，是城市领导者、管理者肩负的重要使命。不能简单地认为，技术仅仅是合作企业的责任。自治区信息化建设主管部门应加大宣传，组织公职人员，特别是从事城市规划建设的管理干部，开展有关“智慧宁夏”建设的技术性知识培训，让他们了解有关大数据、云计算、物联网、移动互联、空间信息网格等技术概念和各类互联网商业经济模式，提升公职人员的网上办公应用能力和对“八朵云”的认知程度。可以依托高校（宁夏大学中卫校区）、党校、科研机构开展培训，也可以分批组织干部到智慧宁夏综合展示中心、云基地、大数据中心、相关软件产业园区和企业现场教学。组织召开有城市管理者参与的智慧城市建设学术研讨会，使产学研一体化结合得更紧密，更加务实有效。

（八）争取国家政策，将基地做大做实

数据中心和云基地的发展是支撑智慧宁夏建设和智慧城市建设的重要物质基础。当前，各省市都在积极制定相应的大数据发展规划，同处于西部省区的贵州更是走在了前列。宁夏作为内陆开放型经济试验区和丝绸之路经济带战略支点，有关部门要积极争取更多国家部委和全国层面的行业大数据中心落户宁夏，争取在宁夏设立“互联网国际出口局[①]”和交换中心，重点引进世界500强和国内电子信息百强企业落户，优先发展软件和信息服务业，奖励示范企业。实施大数据和信息人才扶持政策，鼓励产学研深度合作，支持相关科技项目，为产业发展提供智力支持。

---

① 截至2016年底，中国电信互联网国际出口局目前仅分布在北京、上海、广州和东莞。中国电信互联网国际出口局可为一定区域的外贸企业、跨境电商提供超大容量的国际出口，为制造业向“互联网+”转型升级提供强力的网络保障，同时可以吸引互联网企业、先进制造企业向出口局所在地转移或设立分支机构，加快推动区域经济转型升级。

宁夏六盘山文化旅游产业升级研究

任　婕

新时期我国旅游发展方向直指文化旅游，文化旅游产业携丰厚的人文底蕴，以其高关联度、广涉及面、强辐射力、大带动性，成为颇具竞争力的优势产业。

研究区范围界定：宁夏固原市及所辖原州区和西吉、隆德、泾源、彭阳 4 县，位于六盘山脉的中心地带，研究区拥有得天独厚的旅游资源，集自然风光、人文景观、红色旅游、回族风情为一体。其历史文化属于六盘山文化的范畴[①]。从产业角度来看，宁夏六盘山文化旅游产业包含自然、人文旅游资源，以及与其紧密关联的“食住行游购娱、商养学闲奇情”等相关产业的发展。

一、宁夏六盘山文化旅游产业现状

宁夏六盘山地区拥有高质量的自然、历史、文化、民俗等多元旅游资源。资源评价达四星级，其审美属性、休闲属性、文化属性均属优良[②]。近

作者简介：任婕，宁夏社会科学院文化研究所助理研究员，主要从事旅游业研究。

① 吴忠礼：《六盘山历史文化探源》，《宁夏社会科学》2008 年第 1 期。

② 任现增：《六盘山旅游资源的旅游价值评价》，《资源与产业》2009 年第 5 期。

年来，围绕打造“红色六盘、绿色固原、避暑胜地”的旅游形象，通过精心梳理旅游资源禀赋和产业发展要素，合理编制产业发展和景区建设规划，加大基础设施建设和产品宣传推广，加快旅游企业和市场培育，旅游业持续快速健康发展。“十二五”期间，研究区共接待游客 1158.4 万人次，实现旅游社会收入 49 亿元，年均增速在 20%以上，旅游业占 GDP 的比重从 4.5%上升到 7.5%。2016 年，研究区全年共接待游客 410 万人次，实现旅游外汇收入与国内游客总收入合计 25 亿元。2017 年，研究区接待游客 492.68 万人次，实现旅游收入 15.9 亿元。此外，研究区先后荣获“最美中国·特色魅力旅游目的地城市”“最美中国·文化旅游民俗（民族）风情目的地城市”“全国十佳生态休闲旅游城市”“中国绿色生态旅游城市”等殊荣；2017 年 6 月成立固原市游客集散中心，研究区所辖泾源县连续荣登“中国深呼吸小城 100 佳”，泾源、隆德两县入选“2017 中国避暑休闲百佳县”，西吉县龙王坝等 9 个村获“中国最美乡村游模范村”，原州区毛家台子等 10 家农家乐获全国“金牌农家乐”。

但其资源优势和所占旅游市场份额却不匹配。尽管研究区接待游客总人数和旅游综合收入近年一直呈现快速增长的趋势，但所占市场份额与周边一些旅游地差距很大。以“十二五”期间接待游客和旅游收入情况为例，固原市接待游客量仅为邻近崆峒山所在平凉市的 25.8%，旅游综合收入情况不及其 25%。2016 年研究区接待游客数量为全区的五分之一，但其旅游总收入情况不及银川市旅游综合收入的 12%。2017 年接待游客数量仅占全区 15.88%。对比区内外，差距都十分明显。宁夏六盘山地区文化旅游产业的转型升级极为迫切。

二、宁夏六盘山文化旅游产业发展存在的问题

当前宁夏六盘山地区旅游业发展仍处于初级阶段，从铁路、厕所等硬件到市场秩序、服务质量、公民素质、管理体制等软件都亟待大幅改

善。产品结构单一、发展方式粗放，旅游公共产品供给严重不足，难以满足游客需求和旅游业发展的现实需要。集中表现为旅游业公共设施不完备、公共服务滞后、公共政策掣肘、区域和行业协同发展能力弱等四个方面。

（一）公共设施不完备

一是铁路交通建设严重滞后。六盘山地区综合交通运输建设和改革虽然取得了长足进步，但是随着外向型经济快速发展和广大人民群众及入境游客对交通运输需求的日益增长，现有交通系统已无法满足游客多层次、快捷、舒适的出行需求，是阻碍六盘山地区旅游业发展的主要瓶颈，也是转型升级的重要突破点。宁夏六盘山地区铁路等级低，客运速度慢，列车始发班次少。特别是连接周边市场的区域快速交通网建设严重滞后，没有能够连接周边西、兰、银三大城市的高速铁路，各县与固原市之间没有铁路交通，景区间连接环线不畅，通达性严重不足。既不利于外地游客进入，也有碍文化旅游业的开发。

二是旅游公共基础设施建设滞后，游客集散中心、咨询中心、旅游厕所等接待能力不足。设施国际化功能弱，除交通条件相对落后以外，涉外星级饭店明显不足，其他基础设施的服务标准也急需提升。尚未形成国内国际知名品牌的旅游吸引物，也没有形成具有一定国际影响的旅游形象。

（二） 公共服务滞后

第一，突出表现在智慧旅游推进慢。面向游客的互联网信息服务、咨询服务、投诉服务、安全预警均不完备。

第二，县一级旅游服务功能不强。各县旅行社数量十分有限，多数没有开通非定线运营的旅游车线路（火石寨景区开通了旅游公交线路），星级酒店寥寥可数。

第三，乡村基础服务跟不上乡村旅游发展的需要，广大群众参与旅游服务意识不强，特别是农家乐起步晚、规模小，接待能力有限，难以满足游客要求。

第四，旅游科学规范统计滞后，旅游管理信息化水平低等问题也难以适应发展。旅游产业统计和影响测算困难，只有服务于行业和社会的旅游宏观数据，没有产业及分行业分类别的统计数据。

（三）公共政策掣肘

一是体制机制不顺、管理交叉重叠。体制机制不畅的问题一直未能根本解决。其一是景区经营理念不活，过度依赖门票经济，对地域文化的挖掘不够深入，游客参与性项目少，难以留住游客。其二是文化旅游产业规划作为一个综合性的产业发展规划，必然与建设、国土等相关规划发生交叉重叠，容易出现“各自为政”、规划难以落地的问题，需要高层次的统筹协调；大型旅游活动与六盘山文化旅游整体形象的提升紧密相关，需要综合的协调机制进行推动。其三是六盘山自然保护地分属林业、国土、环保等不同部门，管理交叉重叠、责权不清的问题在实际旅游管理过程中尤为突出。挂一块牌子联合办公的办法不能从根本上解决问题，能兼顾多方利益且行之有效的机制尚未形成。

二是旅游人才相对匮乏，队伍建设与产业发展需求不相适应。现有旅游业直接从业人员多数文化程度不高，特别是懂经营善管理的专业人才十分缺乏，懂外语、熟悉国际旅游行业发展及操作规则的高级旅游人才更是凤毛麟角，尤其在逐渐对外开放的进程中，懂阿语的旅游人才更是显得匮乏。

（四）区域和行业协同发展能力弱

提升旅游服务质量和水平任重道远。

首先，旅游产品开发滞后。旅游产品是旅游资源开发的最终体现，如何将旅游资源优势转化为经济优势，如何开发出具有强大吸引力的旅游产品将直接影响旅游产业的发展。研究区旅游产品开发滞后主要体现在三个方面。一是景点开发缺乏精品。县一级景区均存在规模小、开发深度不够、吸引力不强的问题，不能形成精品路线。二是产品开发缺乏创新。旅游产品多元化需求的倾向势必要求开发迎合游客需要的参与型、体验型休闲旅游产品。当前研究区旅游产品基本以观光型为主，缺乏有竞争力的文化型、度假型等体验式休闲旅游产品，缺乏吸引力，致使游客停留时间短，消费水平低。三是旅游商品缺乏特色。特色旅游纪念品单一，主要为初级农产品。缺乏集文化特色、收藏价值、便于携带、附加值高的旅游商品。

其次，旅游客源市场拓展能力不强，宣传营销合力不足，重点推介办法不多，特别是县（区）、景区在认识层面对宣传营销重视不够，缺乏大局和品牌意识，长此以往将影响旅游市场的培育和发展。

再次，行业内产业链尚未形成，特别是缺乏龙头企业引领和示范带动。

最后，区域联动不足。研究区旅游发展基础薄弱，适应市场能力弱，合作发展的难度大、话语权少。

三、宁夏六盘山文化旅游产业提质升级的意义

（一）从根脉上做到以旅游促扶贫，助推高品质六盘山度假产业起步

研究区是我国贫困地区之一，文化旅游产业的提质升级是要从根本上带动旅游产业的发展，带动社区和农村参与发展，摆脱贫困。我国度假产业已经发展了三十多年，游客需求的多样性带来了模式多样的旅游休闲度假产业模式。我国正处在工业化中期，成为中等收入国家，休闲度假成为刚性需求①。这也成为研究区利用优势资源发展高品质旅游度假产业的机遇。

（二）扩大宁夏对外开放，成为“一带一路”建设的突破空间

“一带一路”建设背景下，旅游业促进区域合作、经济文化交融的作

① 魏小安:《中国度假产业发展趋势与模式》,载宋瑞等:《2015—2016 年中国旅游发展分析与预测》,社会科学文献出版社,2016 年,第 222 页。

用更加凸显。研究区曾是丝绸之路上东西方交往最活跃的地区之一，文化旅游业正推动宁夏从外交边缘向外交前沿转变，六盘山文化旅游产业的提质升级能够大大提升宁夏旅游品质和便利化程度，成为“一带一路”建设的突破口，在推动宁夏对外合作开放方面发挥重要作用。

（三）在交叉领域推动深化改革

旅游业的综合性不断推动从国家层面到地方各项改革举措的创新与落实。如职工带薪休假制度的完善，旅游用地政策的推出，旅游企业“营改增”的实施，包含城乡规划、旅游规划等在内的“多规合一”尝试等等。研究区文化旅游产业的提质发展，利于引导现有掣肘体制机制的改革创新，改变部分因体制机制而搁置多年的管理问题。

四、宁夏六盘山文化旅游产业转型升级的对策建议

（一）立足于“补短板”解决公共产品供给不足的问题

1.重点解决旅游基础设施问题

集合资金，着力解决基础设施问题。首先，建成完备的快速铁路网是重中之重，要重点通过高速、快速铁路项目实施，扩大研究区铁路交通辐射力；提高普通列车客运速度，增开列车始发班次，实现与国内较多省会城市铁路通达；从整体上改善铁路基础设施，提升车体档次。其次，修建或改造固原市通往3A级以上旅游景区的高等级公路。增设通往主要旅游景区（点）的旅游公共交通线路，形成市县公交服务向周边主要景区和乡村旅游点延伸拓展的常态化运行机制，加强景区（点）间的联动性。再次，鼓励发展酒店集群，吸引更多高星级酒店落户固原市；鼓励发展文化主题饭店，用以填补星级饭店与经济型饭店各自盘踞所造成的市场间差，但须按国家标准打造。最后，在提高交通通达率的基础上，进一步完善城市旅游配套服务设施，高标准打造停车便利、消费方便的餐饮、娱乐中心或旅游特色街区等。同时，加快提升旅游集散中心、旅游咨询

中心、旅游公交线路、城市公厕等公共服务设施服务水平，景区（点）要有提前防患和应对节假日客流爆棚的眼光，做好景区内外交通疏导工作，真正提升旅游便利化水平。

2. 升级旅游公共服务水平

首先，科学审视智慧城市顶层设计的前期规划，抢抓“智慧宁夏”建设有利时机，以地理基础和旅游专题数据库为核心，构筑“智能化”的文化旅游综合服务平台，为信息查询、服务推介、遥感定位、全景浏览、电子商务等旅游综合服务提供技术支撑。宜重点帮助固原市加快智慧旅游城市建设，推进交通、旅游、公安等涉旅数据信息共享，提升旅游公共服务、市场营销、行业管理的智能化水平。其次，调整统计体系，细化经济性指标、数量型指标和质量型指标，关注旅游发展的社会成本、生态成本和游客行为。最后，营造良好的公共服务环境。一是要营造全民亲商的社会风气，保护投资者利益，维护投资者权益。要多渠道、多层次、多形式筹集资金，本着“谁投资，谁受益”的原则，通过制定一系列的政策引导各种资金投资旅游业。二是要打造“好客”的旅游服务形象，使游客亲切感受到六盘山的魅力。出台针对社会服务行业，如出租车运营、旅游纪念品购物等方面的服务要求和处罚措施，构建旅游服务质量保障体系，切实保护旅游者权益。

3. 创新公共政策

首先，建立符合宁夏区情的六盘山国家公园。国家公园是能有效协调资源保护与发展矛盾的资源管理制度。借鉴国际经验，建立统一高效的国家公园体制是缓解自然保护地现有管理体制矛盾、完善各项机制的必由之路①。我国现有 9 个国家公园体制试点省市，试期为 2015—2017 年。为从根本上解决六盘山管理体制矛盾，建议宁夏积极申请和建立六盘山国家公园，建立

① 钟林声、周睿:《建立符合中国国情的国家公园:条件与途径》,载宋瑞等:《2015—2016 年中国旅游发展分析与预测》,社会科学文献出版社,2016 年,第 248 页。

权属清晰的管理体制，并围绕所有权与经营权、经营权与管理权、资金管理等问题不断探索和完善。在此过程中，须探索建立与国际接轨的自然保护体系，提高国际知名度。

其次，在旅游人才培养和引进方面，一要培养和引进懂外语、熟悉国际旅游行业发展及操作规则的旅游人才，大力推动国际化人才开发。二要支持文化旅游人才培养培训基地建设。支持区内重点高等院校、科研机构与文化旅游产业园区、旅游企业旅行社联合建立文化旅游产业人才培训和实验基地。三要加强对现有文化旅游人才的培训，注重文化旅游企业经营管理人才的培养，重点将营销策划、项目规划、节庆组织等纳入每年人才队伍的培训内容，着力造就一批具有高素质、宽视野、有创新的文化旅游人才。

再次，旅游部门增加引导六盘山文化旅游产业发展的职能。一是有必要建立研究区龙头旅游产业扶持制度，整合各方面政策，对龙头领域的旅游产业供给进行引导和规范。二是有必要确定不同区域“生态+”重点发展的旅游业态方向，差异化、针对化地探寻转型升级路径。如隆德县可在确立“生态+红色”文化旅游产业发展方向基础上，申请创建六盘山干部教育培训学院，弘扬“不到长城非好汉”的精神，传承红色基因。

最后，推进简政放权和协会脱钩，创新旅游工作评估方式。一是推进简政放权，重点将A级景区、旅游饭店、乡村旅游农家乐等的评星定级与复核，旅游从业人员的培训、旅游宣传促销等职能通过社会购买服务的方式从旅游部门职能中剥离。二是推进协会脱钩。根据国务院有关要求，国家旅游局和地方旅游局应加快推进协会脱钩工作。这项工作包括职能、财务等方面的脱钩。本研究调研发现，研究区部分县区在其旅游业发展规划中计划成立酒店协会、旅行社协会、景区协会和休闲旅游协会等，需要尽快纠正。三是委托第三方开展游客满意度调查，并以此结果作为旅游资金支持力度的分配标杆。

（二）区域一体化背景下，推动六盘山地区文化旅游业协同发展

1. 在研究区内部奠定全域旅游发展的基础

“十三五”时期是旅游业从“旧常态”到“新常态”的转变期，也是大力发展旅游业的重要机遇期。建设全域旅游目的地是区域协同发展的基础，宁夏六盘山地区须先打好这个基础。这需要以下几个方向的不懈努力。一是应以创新化思路审视宁夏六盘山地区全域旅游发展的战略。这首先要考虑全域旅游中“域”的全地域、全领域和全时域。“全地域”中，地域的通达性乃当务之急，铁路建设此处不再赘述；还需在航空方面加密旅游旺季的航班，加大重点客源市场航线补贴和旅游包机奖励力度，有针对性地加开国际航线。“全领域”需要成熟的旅游业态的支撑；更需要延长产业链，推动产业集群化发展，拓宽产业发展空间，积极推动乡村旅游、体育旅游、历史文化游、地质旅游、医疗养生康体游等遍地开花；还离不开旅游发展战略和发展方式的转变与创新。建议以特色文化旅游产业助推空间聚合和业态融合，一方面从宏观上强调各县区发挥比较优势，突出差异化的竞争力策略；另一方面从微观上强调延长上下产业链，在“食住行游购娱”的旅游体验中注重“商养学闲情奇”的融入与传递。在此过程中鼓励形成研究区范围内的区域合作机制，统筹城乡发展，形成集聚联动效应。“全时域”是每天、每季、每年的旅游业现实需求，是当前研究区建设中迫切需要解决的丰富夜间旅游项目、冬季旅游产品的问题，建议开发建设夜间高品质娱乐设施及特色文化休闲街区；策划大型文化旅游实景演出等高品质旅游演艺节目；推广建设特色民间民俗文化村落，以创意城乡综合体为依托的民俗文化旅游来拓展冬季旅游内容。二是协调区域内部旅游业与经济、社会、环境、教育等层面的发展及不同旅游区域之间的发展，最终目的是旅游区域竞争力的提升。推进全域旅游发展过程中必然存在利益纠纷等诸多问题，需要在协调发展的系统内部建立公平、合理的旅游系统利益协调机制、空间协调

机制、制度协调机制和市场协调机制，协调和整合旅游合作涉及的方方面面的主、客体。还须以高起点的规划为指导，科学有效地引导旅游产业合理布局，避免同质竞争、重复建设和单打独斗。积极整合研究区多元化的旅游资源，在全域旅游建设中突出文化细节体验，在城市细节中凸显“宁夏六盘山特色文化旅游”形象。最后还需要在促进旅游资源科学开发与保护的基础上，探索生态保护与经济、文化发展相协调的路径。三是全域旅游背景下，乡村旅游被赋予了更多的价值。研究区乡村旅游资源丰富，但大多呈粗放型发展状态。应大胆创新生态旅游与文化创意的融合模式，拓展绿色发展与村寨文化相互渗透的概念，注重乡村旅游品牌与吸引物的塑造，兼顾体现地域文化特色的乡土景观营造，依托乡村旅游文化节、农业旅游示范点、精品采摘园、农家乐等，重点在农产品的种植、加工、包装和销售等四大环节导入多种创意理念和文化符号，真正使乡村旅游实现提质升级。同时，全域旅游建设过程中不可忽视生态补偿机制的构建，需要在科学评估和开发的基础上，构建起合理的、行之有效的生态补偿机制。四是扩大免费旅游资源开放度，更加重视游客以及市民的旅游体验。为未来打破门票经济，告别过分依赖景区观光功能的状况奠定基础，倒逼景区从游客需求和服务层面进行供给侧改革。五是确定六盘山旅游徽标，统一宣传符号。徽标在旅游对外宣传中扮演着极其重要的角色。六盘山旅游尚没有统一的徽标，应尽快征集和选定历史文化脉络清晰、表意准确、特色鲜明、寓意深刻的六盘山旅游徽标，统一对外宣传，提升六盘山旅游品牌知名度。

2. 广义六盘山文化旅游产业的转型升级需要突破行政区划限制

协同发展是旅游业发展的大趋势。广义的六盘山横贯陕甘宁三省区，关系到区域地理、资源、文化、经济、社会的诸多方面，由于经济发展水平、资源融合能力、旅游产业引领作用等的差异，六盘山旅游尚未形成一体化的发展联盟，破除行政壁垒是关键。切入点是以文化为核心内涵构建文化旅游产业发展大格局，尝试和探索跨区域的规划引领，调动陕甘宁一起参与六盘山文化旅游经济带的共建。从道路交通、信息化平台、景区共建、产品设计、线路开发、人才互通、安全预警等方面共同推进六盘山地区旅游公共服务的深度融合对接。同时谋求协同发展的政策创新和制度保障。当然，六盘山旅游的发展受制于主客观的多重障碍，需要多方面多渠道共同努力破除体制机制障碍。

3. 项目产品的设计开发和反馈都须密切关注游客行为

当前文化旅游的发展从政府、企业、景区等层面都在不断地挖掘文化内涵，但却鲜有密切关注游客的接受力和消化力。笔者认为，项目产品的设计开发和反馈都须坚持以游客为中心，密切关注游客行为。一是旅游项目产品的开发设计一定要在基于游客偏好的基础上进行，重视项目质量，提高旅游工艺品、纪念品的设计和制造水平。二是建议统计出几款销量较好较受欢迎的旅游纪念品，结合文化创意产业，重点打造升级为独具特色的六盘山礼物。三要通过智慧旅游体系，及时有效地反馈游客游后信息。使旅游管理部门通过目标定位、数据统计、安全和反馈等系统，全面了解游客需求、投诉建议等，帮助实现科学决策和管理。

宁夏网络舆情综合治理研究

薛雯乔

中国互联网普及率逐年上升，应用也逐渐多元化，由广到深地影响着人们的工作、学习和生活，反过来，网民的言行也影响着互联网的整体环境。在网络舆情蓬勃发展的今天，网络公民和网络媒体的行为对网络舆情治理的影响也日益深刻。在网络舆情治理过程中，政府、公民、网络媒体都承担着各自不同的责任和义务。网民和媒体作为网络舆情治理的参与者，有必要学习和了解网络舆情治理的相关知识，如此才能更好地在治理过程中发挥作用，减轻政府的负担，共同创造一个良好的互联网发展环境。

一、 新媒体时代网络舆情治理的现实意义

CNNIC 发布的第 40 次《中国互联网络发展状况统计报告》显示，中国网民规模达 7.51 亿，占全球网民总数的五分之一。互联网普及率为 54.3%，超过全球平均水平 4.6 个百分点，手机网民占比达 96.3%，移动互联网主导地位强化。以互联网为代表的数字技术正在加速与经济社会各领域深度融合，成为促进我国消费升级、经济社会转型、构建国家竞争新优

作者简介：薛雯乔，宁夏社会科学院期刊中心编辑，研究方向为新闻传播与文化。

势的重要推动力。

互联网普及率在不断上升，手机网民与日俱增，网民的思想和行为对互联网的发展状况和网络空间公共生活的影响也逐渐变得深刻。当网络平台成为公众社情民意的主要表达方式时，网络舆情的呈现便更为广泛和激烈。作为社会舆情的一种特殊表现形式，网络舆情同样生动反映了各种社会矛盾和热点问题，体现着公众参与社会事件、社会治理和政治生活的热情，也说明自由、平等、公平、正义等价值观念日益深入人心。我国正处在社会转型期，网民复杂难测，网络舆情也日益复杂多变，很容易演变为网络舆情危机，引发社会公共秩序混乱，网络舆情治理在此时更显得尤其重要。

互联网搭建了一个约束性小、自由度高、充满人情味的社会平台，为各种社会情绪的表达和社会舆情的呈现提供了一个有效的渠道。但与此同时，网络上一些表现强烈或极端的非理性网络言行如造谣、漫骂、诽谤甚至人肉搜索、人身攻击等行为，也给社会的和谐稳定和健康发展造成了负面影响。时代的发展总会不断滋生新的社会问题，随着互联网的产生、发展所形成的网络舆情，也为社会稳定和谐带来了新的挑战，也给政府的治理能力出了新的难题。网络舆情治理有助于和谐社会的构建，有利于维护良好的网络环境，维护我国的意识形态安全，促进公民有序的网络参与，提高民众的媒介素养。“线上”的稳定有序也会带动“线下”的稳定有序，从而促进我国社会主义和谐社会的构建。

网络舆情治理还有助于塑造政府良好的形象，从而使政府了解民众的政治态度、政治情感、政治诉求等信息，在立足于广大人民群众政治利益的基础上，政府才能合理高效地履行其职能，塑造民众满意的政府。

二、宁夏网络舆情基本特点

笔者运用专业的舆情分析工具，对网站、论坛、博客、微博、微信进行抽样。其中，取样网站包括中国四大传统媒体（报纸、杂志、广播、电视）网络版。

网站取样银川新闻网、宁夏新闻网、宁夏在线、央广网（宁夏）、新华网（宁夏频道）、人民网（宁夏频道）、光明网（宁夏）、新浪网、腾讯网、凤凰网（宁夏）、宁夏日报（电子版）、银川日报 / 晚报（电子版）、中新网、CNTV、搜狐、网易、21 世纪、财经网、南方网、红网、中国广播网、中国经济网、中国青年网、和讯网、中华网、大公网等多家媒体、政府网站。

论坛取样宁夏网虫社区、宁夏网论坛、银川新闻网论坛、新消息在线、天涯论坛、网易论坛、中华网论坛、强国论坛、百度贴吧、新华发展论坛、新浪社区、搜狐社区、猫扑社区等。

博客取样新浪博客、搜狐博客、博客大巴、凤凰博报等国内知名博客平台。

微博取样新浪微博、腾讯微博、人民微博、新华微博等。

微信取样搜狗搜索微信公众号数据。

基于专业的舆情分析工具，通过公式 Y=（a*30%+b*25%+c*5%+d*20%+e*20%）建立网络舆情指数体系，网站（a）指标赋值 30%、论坛（b）指标赋值 25%、博客（c）指标赋值 5%、微博（d）指标赋值 20%、微信（e）指标赋值 20%。将以上指标计算出相应结果后，转化为标准分。舆情指数越高，说明主体关注度越高，热度越高。

2017 年全年检测到关涉宁夏的媒介信息内容共计 6038421 条（见表1）。其中，网站 1228741 条，论坛 346971 条，微信 625136 条，微博 3692052 条，博客 145521 条。传统媒体（网站、论坛与博客）媒介内容占总体的 28.5%，新媒体（微博与微信）媒介内容占总体的 71.5%。

从宁夏舆情关注度走势和宁夏舆情来源及数量统计看，2017 年 8 月，宁夏舆情在微博方面出现制高点，其他月份整体较为平稳，关涉宁夏的信息在论坛和博客上的数量相对稳定，网站数量呈逐渐上升趋势，微博数量根据事件动态波动，微信数量整体呈上升趋势。8月，宁夏“4·14”特大杀人案受害者家属在新浪微博写的《278天的等待，278种磨难》引起网民讨论，形成舆情焦点。

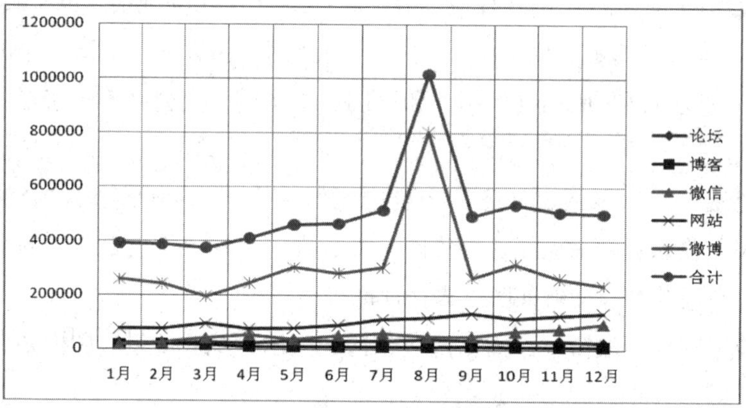

图1 宁夏舆情关注度走势图

表1 宁夏舆情来源及数量统计

类型 月份	网 站	论 坛	博 客	微 博	微 信	合 计	舆情指数
1月	76392	23086	16334	256295	17451	389558	84255
2月	76003	24363	18869	241416	24636	385287	83045.5
3月	93945	27069	15689	193508	42379	345521	82912.6
4月	77033	23962	9974	243721	54480	409170	89239.3
5月	78446	32131	10618	300569	37450	459214	99701.25
6月	89914	30404	10435	280769	52169	463691	101684.55
7月	111379	30716	9885	300977	60580	513537	113898.35
8月	116732	37679	10462	803624	48213	1016710	215329.85
9月	132984	34319	11978	264152	49276	492709	111759.45
10月	115209	27830	9985	312575	66683	532282	117871.05
11月	126738	30755	10696	260199	76115	504503	113507.75
12月	133966	24657	10596	234247	95704	499170	112874.05

表 2　行政区舆情指数排行

排行	城市	关注度					舆情指数
		网站	论坛	博客	微博	微信	
1	银川市	151832	33041	12044	266099	68862	121404.3
2	固原市	42600	7915	2381	126592	35264	47249
3	中卫市	42403	20604	2932	79058	35158	40861.7
4	石嘴山市	45114	11556	3106	50188	33066	33229.3
5	吴忠市	46269	7694	2596	41372	36487	31505.8

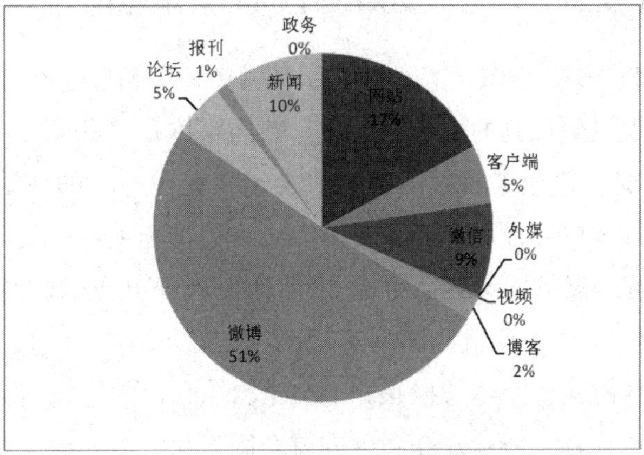

图 2　“宁夏”来源类型统计

（说明：新闻是指具有新闻类备案号或宣传部主办的网站，大型网站的新闻版块。政务是指以 gov 或 org 结尾的政府部门网站。网站是指来源于其余小型的网站。）

从行政区舆情指数排行看，在宁夏 5 个行政区的舆情指数中，银川市的舆情指数是其他行政区舆情指数的三倍或四倍。银川市、石嘴山市、固原市、中卫市的主要舆论场在微博，吴忠市的主要舆论场则为网站。

从“宁夏”来源类型看，新闻和网站方面，新浪、腾讯、网易、今日头条、新华网、宁夏新闻网、银川新闻网及其他小型网站成为宁夏回族自治区内最主要的移动新闻搬运工集群和最主要的舆情扩散的媒介源头。

微博方面，虽然微博用户增长与用户活跃度有所放缓，但在网络舆情议题的发起、扩散、放大甚至变异等方面，微博仍然占据不容忽视的地位。

微信方面，黏性传播模式有利于热点事件的快速传播，热点事件的传播模式出现“微信—微博—传统媒体—门户网站—公众”这一新型传播模式，与微博舆论场形成角力，不容小视。

博客、论坛与报刊已经退出了互联网的主要舆论阵地。

三、宁夏着力营造清朗网络空间的政策建设

人民网发布的《2017 年度中国互联网舆论分析报告》中指出，2017 年舆论场板块发生深刻的结构性变化，新闻媒体和“意见人士”对舆论场的影响力减弱，普通老百姓的表达机会增长，舆论场的话语权趋于均等化。而政府加大议程设置，在重要节点成为舆论场主角，获得了压倒性的舆论影响。在今后的网络舆情治理中可以加强以下几点的建设。

（一）建设好政府主流媒体和网站

在新媒体时代，个体选择媒介的自由自主程度大大提高，如果选择时完全按自己的喜好，所选媒介和内容就会同质化，造成因“偏食”而“营养不良”，如果选择者能力有限，不能做出明智的选择，那么他们自己营造的“媒介世界”，有可能会更糟糕。

媒体对大众话题有一定的设置能力，媒体报道可以影响人们对社会事件的判断，影响公众对问题的重视程度，网络媒体具有比传统媒体更多样、更强烈的表现。许多网媒不仅扮演着新闻记者和评论员的角色，还用道德审判官、法律专家的身份影响着整个社会民众的思想和情绪。这正是我国政府重视对媒体引导的原因。

政府主流媒体和网站是政府进行网络舆情治理的重要工具，网络世界信息纷繁复杂，政府的权威信息对于辟谣和阻止谣言的传播具有重要意义，也能征集社情民意、促进政民关系和谐发展、疏导社会情绪。因此，

政府主流媒体和官方网站具有其他媒体不可替代的作用。

建设和维护好政府网站与网络宣传部门管辖下的主流网站，需要政府不断学习新媒体传播应用的理论知识，在实践中不断提升新媒体应用的技术水平，提高网络舆情治理水平。

在网络社会，各级政府官员要转变观念，更新危机管理理念，增强现代网络舆情危机意识，提升自身媒介素养，正确地认识到危机处理的最佳时间，提高政府对于网络舆情判断的前瞻性和预见性，在舆情萌芽阶段消灭可能存在的危机。

随着新媒体和互联网技术的不断普及，政府对媒体的掌控由传统的主流媒体扩大到新媒体领域，在应对网络舆情时，要依托主流媒体和网站，发挥主流网络媒体的主力作用，主动搭建与其他主体的对话合作平台，鼓励各方为共同价值和目标积极参与网络舆情治理，理解网络舆情爆发的根本原因，积极引导正面网络舆论，进而实现对网络舆情整体的管理与控制。在处理网络舆情问题时，要第一时间占领舆论高地，在负面舆情全面爆发之前，进行科学合理疏导和化解。

构建立体化的网络舆情监控长效机制，可以设立常态预警机制，实行24小时无差别全网信息监测、采集和报告机制。设立非常态预警机制以及突发事件监测机制。制定网络舆情甄别研判工作机制，完善舆情报送制度，并完善舆情监督渠道。

（二）完善网络舆情治理机制

宁夏互联网信息办公室通过成立自治区网上“扫黄打非”工作领导小组，开设“清朗”行动专题、专栏，印发宣传手册，开展“网络安全宣传周”活动，对微信、微博、论坛、贴吧、博客等进行清查，在自治区各级网信办在各主要网站首页开设举报专区、公布举报电话，调动广大网民参与“群防群治”的积极性和主动性，努力营造清朗网络空间。

网络舆情依法治理是网络管理发展的必然趋势。网络传播中网络主体是庞杂多元的，网络经营者、网络信息传播者的角色和关系也非常复杂。网络环境里隐含了太多不确定因素，如果缺乏一种有效的法律约束，网络安全将受到更大威胁，网络舆情治理也会失去保障。因此，我国在网络舆情治理中要强化法律法规建设，建立针对网络言论和行为的奖惩制度，完善信息公开制度、网络新闻发言人制度、网评员制度及网络危机管理制度等各个方面的具体制度，为网络舆情治理机制运行奠定良好基础。

在网络舆情治理过程中，法律制度是网络舆情治理的软性保障，网络舆情治理技术则是硬性支撑，没有技术支撑的网络舆情治理是虚弱无力的。在完善网络舆情治理机制过程中，我们需要不断改进网络舆情治理的科学技术，加强人才培养。这不仅需要针对非法信息和不良信息的舆情监控软件、信息过滤技术、防火墙屏蔽技术等一系列技术手段，还需要研究更加科学合理的民意调查手段，需要运用更先进有效的技术搭建网络对话平台和服务窗口，并通过第三方渠道来疏通社情民意，倾听百姓心声，了解网民需求，维护网民利益。建立技术保障最重要的一个方面就是要培养一支掌握高端网络技术知识的技术人员和具备专业理论和丰富经验的管理人员队伍，并将各类优势资源集中协调，为网络舆情的有效治理提供技术保障，同时切实维护网络安全和信息安全。

网络舆情治理体系要逐步走向多元主体协同过程，建立健全资源协同和政策协同的治理机制，激发包括网络媒体行业和公民社会在内的多方主体的积极性，创造多种渠道和环境，提高其参与性，有效发挥各个参与主体的优势和作用，才能达到更显著的治理效果。

（三）培育健康向上的网络文化

解决我国网络舆情治理，离不开一个良好的网络文化环境。网络精神文明建设也是我国社会主义精神文明建设的重要内容，但是由于我国网民文化水平和区域分布的差异，当前中国网民的媒介素养普遍还比较缺乏，创造一个健康有序的网络文明环境还需要政府和社会的共同努力。

第一，需要坚持以人为本的价值理念。网络舆情治理归根到底是在网络舆情发展过程中协调人与人之间的各种现实需求和利益关系，只有真正体现以人为本的价值要求才是有效的治理，才能达到互联网为人服务的终极目标。网络舆情治理中以人为本的治理理念，体现于它强调了各个参与主体对公共利益的追求，对各个主体优势的重视，突出平等对话充分协商的合作方式。其治理目标是为了互联网的文明有序发展和现实社会的和谐稳定，通过整治网络环境来维护网民的合法权益。

第二，培养和提高网民的媒介素养。这既要加强网民维权意识，也需要加强网络文明宣传，培养网民道德素质和社会责任意识。积极促进网络精神文明和道德建设，要通过国家和社会主动引导，制定公民道德公约和行为规范，并积极宣传深化认识。要加强媒体合作，在相关网站上设置专栏提示网民注重隐私权保护、知识产权保护，注意网络言语规范等信息，潜移默化积极影响网民媒介素养。要通过各种渠道促进公民关于网络文化和网络伦理道德水平的自我教育，注意网络自发组织如一些青年社区等对网民群体的深刻影响。要明确其他治理主体在网络文明建设中的地位和责任，全面提高网络从业人员的职业道德素养，从而形成一种良好的网络伦理道德建设氛围。

第三，严厉打击网络非法行为。对于负面网络舆情信息传播中，通过“挑拨煽动”引发群体性事件，危害到公共秩序和社会稳定的行为，政府应该追查到底并采取措施严厉打击，要让网民充分认识到网络非法行为的代价。同时，对于危害网络公共安全和信息安全的一些非法行为，政府也必须时刻警惕。网络精神文明建设既要鼓励网民做好必须做和应该做的事情，也要坚决反对网民不能做和不该做的事。只有这样，提高中国网民媒介素养和网络伦理道德水平才能更有成效。

附　录

银川都市圈建设实施方案

宁党发〔2017〕40号

为贯彻落实自治区第十二次党代会精神，加快推进银川都市圈建设，制定本实施方案。

一、总体要求

深入贯彻落实党的十九大精神，以习近平新时代中国特色社会主义思想为指引，按照“五位一体”总体布局和“四个全面”战略布局要求，牢固树立和践行新发展理念，大力实施创新驱动、脱贫富民、生态立区“三大战略”，坚持集约发展、集群发展、融合发展、协同发展，以空间规划为引领，以基础设施互联互通、产业发展集群集聚、生态环境共保共治、公共服务共建共享、城市联动协同发展、体制机制改革创新为重点，建立协同联动的发展机制，打造以银川为核心、辐射带动石嘴山、吴忠、宁东基地协同发展的银川都市圈，形成同城效应和整体优势，带动沿黄生态经济带发展，提升区域整体竞争力，为我区实现经济繁荣、民族团结、环境优美、人民富裕，与全国同步建成全面小康社会并向现代化目标迈进提供强有力的支撑。

到2022年，银川都市圈互联互通的基础设施体系基本形成，产业集聚带动能力显著增强，形成一批具有较强竞争力的优势产业集群和产业集聚区，生态环境质量总体改善，公共服务水平稳步提升，一体化发展的体制机制基本建立，人口和产业进一步集聚，银川都市圈集聚全区80%以上的地区生产总值和58%以上的人口，人均GDP高于全国平均水平，常住人口城镇化率达到77%以上，对全区的辐射带动能力显著增强。到2030年，银川都市圈现代化基础设施体系基本建成，现代化经济体系初步形成，生态环境根本好转，基本公共服务均等化全面实现，城乡区域发展差距和居民生活水平差距明显缩小，将银川都市圈建成绿色都市圈、创新都市圈、智慧都市圈、宜居都市圈，成为西部地区具有一定竞争力和影响力的现代化都市圈。

二、主要任务

（一）推进基础设施互联互通

按照适度超前、布局合理、结构优化、一体高效的原则，统筹以交通为重点的重大基础设施建设，加快构建高效便捷的综合交通运输网络体系、保障有力的水利设施体系、高速泛在的通信基础设施网络，增强银川都市圈发展的支撑和保障能力。

1. 构建快速连接的内外交通通道

打通连接周边融入全国的对外通道。以高速铁路、空中快线、高速公路为重点，建设高速畅通的对外交通通道。高速铁路：加快建设银西高铁、中兰高铁、吴忠至中卫城际铁路，开工建设包银高铁，争取早日开工建设太中银铁路定边至银川段扩能改造工程，形成东西南北四个方向高铁通道，全面融入国家高速铁路网，实现银川都市圈至西安、兰州、北京、太原等城市2~5小时的快速连接。空中快线：开工建设银川河东机场国际航站楼，适时启动机场四期扩建工程，增强银川至北京、西安空中快线，开通上海、广州等空中快线，加密杭州、成都、乌鲁木齐等40个重要城市航线航班，直飞比例达到90%以上，拓展银川至东南亚及经停迪拜、多哈、伊斯坦布尔等通往中东、欧洲等国际航线航班。高速公路：加快京藏高速改扩建，开工建设银百、银昆、乌玛高速宁夏境内剩余路段，打通银川都市圈连接内蒙古、甘肃的出境断头路。

建设一体高效无缝衔接的内部交通网。以银川为中心，推进轨道交通、快速通道、综合交通枢纽建设，加强高速铁路、城际轨道、公共交通等各类交通方式无缝化衔接，实现零距离换乘。城际公交：稳步推进银川城市轨道交通建设，利用银西、包银高铁富余能力开行城际铁路，建立以轨道交通为主的一体化城际公交体系，建设都市圈公共交通一卡通应用系统，实现都市圈公交同城化，形成银川至石嘴山、吴忠、宁东半小时经济圈。快速通道：重点建设石嘴山—银川（正源街）—青铜峡快速通道永宁至青铜峡段，贯通银川至青铜峡快速通道，开工建设艾依河至沙湖旅游快速通道，贯通银川至石嘴山快速通道，开工建设银川市东线公路，缓解G109银川段通行压力。建设宁东与周边城市、园区快速通道，增强宁东基地对外通行能力。加快国省道建设改造，提升干线公路通行能力。综合枢纽：建设银川国际航空港综合交通枢纽、银川火车站综合客运枢纽、银川大团结广场综合客运枢纽，强化综合交通枢纽功能，提升银川市综合交通核心枢纽地位。建设石嘴山市城乡公共交通总站、吴忠城东客运站、宁东公共交通枢纽站等区域枢纽，增强银川都市圈多种交通方式的有效衔接和便捷换乘。

2. 构建一体化的水利基础设施

统筹建设水资源保障体系。保护和利用好引黄古灌区世界灌溉工程遗产，加快实施青铜峡大型灌区续建配套与节水改造，推进银川市、石嘴山市河东扬水灌区节水改造工程，配套完善灌区机井设施，建设灌区调蓄水库工程，全面提升灌溉用水保障能力；建设宁东能源化工基地矿井水综合利用工程，逐步完善城市中水管网设施，科学利用非常规水资源；实施农村饮水安全巩固提升工程，启动银川市、石嘴山市、吴忠市重点城市水源替代工程，推进城乡供水一体化。

共筑都市圈防洪减灾体系。实施贺兰山东麓防洪综合治理，完善泄洪沟道和蓄滞洪区等基础设施建设，银川市城市防洪标准达到100年一遇，石嘴山市达到50年一遇；全面提升都市圈段黄河防洪标准，建成黄河宁夏段二期防洪工程，实施银川、石嘴山、吴忠城市河段综合治理，重点城市段防洪标准达到50年一遇。推进宁东等重点产业园区防洪工程，增强工业园区防洪防涝水平。共建都市圈雨情、汛情监测预报和发布系统，建立统一的山洪地质灾害信息管理和预警系统，健全河道防洪合作机制，提高银川都市圈防洪减灾应急水平。

3. 共建高效泛在的信息基础设施网络

完善银川都市圈一体化信息网络布局，实施城市基础设施网络完善工程和宽带乡村工程，实现县乡村宽带网络全覆盖，缩小城乡间信息基础设施发展差距。加快光纤宽带网络建设，建成全光网都市圈。完善4G网络，推动5G网络试点建设及试商用，推进无线局域网在银川都市圈城区和重点线路全覆盖。深度推进“三网融合”，促进业务融合和资源共享。推动城域传输网络和国际通讯专用通道建设，扩容出省宽带，提升银川都市圈对外骨干网络传输能力。推进银川都市圈新型智慧城市建设，统一建设标准，实现数据端口开放互通，建设一站汇集的智慧服务平台，推进智慧政务、智慧交通、智慧水务、智慧社区、智慧旅游等便利化服务。推进银川都市圈网络安全保障体系建设，提升网络安全保障水平。

（二）推进产业发展集群集聚

实施创新驱动战略，深入推进供给侧结构性改革，以沿黄科技创新改革试验区为载体，统筹推进科技创新、制度创新、产业创新，培育壮大优势产业集群，不断提升产业集聚水平和发展质量效益，促进产业迈向中高端，建设现代化经济体系。

1. 推动工业做大做强

培育壮大优势产业集群。发挥银川都市圈产业基础和集聚优势，重点打造五大优势产业集群。坚持高端化、精细化发展方向，依托神华宁煤、中石化、宝丰等龙头企业，适度扩大现代煤化工产业规模，重点加大煤制油系列产品研发和烯烃下游高端产业链延伸，打造千亿元的现代煤化工产业集群。坚持特色化、精品化、系列化发展方向，依托恒天、如意、越华、恒意、恒丰等纺织龙头企业，加强企业间的配套协作，重点发展棉纺、羊绒纺织、亚麻纺织、化纤纺织等产业，主动承接沿海地区纺织服装产业转移，鼓励服装时尚品牌设计发布展示、个性化定制，打通区域高端现代纺织的全产业链条，打造千亿元的现代纺织产业集群。坚持高端化、智能化发展方向，加快信息化与工业化深度融合，依托吴忠仪表、共享铸钢、龙能科技等制造业龙头企业，提高仪器仪表、数控机床、智能铸造、高端轴承、矿山机械、新能源装备等设计、制造和集成能力，引进国内外新能源汽车制造龙头企业，建设区域性新能源汽车产业园区，培育发展新能源汽车制造及相关配套产业，打造先进装备制造业集群。瞄准全球和国家科技创新新趋势，依托中色东方、隆基硅业、杉杉锂电池、银和半导体等企业，积极引进科技型、创新型企业，重点发展金属新材料、碳基新材料、光伏材料、锂电池材料、半导体材料、石墨烯等产业链群，打造新材料产业集群。坚持品牌化、创新化、融合化发展方向，以高端酒庄酒为引领，引进龙头企业，培育发展“葡萄酒+”文化旅游、健康养生、电商平台等新业态，延伸发展葡萄酒配套产业，打响“贺兰山东麓葡萄酒”区域品牌，推进宁夏产区品牌和葡萄酒品质双升级，打造国内乃至世界一流的葡萄酒产业集群。

推动形成产业集聚区。加快银川都市圈各类产业园区的优化整合，培育集群式的大园区、大基地，形成以国家级开发区为核心、自治区级工业园区为支撑的五个产业集聚区。推进宁东基地与滨河新区、银川综合保税区、银川高新技术产业开发区、空港物流园的功能互补和产业协作，建设苏州工业园银川飞地园区，共同申报国家级新区，形成以宁东为核心的宁东—滨河新区产业集聚区。加强银川经济技术开发区、永宁望远工业园区、贺兰德胜工业园区的产业分工协作，建设中关村创新创业园、北京经济开发区银川飞地园区，形成以银川经济技术开发区为核心的望远—银川—德胜产业集聚区。推进石嘴山生态经济开发区与宁夏精细化工园区整合，加强石嘴山高新技术产业开发区、经济技术开发区、生态经济开发区的产业配套，形成以石嘴山高新技术产业开发区为核心的大武口—惠农—平罗产业集聚区。推进青铜峡嘉宝工业园与新材料基地整合，金积工业园与利通区纺织产业园、装备工业园整合，加强金积工业园与嘉宝工业园协同配套，形成以吴忠金积工业园为核心的利通—青铜峡产业集聚区。连通贺兰山东麓葡萄酒庄基础设施，推进酒庄联合发展，形成贺兰山东麓产业集聚区。到 2022 年，力争形成 1 个国内外具有重要影响力的千亿元产业园区、2~3 个 500 亿元的优势产业园区、4~6 个百亿元的特色产业园区。

明确产业发展定位。立足银川都市圈现有优势产业、资源禀赋、环境容量，强化产业分工协作和产业链配套，构建布局合理、特色鲜明、集聚效应明显的产业发展格局，增强都市圈核心竞争力。银川市突出创新、科技和人才等资源集聚优势，重点发展智能制造、现代纺织、大数据应用、新能源汽车、通用航空等产业，加快培育新经济、新业态，促进产业向绿色化、高端化发展。石嘴山市突出全国老工业城市和资源型城市产业转型升级示范区建设，重点发展电石化工、矿山机械、新材料等产业，推进老工业基地转型发展。吴忠市突出“中国制造 2025”试点示范城市建设，重点发展先进装备制造、特色农产品加工等产业，增强产业配套能力。宁东基地立足国家能源化工基地建设，重点做大现代煤化工产业规模，延伸发展煤化工下游高端产品，推进现代煤化工与关联产业融合发展。

2. 加快服务业提档升级

打造宁夏全域旅游核心区。围绕创建国家全域旅游示范区，构建以银川为核心，以贺兰山东麓、黄河金岸、古城历史文化旅游产业带为支撑的“一核三带”总体格局。依托宁夏旅游投资集团或大型旅游投资企业，整合旅游资源，开发文化旅游产品，改造提升沙湖、星海湖、灵州古城旅游区，推进青铜峡黄河大峡谷、贺兰山岩画、西夏陵、北武当、盐州古城历史文化旅游区创建 5A 级景区，优化贺兰山、艾依河、黄河金岸、长城草原 4 条精品旅游线路。打造银川凤凰里历史文化街、阅海商务区风情街、古灵州文化旅游美食街、石嘴山煤城记忆特色街区、吴忠美食街等特色旅游休闲街区。加快推进自驾车房车营地、旅游风景道、旅游驿站等自驾车旅游服务体系建设，开发低空飞行、水上项目、航模比赛、马拉松、沙漠运动、汽摩拉力赛、电子竞技等旅游产品和新业态。完善旅游集散中心、停车场、公共厕所、住宿餐饮等服务设施，增强城市旅游配套功能。加强“一带一路”旅游合作，开展旅游联合推广，争取境外游客 72 小时落地签、购物离境退税等政策，逐步在机场、大型旅游综合体等设立一批免税店，拓展国内外旅游市场。

打造区域物流中心。依托银川国家级物流节点城市和区域性综合交通物流枢纽，重点推进银川河东国际机场航空、银川公铁、宁东基地煤炭化工等物流集聚区和石嘴山保税物流中心（B 型）建设，积极申报银川国家铁路一类口岸（临时对外开放铁路场站），打造以银川都市圈为核心、与中卫迎水桥物流枢纽协同联动的物流圈。引进大型快递物流企业设立分拨中心，加快发展电商物流、航空物流、铁路物流、冷链物流和第三方物流，提升多式联运、中转集散、仓储分拨功能。推进银川—德黑兰国际货运班列运行常态化、品牌化，增强对通道沿线货源的双向集聚能力。推动建设包兰铁路平汝支线与吉（吉兰泰）乌（乌海）铁路连接线、包兰铁路惠农至东乌铁路连接线，打通与乌力吉、策克口岸及鄂尔多斯煤炭基地的连接，积极推进与内蒙古共建乌力吉口岸。

打造现代金融集聚区。依托银川阅海湾金融集聚区，建设服务都市圈、辐射周边、对接“一带一路”重要的区域金融服务中心。引进全国性银行、保险、证券、期货、信托、基金、担保等各类金融机构来宁设立区域性总部或分支机构以及后援服务中心，组建地方证券公司、保险公司、民营银行、金融租赁公司等法人金融机构。共建大型投融资平台，设立银川都市圈产业投资基金，积极发展创业投资基金和股权投资基金。做强做优担保龙头企业，提升担保和再担保能力。推进宁夏银行、黄河农村商业银行挂牌上市，壮大地方金融企业。完善金融风险防控机制，建立金融风险监测预警平台和金融安全立体防护网。

打造西部信息服务业基地。依托银川 iBi 育成中心、滨河新区智慧产业园、西北地理信息产业园、吴忠城市数据运营中心、宁东创享智造科技孵化园建设，大力推进大数据在政务服务、城市管理、社会信用等方面的应用。建设“云惠宁夏”信息应用工程、银川城市数据信息共享平台、“智慧银川”大数据中心、宁东能源化工物联网交易中心等，推动云计算、大数据、软件开发、服务外包、数字创意、电子竞技、地理信息应用等信息服务产业化，与中卫云基地形成功能互补、错位发展的格局，将银川都市圈打造成为西部信息服务业基地。

3. 发展都市型现代农业

依托银川都市圈引黄灌溉资源禀赋和产业优势，以特色、高质、高端、高效为引领，大力发展都市型现代农业。引进国内外大型企业，并引导都市圈内农业企业强强联合，共同建设富硒大米、黄金奶源、酿酒葡萄、供港蔬菜、生态水产、花卉种植、制种等规模化、标准化生产基地和农产品精深加工示范区，鼓励在城市郊区发展工厂化、立体化高科技农业，推动都市圈现代农业特色发展。建立健全农产品质量安全监测监管和质量追溯体系，发展绿色、有机、无公害农产品，建立共同营销机制，打造联合品牌和区域公共品牌，创建一批国家和自治区级特色农产品优势区。推进都市圈农业与旅游、教育、文化、健康养老等产业深度融合，发展休闲观光、体验采摘、会展农业、景观农业等新业态。实施“互联网＋现代农业”行动，发展智慧农业和电子商务，完善城乡综合性信息化服务网络，加快推广农业物联网应用，增强银川都市圈现代农业示范带动作用。

（三）推进生态环境共保共治

树立和践行绿水青山就是金山银山的理念，大力实施生态立区战略，把都市圈山水林田湖草作为一个生命共同体，严守生态保护红线，统筹实施一体化的生态保护与修复，在全区率先建成生态文明先行区，全力打造看得见贺兰山、望得见黄河水、记得住塞上江南的银川都市圈。

1. 共筑区域生态系统

保护好黄河母亲河。落实河长制主体责任，划定黄河水域岸线功能区，严控黄河沿岸、湖泊湿地周边区域开发建设和生产活动，实行跨区域河流段面交接制。建设一批重点入黄排水沟、人工湿地等生态综合治理工程，加快河岸整治绿化，实施吴忠—银川—惠农滨河水系水环境治理，推进水系联通，使黄河水体保持在Ⅲ类水质以上。

筑牢贺兰山绿色生态屏障。加强贺兰山天然林保护，建设自然保护区远程监控系统、野生动植物保护设施和科研监测设施，完善森林防火、林业有害生物防治和生物多样性监测预警体系，协同推进贺兰山自然保护区综合整治，全面清理整治保护区内违法违规工矿企业，推进采煤沉陷区、采砂区、破损矿山治理和生态修复，恢复贺兰山自然保护区生态功能。

共建都市圈绿色生态廊道。依托交通干线和河流水系，共同建设纵贯三市、东中西布局、林田水相依的三条百公里高标准绿色生态廊道。以东部黄河滨河大道为轴线，实施道路两侧绿化工程，建设滨河公园、城市郊野公园、黄河农耕文化园等，推进银川滨河新区、宁东能源化工基地、三市滨河湿地等绿化美化，构建“黄金河岸”生态廊道；以中部艾依河为轴线，建成沙湖至星海湖水系连通和永宁、青铜峡市西部水系连通工程，实施水系、道路两侧和星海湖、沙湖、翰泉海、阅海等湖泊湿地景观绿化，构建多彩休闲生态廊道；以 110 国道为轴线，加快贺兰山东麓整体绿化，建设贺兰山东麓葡萄长廊防护林工程，实施国道两侧和沿线产业园区绿化美化，构建贺兰山东麓文化旅游生态廊道。

2. 强化环境联防联治

强化水污染防治共治。实施入黄干、支流及主要排水沟水环境治理，取缔直接入河流、湖泊、排水沟等工业企业直排口，实施艾依河、沙湖、星海湖等水环境综合治理。清理取缔饮用水水源保护区内违法建筑和排污口，实施城镇污水处理设施提标改造及配套管网建设，整治城市黑臭水体，全面建成工业园区污水集中处理设施，推进涉水重点行业清洁化改造。

强化大气污染防治共治。加快推进灵武至银川“东热西送”，实施城市周边燃煤电厂供热改造，大力推进煤改电、煤改气，全面淘汰城市建成区燃煤供热锅炉。全面加强区域重点企业和重点行业的污染防治，加快淘汰 20 吨以下工业燃煤锅炉，加大生物医药企业异味治理等。强化机动车尾气污染防治，健全区域联合执法监管平台，加快推进老旧汽车淘汰。发展绿色交通，倡导绿色低碳出行。

强化土壤污染防治共治。建设土壤环境质量监控网络，集中力量治理耕地污染和重污染工矿企业、饮用水源地周边土地污染，严格建设用地准入管理，逐步建立污染地块名录及其开发利用负面清单，开展污染土地治理与修复。实施化肥、农药零增长行动，推进畜禽养殖废弃物资源化利用。建设生活垃圾焚烧处理厂、工业固废综合利用处置工程，提高生活垃圾无害化处理和工业固废综合利用率。到 2022 年，银川都市圈湖泊湿地水体达到Ⅳ类水质，优良天数达到 300 天左右，受污染耕地安全利用率达到98%以上。

（四）推进公共服务共建共享

以保障人人享有基本公共服务为核心，统筹银川都市圈公共服务设施建设，推进优质资源合理布局、均衡配置，着力解决发展不平衡不充分的问题，全面提升公共服务水平和群众满意度，保障群众在共建共享发展中有更多获得感、幸福感、安全感。

1. 推动优质教育资源区域共享

实施优质基础教育“扩面提升”工程，科学规划、均衡布局中小学校，加强银川市与石嘴山市、吴忠市中小学互动扶持，在体制机制创新、课程教学改革、教育评价等方面开展合作，推动教师互聘互访、教育信息互联互通，建立优质学校发展联盟。引进北师大及北京市等国内优质教育资源，开展合作办学。实施职业院校产教融合发展工程，推进“11+N”现代职业技能公共实训中心建设，完善实训基地共建共享机制，组建一批职业教育发展联盟。实施高等教育综合能力提升工程，加快推进一流大学、一流学科建设，组建创新创业教育联盟和应用型高校建设联盟，打造一批自治区重点和优势特色学科专业群，实现高等教育内涵式发展。

2. 推动医疗卫生协作联动

深入推进健康宁夏建设，增加优质医疗资源供给，启动实施自治区疑难病症诊治能力提升工程、中医药传承创新工程，支持社会办医疗机构成规模、上水平发展。以宁夏医科大学总医院、自治区人民医院、自治区中医医院三大医疗集团为龙头，建设银川都市圈医联体和城市医共体，共建医学影像诊断中心、医学检验实验室、消毒供应中心等，推进优质医疗资源上下贯通、共建共享。依托三甲医院重点专科，组建特色专科联盟，提升重大疾病救治能力。加强远程医疗系统建设，提高优质医疗资源可及性和医疗服务整体效率。

3. 推动公共文化服务协同发展

满足人民过上美好生活的新期待，完善公共文化服务体系，深入实施文化惠民工程，丰富群众性文化活动，加强文物保护利用和文化遗产保护传承。新建宁夏美术馆，改建市、县公共图书馆、文化馆，提升乡村文化站和文化服务中心服务功能。实施“书香宁夏”工程、公共数字文化工程，加快推进数字图书馆、文化馆建设，组建图书馆、文化馆、博物馆联盟，统筹建设社区阅读中心并配置公共数字阅读终端，促进公共优质文化资源向基层延伸。实施贺兰山岩画、水洞沟等重点文物保护单位保护利用设施建设项目。推进公共文化设施面向公众免费开放，推进吴忠市创建国家级公共文化服务体系示范区，巩固提升银川市、石嘴山市示范区建设成果，促进都市圈公共文化资源交流共享。

4. 推动社会保障服务一体高效

建设银川都市圈公共就业信息服务平台和市级职业技能公共实训基地，设立高校毕业生就业合作组织和青年创业联盟等服务机构，为高校毕业生、农村转移劳动力等重点群体提供就业创业信息和职业技能培训服务。联合建立银川都市圈青年创业扶持基金，扶持大学生创业和农民工返乡创业，推动以创业带动就业。建立银川都市圈人才共享智库，促进人力资源合理流动、资源共享和有效配置。推进“互联网＋人社”行动计划，建设“社保云”信息惠民工程，推进社会保障“一卡通”。改善老年大学办学条件，新建宁夏老年大学。支持民办养老机构建设，扩大养老资源供给。

（五）推进都市圈城市协同发展

实施区域协调发展战略，以强化银川市核心辐射带动作用为基础，以提升石嘴山市、吴忠市地区中心城市功能为重点，以建设县城和重点小城镇为支撑，以推进宁东基地产城融合为补充，构建都市圈“一核、两翼、多点”大中小城市和小城镇协调发展的城镇格局。

1. 明确都市圈城市定位

银川市作为银川都市圈的中心城市，要集聚高端人才、现代金融、先进技术等核心要素，打造区域性金融商贸中心、科技创新中心、文化交流中心，强化城市综合服务功能，提升城市承载力和竞争力，增强对银川都市圈的核心引领带动作用。注重国家历史文化名城的保护与传承，塑造“丝路明珠、魅力银川”城市形象，把银川建设成为西北地区重要的中心城市、丝绸之路经济带节点城市、宜居宜业的现代化国际化城市。

石嘴山市要合理控制城市建设规模，提升城市产业和人口集聚能力，加快老工业基地调整和循环化改造，建设全国小微企业创业创新基地示范城市，推进国家资源枯竭型城市转型发展，把石嘴山建设成为全国老工业城市和资源型城市产业转型升级示范区、旅游休闲城市，打造银川都市圈靓丽北翼。

吴忠市要完善城市综合配套服务功能，提升城市品位，推进“中国制造 2025”试点示范城市、农产品生产加工基地建设，把吴忠建设成为沿黄城市带上独具特色的滨河城市和健康休闲城市，打造银川都市圈靓丽南翼。

宁东基地要进一步加强与银川、石嘴山、吴忠的产业分工协作，加快推进产城融合，完善城镇基础设施和公共服务功能，实现城市、产业、人居协同发展，将其打造成为国内乃至世界一流的现代能源化工基地。

2. 推进小城市联动发展

以沿黄生态经济区建设为重点，以产城融合发展为抓手，统筹配置生产要素，推动市县一体化联动发展。发挥银川主城区辐射带动作用，加强与贺兰、永宁、灵武的统筹规划和功能配套，有效分担主城区城市功能，协同推进同城化发展。加快青铜峡市和吴忠利通区双城一体相向发展，实现功能有机结合、空间有效对接。加快大武口—平罗—沙湖片区、惠农—红果子片区和惠农陆港、国际物流园“双城双港”城市化建设。按照产城融合的要求，统筹规划建设工业园区、商贸园区、居民社区和基本公共服务设施，重点建设一批功能齐全、特色突出的产业重镇、商贸强镇和旅游名镇，完善供热、供电、供气、给排水、污水处理等市政基础设施，提升城镇建设质量和档次，增强特色产业和人口集聚能力，提升县域经济发展水平。

3. 统筹城乡协调发展

实施乡村振兴战略，推动银川都市圈城乡融合发展，促进基础设施向农村延伸，启动实施农村人居环境整治行动，建设美丽乡村。实行以具有合法固定住所、稳定职业为基本条件的户口迁移政策，促进农民有序转变为城镇居民，加快农民工市民化进程。建立统筹城乡的劳动就业和职业培训制度，加强城乡公共就业服务体系建设。实施棚户区改造等保障性住房工程，扩大城镇住房保障覆盖面。保障农民和流动人口子女接受良好义务教育、学前教育和中等职业教育及培训的权利。完善城乡对口支援机制，逐步形成以城带乡、以工补农新机制。

（六）探索建立一体化发展体制机制

遵循城市发展规律，以市场为导向，以改革创新为动力，以要素市场自由流动、产业发展协同联动、生态环境联防联治、公共服务共建共享为重点，探索建立银川都市圈一体化发展的体制机制。

1. 建立要素市场联动机制

推动银川都市圈要素自由流动和公平交换，构建较为完善的要素市场体系，激发都市圈发展活力。建设银川都市圈产权交易共同市场，推动建立农村综合产权、林权、金融资产等权益类交易市场，加快推进碳排放权、节能量等要素交易平台建设，促进各类要素交易市场规范有序发展。创新用地模式，探索实行弹性出让年限以及长期租赁、先租后让、租让结合的土地供应方式。探索建立跨行政区水资源开发利用机制，搭建银川都市圈公共水权交易信息平台，开展跨行业、跨区域水权交易，构建都市圈多水联用、互补互济的水资源配置体系。建立一体化金融信息网络和服务平台，实现存取款等金融服务同城化，开展区域内金融监管部门合作交流，加强跨区域征信、票据市场一体化等方面合作。建立统一规范灵活的人力资源市场，建设集职业指导、创业服务、政策咨询等功能于一体的人才服务大厅和“人才云”，构建银川都市圈线上线下统一的人才综合服务平台。

2. 建立产业协同发展机制

构建联合招商、异地开发、利税共享的产业合作发展机制。制定招商引资五年行动计划、产业招商地图，实行统一招商、分园布局，减少同质化竞争。制定都市圈产业发展负面清单和限制目录，引导低端产业逐步退出。探索建立企业、项目转移利益协调补偿机制和跨地区投资、财税等利益分享机制，引导生产要素合理流动，增强产业集聚功能。探索建立企业信用信息互通共享机制，支持资本市场诚信数据库建设。加强知识产权协同保护，探索组建联合产权交易机构。强化企业在技术创新中的主体地位，支持企业、高校、科研院所等搭建创新和共享的平台，建设产业技术创新战略联盟。

3. 建立生态环境联防联治机制

推动跨区域环境统一监测、统一标准，建立环境污染预警机制，加快构建水污染联防联控物联网，健全银川都市圈环保信用评价、信息强制披露、严惩重罚等制度，实行环保“黑名单”，构建政府为主导、企业为主体、社会组织和公众共同参与的环境治理体系。建立跨区域环境污染应急联动机制，健全应急指挥协调组织体系，完善银川都市圈环境舆情应急预案，打造突发环境事件“快报快处”通道，共同应对区域突发性生态环境问题。建立跨市县环境联合监察、交叉执法、环评会商制度，开展跨部门、跨区域联合执法，合力打击环境污染违法案件。

4. 建立基本公共服务一体化发展机制

推进银川都市圈优质教育资源共享，支持中等职业学校、高等学校联合办学，推动学分互认、师资互聘，共建重点学科、专业、实训基地、学生创客中心和实验室，开展重大课题联合攻关、技术联合开发。建立高等教育协同创新体系，鼓励高等院校与科研院所、企业共建协同创新中心，联合建设师资培训平台，培养高层次的创新型人才。建立银川都市圈医疗资源共享机制，推动都市圈内医学检验检查结果互认，诊疗信息畅通流转，医生在都市圈内多点执业，组建医疗卫生专家库，建立不定期专家会商制度，全面实施区域就医异地结算。建立互联互通的突发公共卫生事件信息决策指挥平台和信息监测系统，强化重大传染病联防联控，建立紧急救援联动共享机制。统筹城乡居民基础养老金标准，建立和完善银川都市圈养老、医疗、工伤、生育、失业保险关系转移接续机制，实现自由转移、无缝对接。

三、保障措施

（一）组织领导保障

自治区银川都市圈建设工作推进领导小组负责统筹协调推进都市圈建设，领导小组办公室设在自治区发展改革委，与自治区内陆开放型经济试验区建设领导小组办公室的职能整合，具体负责银川都市圈建设的日常工作，研究提出年度建设计划，协同自治区有关部门研究制定政策措施，协调推进重大项目。银川市、石嘴山市、吴忠市政府和宁东管委会作为银川都市圈建设的责任主体，建立相应的工作机构，主要领导负总责、亲自抓，细化任务分工，落实工作责任，形成工作合力。自治区相关部门和相关市县对照方案提出的任务清单，做好与年度计划的衔接，制定实施的时间表和路线图，确保方案目标任务落到实处。

（二）政策措施保障

加大银川都市圈的投入力度，2018 年由自治区财政注入 10 亿元引导资金，银川市、石嘴山市、吴忠市和宁东管委会共同注资，吸引金融机构、大型企业等社会资本参与，先期发起设立总规模不低于100亿元的银川都市圈建设投资基金，实行公司化运营、市场化运作、滚动式发展，重点投向跨区域重大基础设施、产业发展、生态环保、公共服务等领域；自治区相关部门要积极争取中央预算内资金和产业发展引导资金，支持银川都市圈项目建设；银川市、石嘴山市、吴忠市和宁东管委会年度财政预算要与方案实施紧密衔接，为银川都市圈建设积极筹措资金。建立银川都市圈统一的用地市场，对符合国家产业政策和土地利用总体规划的建设项目，保障新增建设用地指标；对符合产业发展规划、用地集约度高的工业项目，执行自治区工业用地出让最低标准价。实行银川都市圈税收征管互认，推进办税事项跨区域同城通办，搭建国税、地税信息共享平台，统一同类企业的税负水平。强化人才政策支撑，鼓励企业和社会资本投资建设人才创新创业公共服务平台，支持欧美同学会、国际人才交流协会等社会组织为都市圈建设提供个性化、特色化人力资本服务，探索在国内发达地区、海外人才集聚区建立银川都市圈飞地人才育成平台。建立银川都市圈内常态化的干部交流挂职、互派机制，有组织、有计划、分批次选送干部赴发达省区都市圈挂职学习。

（三）工作机制保障

建立银川都市圈市长联席会议制度，根据工作需要召开联席会议，共同商讨银川都市圈建设的重大事项，协同推进重大项目建设和重大改革事项。自治区相关部门要围绕银川都市圈建设的主要任务，建立部门与三市一基地的工作协调机制，牵头推进交通、产业、生态、环保、教育、医疗、社会保障等领域重大任务和重大政策的落实。自治区党委、政府督查室要建立考核评价机制，会同有关部门分阶段开展银川都市圈建设的督导检查和考核评估，并将考核结果纳入年度效能目标管理考核。